印度通史

（插图本）

陈恭禄 著

中国工人出版社

自　序

亚洲文化发达最古之国凡四，一曰巴比伦，二曰波斯，三曰印度，四曰中国；巴比伦则久灭亡，波斯则渐退化，其能贡献于今日世界之文化者，印度、中国而已。二国自秦汉以来，接触渐繁，交相影响，其经重要之媒介，则往来之僧侣也。我国高僧入印多赍《经律论》佛像而归，其影响于思想学艺者，至深且巨。今于我国求一较善之印度通史，而不可得；学者偶尔言及印度者，乃多错误。作者遂有编辑印史之志愿；其目的则所以应今日知识界之需要，供给印史之常识于普通读者，而助其了解印度状况也。

全书共二十七篇，其第一、二篇，叙述印度名称之由来，地理形势之影响，及其史料与民族。第三—十篇，分述古代之文化，宗教之改革，国内之状况，外寇之东侵，阿育王之与佛教，大月氏之深入北部，黄金时代之歌泊那朝，迄于回人劫掠于印度。就其大体而言，则印人之印度时代也。第十一—十九篇，先记回人之据印度，特里回王之大概，未介兰格之盛衰。后记蒙古儿帝国之成立，阿刻巴之政绩，帝国之渐衰，麻剌赛人之崛兴，与夫欧人之逐鹿，而止于一七六一年，此回人之时代也。第二十—二十七篇，首述英国东印度公司并取孟加拉，作为兼吞印度根据之地。其野心侵略之长官，猛力进行，而乃战败土邦，扩张领土。中记内政建设之始，禁焚寡妇，铲除得畿，改革政府之组织。对外则兼并土邦；其威迫之甚，终乃酿成叛乱，而英王直接统治印度矣。末叙近时之内政外交，印人之觉悟，甘地之运动等，此英人统治印度之时代也。

上述之时代，仅就事实而言，书中并未划定史期。盖历史上之重要史迹，多由于环境促成，而非偶然一朝一夕之故也。是故史期分区，殊极勉强，而作者认此书无分期之必要也。其中各篇之史迹繁杂，往往非篇名之所能包括，而又感于读者检查史迹之不易，乃于各篇之首，举其内容之要纲，以代一篇之篇名；又为便利读者之计，附有印度大事年表。顾其古代之史料，颇多疑阙。其年代可分为二：一、古史载明而可凭信者；二、学者证明推定而大致不差者。作者皆于表中注明。

斯书之编辑，始于十五年春季。其所取之材料，颇主慎重；凡国中关于印度之作品，其可得者，莫不求而读之。顾除《佛国记》《大唐西域记》而外，多无可取；是以本书之材料，惟有根据于英美印度学者之著作，而借之于金大、女大之图书馆，及金大历史系主任贝德士者也。及十六年三月，共草成十九篇，而南京之事变猝起；贝教授之书籍多亡。作者亦于此时返之高资，而其左近之匪势猖獗，闲居无聊，乃不愿前功之尽废，而又草成六篇。其材料则取之于斯密斯（V. A. Smith）之牛津大学《印度通史》也。史家公认其为东方各国史中最善之本，而作者于无可奈何之时，自当根据于此也。其后至宁，而复作成二篇。其堪告慰者，则数历兵祸匪灾，而史稿尚未遗失也。

作者之境遇如彼，而书之史料若是，其不能尽惬读者之意，固深知之。惟颇自信事实上当无荒谬之弊；而愿国内之士，有所批评指正也。书中原拟胪列作者所用之参考书，而略介绍；近者书或佚失，而作者不能一一追记，惟有作罢而已。本书尝蒙贝德士教授之赞助，又承友人章诚忘君及吾弟恭祯各校读一次，皆深谢之，并书于此。

民国十七年一月陈恭禄自序于高资

目　录

第一篇

印度名称之由来　形势之大概　地理之影响

印度名称之由来 地理为人民之天然环境。一国之位置，山脉，河流，土壤，气候，影响于其居民之衣、食、住、思想者，至为重要；研究历史而无地理常识者，势必失败，吾人于印度史亦然。印度见于我国古书者，其名称凡三，一曰身毒，一曰天竺，一曰贤豆。玄奘谓印度为正音，且曰："印度者，唐言月。……其土贤贤继轨，导言御物，如月照临；由是义故，谓之印度。"玄奘此说，盖采于印人当时普通之传说，而附会其辞者，自不可信。印度二字，起于印得斯河（或作印度河）（Indus River）。初，雅安人（Aryan）自印度西北阿富汗而来，迁居于印得斯河流域，乃称其地为印度。其后生殖日繁，东移于膏腴之地；其土著民族，或与之同化，或为其所逐而南。雅安人之势力，渐伸于恒河流域。其势虽盛，然终未能统一印度半岛也。半岛东南，隔海与锡兰岛相对。就地势而言，当属于印度；其政治则不相属。东部缅甸，先本内政自主之小国，后并于英；现受印度大总督之直接统治。锡兰、缅甸，各有专史，不宜附于印度史中（其发生之关系，自不在内）。印度今指半岛而言；其历史范围，亦限于此。读者固当知其历史上领土之变迁也。

印度地理位置 印度地在亚洲正南，突出于印度洋中，而成三角形之半岛。北倚希马拉亚山脉，与我国西藏为邻；不丹、尼泊尔介于其间，昔尝朝贡我国，今皆受英保护。英人监其外交，许其内政自主。其西北一隅，突近帕米尔高原。毗连俄属土耳其斯坦。其西阿富汗俾路支复为英之外藩；阿富汗之西波斯，尝为英俄逐鹿之场。及欧战后，英之势力大伸。东北阿萨密连接缅甸，迨英并取其地，于是北邻中国云南而东接暹罗矣。半岛南部，三面濒海；东为孟加湾，西为阿拉伯海，南为印度洋。海岸线甚长，惟太整齐，而少良港耳，尤以东岸为甚。全地面积，合缅甸计之，凡一百七十六万方英里，大于我国本部十八省；合西藏蒙古等地仅当我国三分之一。人口共三亿一千五百万；英领密度，每方英里二百余人，印人自治小邦九十余人。孟加拉、中央二省之面积，约当全印六分之一，人口则占五分之二，每方英里逾五百人，其地肥美故也。特尔（Thar）沙漠附近之地，每方英里之所出，能养九人而已。

全境以希马拉亚山为最高，屹立北方，为其屏障。希马拉亚者，印语雪也；故有雪山之称。其最高峰二万九千英尺，为亚洲最高之地。山巅积雪，终年不化；其较低者，每当气候和暖之季，冰雪融化，或成冰山，中夹泥石，自高而下，供给大川之水。大川发源于希马拉亚山者凡三：（一）雅鲁藏布江自山北东流，折曲而南，至阿萨密以入海。（二）恒河发源于山南，支流众多，朱木拿河最负盛名。其入恒河之口，为印度教徒之圣地，进香拜神浴于灵水以求免罪者，终年不绝。恒河下流，入孟加拉湾。（三）印得斯河发源于恒河上流之西，西南而行，入阿拉伯海。三河自高下流，水势湍急，中含泥沙，妨碍航行。及其流入平原，水势渐缓，便于运输；恒河能航行者，一千余英里。印得斯河，雅鲁藏布江各八百英里。其水中泥沙，因下流势缓，沉积于河身，河身日高，以致破坏堤岸，泛滥四出，或夺其他河道以入海，漂没田舍，毁伤人畜，为害甚烈，尤以雅鲁藏布江为最。南部德干高原，其东西海岸，皆有高山，曰高止山。高止者，土语梯也。言其由此而入内地。其西曰西高止山，高出于海面者，平均计算，凡四千英尺。其东曰东高止山，山势较低，忽而中断，而河流，多发源于西山，流入孟加拉湾。

印度因其天然地势，其区域可分为三：（一）希马拉亚山，群峦起伏，高低不一，蜿蜒一千七百英里，宽二百余里。山之温度，每上千尺，辄减华氏三度三分之一。树木生于山者，种类甚多，而东北山势稍平，森林颇盛。山麓之附近甚阔，间可植麦。（二）印度斯坦，回教徒初以此名称之，谓印度教徒所居之地，指雅鲁藏布江之下游，印得斯河及恒河流域也。其地盖三河之泥沙所积而成者，土壤肥美，宜于耕种。其后河身变迁，距远河者，土地渐瘠，或成荒芜。印得斯河流域之古代名城，今皆圮废；据民间传说，谓触神怒。古今之地名，因之不同，古代城邑，见于书者，皆未将其区域指明，今难推定；沿海之城邑亦然。海港有沉于海中而地势迥异者。不知此者，将疑古人之记录不可信矣。三河流域，推恒河为最富，田地膏腴，物产滋多，人民数众。今之所谓印度史者，大半恒河流域之民居活动史也。（三）德干高原。德干者，印语南方也。文的耶山（Vindhya）为其南北分界。德干地势极高，中有山地，泥杂沙石；险阻狭道，所在皆是。居民达罗维安（Dravidian）迷信甚深，无进步可言。其南部曰太密楼地（TamilLand），犹言极南地也。

印度政治区域 政治区域，初自英人统治印度，其数甚少。迨后事务日繁，政府为其行政便利之计，增置省数。故其分省，非本于人民、地理、历史、宗教、风俗、习惯之不同而然也。其重要之区域如下：（一）孟加拉（Bengal），恒河下流入海地也。省会曰加尔各答（Calcutta），印度大总督昔驻于此。其城南面濒海，商业发达，街市雄壮。大吉岭（Darjiling）为其入藏之要道。（二）巴哈与奥立赛（Bihar and Orissia），北界不丹，东邻孟加拉，南临孟加拉湾麻打拉萨，西为中央省。其首都巴德拿（Panta）北滨恒河，昔为佛教之重城；我国佛典所谓华子城也。（三）阿格澳得联省（United Provinces of Agra and Oudh），旧称西北省。名城波罗尔斯（Benares）在恒河北岸，婆罗门教徒视为圣地，香客拜神者，不知凡几。阿格初为蒙古儿帝国首部，其王妃之墓，世界著名之美术品也。（四）旁加普（Panjab），旁加普者，印语五河汇流地也。地据朱木拿河上流，在印得斯河流域。名城特里（Delhi）旧为回教帝国之都城，大总督现驻于此，复为首都。其西北之地，往者辟为边省，初盖防俄者也。重镇白沙瓦（Pashwar），筑有铁路，直达阿富汗。（五）孟买（Bombay），地沿阿拉伯海。省会曰孟买，西岸之天然良港也。港内水深，便于大轮停泊，岸上复有铁路，运输货物，商业因之发达。其北部信德（Sind），印得斯河下流地也。（六）麻打拉萨（Madras），地沿德干东岸，首城麻打拉萨，商业颇盛，与孟买并称。（七）中央省（Central Province），地在孟加拉之西南。省城那哥不尔

（Nagpm），昔入德干之孔道也。（八）阿萨密（Assam），在印度东部，雨量极多。除上英人直辖地而外，复有印人自治之小邦，散于内地，大者方千余里，小者仅数十里，各有世袭之王。内政皆受英人监督。其所有领土，多属硗瘠之地，占全印三分之一以上，人口则约四分之一。其王与印度政府，相处甚安。德干东西二岸，又有葡法之海港；曩者欧人东来，占有印度沿海之要港，其后英人之势大张，葡法相继失势，其所据之小港，不能为害于英，故今犹存焉。

印度气候 气候因高山、平原、海洋、大川、沙漠之不同而变。就地理位置而言，印度大半，属于热带；北部出于北回归线，而入于温带者，凡十四度；其近于希马拉亚山者，变易尤甚。雨量视时季风之强弱而定。风自印度洋而来，往往有一定之期：自十二月至明年春季三月之间，东北风作，吹入旁加普，与冷风相遇，乃降为雨。六月至十一月之交，西南风大作，及至希马拉亚山脉，风为山阻，山麓之空气寒甚，和暖之时季风遇之，凝结成雨；是以阿萨密雨量之富，推世界第一。恒河流域，雨亦充足。德干高原，风为两岸之高止山所阻，不能吹入，雨量较少，年约三十英寸。印得斯河流域之中部，每年雨量，仅及数寸，剌日不得拿西部，已成沙漠。其东土壤瘠甚，每方英里，能养数人。印度全年雨量，东北风所供给者，百分之十；西南风则占百分之九十。农夫收成，恒视雨量之丰富以为衡；雨量减少，荒年即成。田可灌溉者，农民多疏通河流，蓄水耕种。今日印度政府本于古代之遗规，时有大规模之建设，一九一五——一九一六年之预算，经费凡八千三百万镑；其中专以一百万镑救荒，四百万镑振兴水利。曩者开浚印得斯河之支流钱不运河（Chenab Canal）共费美金九百万元，工程之伟大，可想而知。河成，人民迁居其地者，六百余万人。

印度植物 植物随气候而变，要多热带物产。出产品以米、麦、小米、甘蔗、棉花、颜料等为大宗。产米区域，约当印度可耕之地三分之一；西北年得一获。恒河流域年可二获，麻打拉萨沿海灌溉膏腴之地，一年三获。

政府辅助农夫，设立机关，以研究种稻改良之法，颇有进步。麦之生长，宜于气候较寒，希马拉亚山附近及西北等地，出麦颇多。小米需雨较少，种于德干高原，贫民赖之为食者甚夥。甘蔗宜于热带，出产丰富；颜料取于植物，植物长于多雨湿地，推孟加拉为最盛。棉花宜于气候炎热，印度之出产甚多；烟草鸦片，出产亦富。希马拉亚山之森林，因山势之高下而异；其所生之树木繁夥，种类杂异。印度动物亦夥；牛马以头计算，占世界重要地位，但以人口平均，则数甚微。牛为耕田之用，印度教徒，不杀耕牛，听其老死，并弃皮革。野兽有狮、虎、狼、熊、野猪等，农夫住近山麓者，常为所噬。山中毒蛇甚多，伤人害畜，愚民拜之为神，不敢杀之。矿物亦富，以煤、铁、石油为大宗。所可惜者，矿产远在内地，交通困难，而开采者甚少也。

地理影响于人民、交通、政治、外患　综上地理之影响于印度者何耶？曰：印度北枕希马拉亚山脉，交通阻梗。其东北一隅，毗连西藏，高山重叠，其势稍平，逾越较易，蒙古族自此而入（外人称黄种为蒙古族），不丹，尼泊尔之居民，蒙古族也。唐时，吐蕃臣服印度之一部分土地。其西北印得斯河流域，初甚肥美，宜于耕种；其西山忽中断，遂成狭道，其最著名者，曰尔巴狭道（Khaibar Pass），西通阿富汗，北接中亚细亚。但其地隔海洋，雨泽极少。民以游牧为生，逐水草而居，日驰骋于高原，勇敢善斗，久羡印度土壤膏腴及其居民富庶。值其岁歉之时，则迫于生计，铤而走险，侵入印度，是以外寇，多由西北而来，初以劫掠为事，后为印人同化，阶级制度益盛。阶级者，印语原意颜色也。雅安人迁居印度，征服土人。土人樱黑，雅安人因其战胜之威，而轻视之，是为阶级观念萌生之始。其后回人侵入，印人不能拒之于境外，乃严其阶级之分，借以固其团体以拒之。英人自得印度以来，惴惴然以防俄为务，盖患其由西北侵入也。半岛南部三面濒海，良港甚少，沿海居民无好奇冒险之精神。出于海岸，而海水又深。古代航海之术未精，海为交通之梗，印人视为天险。其后形势迥异，科学发达，欧人绕非洲而至，轮船往来，驶行迅速，海上航路，无建筑修理之费，反便于陆；曩者恃为险阻，后则徒资外寇。是以欧人皆自海上而至，英能统治印度者，多赖海军之力。且印度位置，适在欧洲、日本、中国之间，其受欧人侮者，先于二国，抑其地理使之然欤！

外寇来自西北，其入印度之普通人民，受其地之影响，改其游牧生活，而为耕种农夫，势力渐弱；其较强者，又复侵入。印度自古以来，即为外人争逐之场。其终也，种族庞杂。南方险阻山道，逾越非易。英主若阿育王亚格巴皆未统一全印；蒙古儿帝国之覆亡，要以征伐南方，久战不克，府库空匮所致。达罗维安土人，自雅安人侵入，退于文的耶山之南。其地森林荫郁，交通困难，行军旅行，至感不便，因得负固自存。其文化低者，与非洲之野蛮人无异；其较高者，独立自主。印度有史以来，除英统治直辖地大半而外，无名实相符之统一政府。近者铁路发达，形势大变，交通便易，险阻尽失。而印人逾三万万数，多以农业为生。高原近于山麓者，不宜耕种。普通农民所耕之地，每年收入，不足以养一家之数口。贫民衣食之苦，与我国农夫相似；人口过剩，其重要政治问题之一也！

地理影响于思想　地理影响于人民、交通、政治、外患者，如上所述。其影响于思想者，兹略言之：印度气候炎热，害虫繁多。古时战争频仍，大荒时至，民极穷困，疾病死亡，状至悲惨，宗教家哲学家于此环境之下，趋于悲观。而恒河流域，土壤膏腴，雨量充足，草木丛生，物产丰富，禽兽繁殖，渐启人民灵魂轮回之信仰。古代初民，深信人死之后，灵魂不死，印人亦然。更进而谓人之灵魂，于其既死，可变鸟、兽、草、木。鸟、兽、草、木之魂，能变为人。婆罗门教因之，谓人轮回之果，定于生时功过之因；佛教大成其说。其影响于东方思想者，至深且巨。尤有进者，雅安人之文化，高于土人，既入印度，生活极易。其他侵入印度之野蛮种族，文化程度，相去远甚。而希马拉亚山脉，分隔中国、印度。中国思想，不易传入印度。印度终无极大之激刺，此文化所以无进步也欤！

第二篇 古史年代之困难 史料之由来 民族之庞杂

古史年代之困难 印度先于公历纪元前七世纪之历史，无可推定其比较能信之年代。其古史纪年，类似我国，胥以历朝在位之王为本位。其与我国不同者，我之历朝记录，中未遗失，推算年月，尚不甚难；而印度则多佚亡，其中事实年代，不相连续，史载某王“在位八年而崩”，学者固不知其距今若干年前，而又无从推定也。其纪年之法，较之西方，不如远甚；吾人苟见一九一四年，则知其在耶稣之后而近于吾人也。印度古史年代之解决，乃借外史之助，例如，马其顿王亚列山大，侵入印度，其时为纪元前三二六年，既而印度独立，时间相去不远。夫以可信之年，而证其同时之事，学者研究印度古史之方法也。其所根据者，中国、希腊、锡兰关于印度之记录也。

史料之由来 印度之古史佚亡，其材料之困难，可以推想。今能取材者凡六：（一）碑石。石碑刻有文字，或纪名王之功迹，或载政治家之言行，或记政府之法令，以及租税之多寡，商业之情形。其所刻之碑石，立于民间，使众周知。夫既公布，则其所述之事实，自属可信，极有价值之史料也。阿育王之石柱，高者数丈，立于通衢，中载格言，劝民为善。南方之碑，种类尤多，其文字较长。所可惜者，碑石记录，未有先于纪元前三世纪者。（二）古钱。印度古钱存于今者，数逾十万，而种类不一。其金质轻重，形状大小，可觇当时之政治状况。钱面载有年号，附记王之事功。亚列山大侵入印度之后，其将建立小邦于西北，所铸之钱，一面希腊文字，一面印度文字，有助于历史学者之整理年代。其流入外国，或外币传至印度者，则可推知其商业。古钱之重要若是，而困难如之，今为专门学术。（三）古物。古物指古城废址、建筑遗迹、雕刻、美术等。古城则指其地位，面积之大小。遗迹或为皇宫，或指圣地。建筑或为公共寺观，或为私人住宅。其砖、石、木料、建筑形状，能觇其文化程度。美术作品，可见作者天才。其表现之思想，足能代表一时之好尚。其关系于美术史者固深，然亦有助于历史焉。（四）传说。印度古代文学之丰富，学者竭其毕生精力，或犹不能一一读之，婆罗门教、佛教、皆因教（或作耆那教）（Jainism）之记录，虽多关于教义之宣传，而其所载之故事、风俗、习惯，固古代之传说，而当时之环境也。纪元前三二六年前之史料，取材于史诗祭神之歌曲。其中地名、神名、王名，可推古代社会之状况。南方太密楼文学，传说亦富。（五）历史。婆罗门为印度之学者，偏重文学，鄙弃历史，然不可谓无历史也。古代历朝，设有史官，专录朝廷之政事，民间之风俗。所不幸者，印度之害虫繁夥，尤以白蚁为甚。白蚁生殖滋众，专食纸属，书籍为其所毁者，不知凡几。今日科学时代，印度政府，保其公文，犹觉困难，斯见其为害于古代大矣。一二古史存于今者，遂为学者重要之历史根据。（六）外人记录。外人入印度者，时或记其所见所闻。亚列山大诸将之在西北者，尝有报告，其全部虽已遗失，间有引见于他书者。希腊人美葛生斯（Megosthenes）尝入印度为使，记其在朝所见之事实，大部分今犹存在。我国高僧留学求经者，法显玄奘负有盛名；法显之《佛国记》，玄奘之《大唐西域记》，皆有助于印史。

其后回人侵入印度，回教徒之学者，与婆罗门之所好相反，喜著历史书籍，以波斯文写之。凡求回人之入印始末者，须与波斯史相对照。学者阿本立那（Alberuni）著名之数学家及天文家也。幼入印度，精通梵文，竭其志力，研究学术；其所著之《印度访闻》，极有价值之考证书籍也。同时，回人旅行或贸易于印度者渐众，或有述其所见，著之于书。十六世纪葡人自海上而入蒙古儿帝国，教士随之。教士年有报告，且为学者，其记录甚富。既而法英诸国，各设东印度公司，其后英人之势大伸，统治印度；其详细记录，今皆保存，此印度史之材料大略也。近者西方学者，搜集古史之材料，多能有所贡献；二十余年之前，求一通史，实不可能，今有印度通史者，多赖西方学者之力。

印度之民族　最初之民族，无文字记录。哲学家、诗家多谓其朴实自然；社会学者，研究社会之原始及野蛮部落。其结论则谓古代无黄金时代，

图 2-1　蓄须男子石像

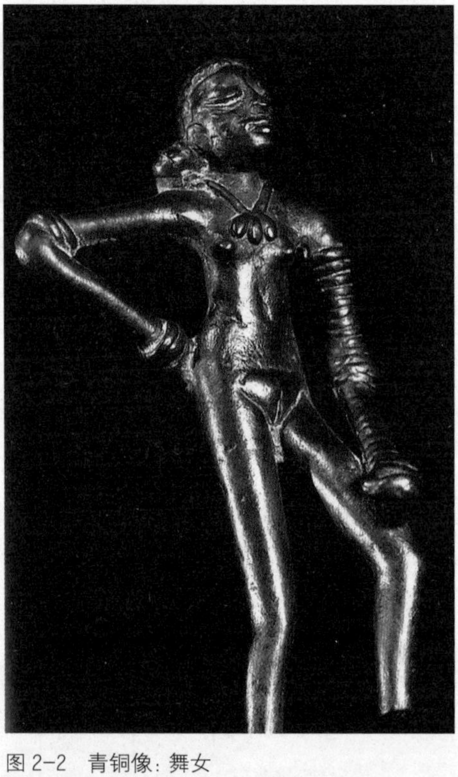

图 2-2　青铜像：舞女

近日民族进步者，皆由野蛮人演进而成。演进故为文化之母。其在野蛮时代，初人民日在恐惧之中，上畏鬼神，下惧酋长，其饮食、行动、言语、礼节皆有一定之习惯，惴惴然而不敢违，无所谓自然自由也。印度之初民亦然。现代其在南方之部落，甚有未脱野蛮时代之风俗。初民器具，以石为之；磨擦粗细，器具拙巧，可分旧、新石代二期。旧石代之器具，尚存于麻打拉萨；新石代之器具，南方北方皆有发见。石代而后，南方民知用铁，制造刀剑器具，北方则知用铜，最早之铜器，造于纪元前二千余年。然其未用青铜。青铜者，铜锡熔合而成者也。此其异于他国之点。

今日之印度民族果为旧新石代人之后裔乎？曰：此类疑问，无人知之。所可断言者，三万万之印民，为多数种族之血统混合而成。其先至者，数千年前；其后至者，数百年前。既入印度之后，互通婚姻。其种族特性，今多遗失。人类学者，尺量头颅，以分种族，其于印度所得之结果，则有可疑之点；例如，一家之中，兄弟二人，其头一或甚长，一或甚短，其长短悬殊，由于遗传，尺量之推论，固不能适用于种族混杂之国也。其以言语分族者，亦不可靠。盖言语为社会之产儿，人民习学而能雅安言语。其后演成梵文，而与波斯、希腊腊丁文相近。北部印人，或非雅安人之后，亦用梵文。是故体颅言语，皆非印度种族分类之根据。吾人之所能者，因其容貌之不同，可分其民为二：（一）身材高大，皮肤皙白，鼻梁伟长，印度阶级高者属之。其在南方者，自北方迁入。（二）短小丑陋，皮色黧黑，鼻尖塌平，南方野蛮部落，及北方阶级低者属之。前者为雅安族；后者多达罗维安人。

雅安族自印度西北面入，其由何地而来？学者之理论虽多，然难得其共同之点。其可信者，则雅安为其自称之名，而原义亲属也，其人容貌类近波斯人。其入印度，时为游牧民族，逐水草而居，羡印得斯河流域，而入于五河汇流之地日旁加普，居住其地，渐从事于耕种，其东迁时代，据学者推定，约当纪元前三千—前二千年之间。其至也，为小部落，若浪相继。其原有之居民，曰达罗维安，其义谓南方之人也，种族杂甚。其来自何地？推论纷拏，要皆近于揣想。其入印度，先于雅安人，故称土著。地质学者，则谓古代印度半岛连接非洲。非洲之黑人，或得移入，南方印人之容貌颜色，多似黑人。比种推论，属于理想，固不能认为事实也。

除上二族而外，又有蒙古族，居于希马拉亚山之附近，孟加拉，缅甸。其人与华人同种，面多无须，皮色微黄，盖自西藏而入印度。及其与印人通婚，久则失其特性。史诗所记之制度、风俗、习惯，有属于蒙古族者；例如，兄弟数人共娶一妻。此种多夫制度，西藏俗也。其俗影响于雅安诗歌，斯可见其势力矣。历史学者斯密斯（V. A. Smith）谓其人数多于今日蒙古族之在印度者。佛教始祖释迦牟尼生于尼泊尔附近，其祖亦蒙古族也。

上述种族于有史之前侵入印度，其继之而至者，则有波斯人。初，纪元前六世纪，波斯征服印得斯河流域，而县其地，重税虐民。其东迁之波人，渐同化于印人。纪元前三二六年，亚列山大深入印得斯河流域，而开东西交通之路。希腊人始贸易于东方。亚列山大之部将，分守亚洲西部；及其主将死后，自立国于印度西北。其后野蛮部落，东掠旁加普；印人称之曰塞盖（Saka）。塞盖者，外人居于印度边境外之总称也。史家未尝明指其部落种族，吾人殊难推定其为蒙古族，或土耳其族也。纪元后一世纪，大月氏并取印度北部。先是，大月氏为游牧民族，败于匈奴，而至中亚细亚，会其势盛，南入印度。后匈奴侵入；匈奴之名称亦泛，婆罗门著书，尝称葡萄牙人为匈奴。其入欧洲者为蒙古人，盖败于汉族而逃也；其入印度者，后裔类近土耳其人，故有白匈奴之称。凡此野蛮部落，其入印度之数，少于印人，而文化又低，故皆为其同化。

回人继白匈奴而入，其种族庞杂，内有蒙古族，阿拉伯人，中亚细亚人，波斯人，借其宗教信仰之力，团结坚固，势力雄厚，征服印度北部。初，回教始祖谟罕默德生于麦加（Mecca），幼贫，牧羊，自信其为上帝之使，参酌犹太、基督二教，别创回教。回教者，谟罕默德之教也，自谓其高于一切宗教，族人恶之。谟罕默德知其害己也，远逃，而教徒日增，以其兵力，战胜麦加，乃为阿拉伯之先知。其教义则曰："上帝惟一，谟罕默德其先知也。"文义简单，深入信徒之心。信徒有传教之责任；其因传教而死者，得入天堂；阿拉伯人游牧善骑，勇敢能战。回教复煽其势，故能轻身，视死如归，所向无敌。其处置征服之地，凡改信回教者，待之平等，其不服从者，杀之无赦。其入印度，初以劫掠屠杀为事，强取印度之妇女为其妻妾，后乃占据其地，管治其人。最后至者，则为欧人。其中葡萄牙人先至，葡人住于沿海贸易之要地，与印人通婚。但其后裔数少，今多堕落。英人初入印度者，多为欲望奢甚之少年，专求利者也。及其富厚，将即回英，购买田产。其后英王直接统治印度，委任官吏，优秀分子，服务于印度者始多。其久在其地者，则谓其气候不宜于白人，而遣其子女至英读书。印度虽见治于英，而印人英人，固未发生血统关系也。

印度数千年中，外人侵入其境，而杂乱其种族者，无虑数百万人。其堪称异者，则雅安人之思想、制度影响于全印，而为印度之特种文化也。塞盖、大月氏、白匈奴仅为历史上过去之民族，求其风俗，习惯于印度，实不可能。盖久为雅安人所同化矣。回人因其宗教热忱，尚能保其固有之风俗。其势终不能与雅安人相抗。印度文化，固雅安人之文化也。

第三篇

吠陀时代　史诗时代　阶级制度

吠陀时代 《吠陀》（*Veda*）为印度最古之文学，亦世界重要书籍之一也。婆罗门教（Brahmanis）之哲学思想，宗教教义，种子萌生于《吠陀》。研究印度古代文化史者，舍《吠陀》则无他道。印度今虽不能人人诵读《吠陀》，然皆尊而敬之。吾人就历史言之，谨能述其大概，《吠陀》之原义知识也，指宗教哲学二者而言。全部《吠陀》，共有四书：一曰《叶格吠陀》（*Rig—Veda*），二曰《耶柔吠陀》（*Yajur—Veda*），三曰《散马吠陀》（*Sama—Veda*），四曰《阿他弗吠陀》（*Artharva—Veda*）。南方婆罗门多以第四《吠陀》晚出，而指为赝物，否认其为神典；多数印人，固谓四书皆神典也。《吠陀》内容可分为三：（一）《韵文》（*Samhita*），歌颂祷文符咒所搜集而成者，《吠陀》之本体也。（二）《婆罗拿》（*Brahmana*），解释《韵文》之散文也，中多祈祷礼节，盖备婆罗门用者，后附《森书》（*Aranyakas*），言修道人于林中所诵习之书也。（三）《有盼益德》（*Upanishad*），哲学论文也，讨论个人灵魂，若何为宇宙之灵魂所吸收，而免于轮回之痛苦也；印度古代哲学，于此求之，后因解释之异，共分六宗。除上而外，又有《修家》（旧作《修多罗》）（*Sutra*），俗谓其属于《吠陀》，而文简义深，几与代数式相似。无人详为解释，则不能知其义，其中或为习惯法，或为祈祷文，其最有名者，则《慢刘法令》（*Laws of Manu*）也。法令为世界最古之韵文法书，盖于纪元前后四百年间所编成者。其大部分，今犹适用于印度。

全部神典，其最古者，首推《叶格吠陀》，印语则谓诗歌祷文集也，凡一千余篇，共分十卷。诗歌先后时期，相差数百余年。第十卷为最晚出，诗歌成于纪元前二千—前一千年间；其搜订成卷，时间较迟。其中文句，多不可解，且文法与梵文迥异，故非专门学者，虽能诵读其文，终必难明其义。其译成英文，读者终不知其所指。盖其思想为数千年前之思想，环境大异于今，吾人居于数千年后之环境，固难明其思想也。其解释之宗派繁多，而难其得共同之点，徒令人觉其困难耳。印人传说，则谓梵天所演，世人不能知之。诗歌皆所以直祷于天神者。天、地、雨、雷、水、火、天然物等，胥为天神。天神行为，颇似人类，专司祸福，凡忤慢者罚之，其敬畏者赏之，祷告祭祀，借得神之欢心，以求福者也。《耶柔吠陀》《散马吠陀》多根据于《叶格吠陀》，无重要价值。《耶柔吠陀》内容四分之一，则引用或取材于《叶格吠陀》。其所歌咏之礼品，宗教观念，以及诗中地名，与前者大异，而符术大兴。《散马吠陀》之诗，皆采于《叶格吠陀》，专为婆罗门祷谢祈福用者;《阿他弗吠陀》，则民间符咒集也。就文学言之，不如《叶格吠陀》之优美，其中符咒，或为驱鬼医病，或为咒蛇免毒，内杂技数医方，多为初民所有。其出最晚，而其所咏之风俗、习惯，固早于《叶格吠陀》也。

《吠陀》神典，证明雅安人自西北而来。其社会组织，已超过于野蛮时代。政治每小部落，各有君王，部落之人，多其亲属，王犹其族长也，遇有要事，则商于耆老；耆老有与其王共理政事者。诗中所举之国名、王名甚多，时或咏其战事。所可惜者，吾人不能推定诗歌之年代，故无从知其先后，而有助于史料也。其战争之武器，弓矢最要，戟斧次之。武士又有战车，车有马一，中乘二人，一为御者，一为战士，盖为驰骋追逐之用，余皆步卒。当其无事之时，相居甚安。民知织布。恒河流域之古铜器，多其所遗，妇女又以金器为饰，其工艺之发达，当可推想。饮食则以牛乳、面饼、蔬菜、水果为大宗。凡于婚姻重事，皆杀牛马以祭神。其与祭者，既得食肉，又可饮酒。娱乐则有跳舞、音乐、赛车、赌博等。雅安人之迁入印度，可于诗中见之。例如，《叶格吠陀》歌咏之河名，皆在印得斯河流域。及耶柔吠陀时代，则入于恒河流域矣。既至其地，遂逐土人而南。土人之风俗、习惯，有见采于雅安人者，咒蛇去毒之习惯，固其证也。

史诗时代 吠陀时代而后，入于史诗时代，印度又一新环境矣。史诗之文字、语句、音韵、体裁，与吠陀大异，宗教社会情形，亦有变迁。其诗共二：一曰《乃麻亚拉》(*Ramayana*)，二曰《马盍害那》(*Mahabharat*)。其中所记之琐碎英雄故事，或为初民之传说；诗文出于《吠陀》之后，间有引用《吠陀》诗义者。最后写出之文体，约当纪元后二百年。吾人述其历史变迁之经过，必当略叙史诗之内容。

《乃麻亚拉》《乃麻亚拉》之称史诗，名实相符。其诗甚长，共分七卷，凡四万八千余行，内咏古代英雄乃麻之事迹。作者之名，曰外那立（Valmiki）。其文简洁自然，梵文中之第一记事诗也。印人之视史诗，不若《吠陀》之敬重，传诵者可得增减其字句。据文学批评家之研究，外那立盖著五卷；其第一、第七二卷，后人伪托所增者。今日通行之校订本凡三，吾人固不能分别其孰为古本，而作于外那立者。孟买通行之本，似为最古。诗中之主人，乃麻王子也。其父惑于后妃，后妃欲立其子，遂谮乃麻于王。王怒，乃麻偕妻西大（Sita）逃之南方，其三弟从之。西大美甚，一日，兰迦王以魔术夺之，西大忠于其夫。王不能夺其志，乃麻知之，誓欲复仇，率军追之，进逼兰迦，攻破敌军，诛王获妻而还。乃麻之声威大振，后归祖国，与后妃之子，同理政事。诗人写乃麻为印度之理想人格，群众敬之为神，其信仰者，谓为人类之救星，其妻则妇人中之模范也。

《马盍害那》《马盍害那》之内容极杂，诗分南北校本，就史诗之意义而言。固不符其名也。其诗非出于一人之手，而作者甚多，时间先后，相去或数百年。诗共十八卷，数逾三十万行；其续补一卷，约三万二千余行。其叙述之故事，前后各不相接，读之，恒觉其与主题无关，全诗五分之四，不啻印度教之伦理百科全书也。史诗之主题，歌咏古代之大战。其故事之始末，则的大西出（Dhritarashtra）之百子，与番得（Pandu）之五子不睦；番得、的大西出为兄弟行。诗人歌咏其子争权，引起大战，全印国王，无论大小，皆率兵出，或助百子，或援五子，恶战于特里之北部，共十八日。二方援军，几尽战死，其未伤亡者，的大西出与五子耳。余众慑服，乃奉五子中之年长者为王。五子后同其爱妻教派德（Dranpadi）共入天堂。战史初仅一万七千余行，今则数逾四万；盖后世之传诵者，诗人及婆罗门所增修者也。《马盍害那》之第六卷曰《拜格外叶亚》（*Bhagavad—Gita*），或谓

《天歌》，或作《上帝赞词》，哲学诗也，共十八篇。其思想高尚，义理奥深，有《印度新约》之称。其刊行方言，凡百余种，学者悉心深求，愚民尚能诵其一二诗歌，斯见其影响于印度矣。

史诗所咏之传说，果为信史乎？印人多认《乃麻亚拉》为历史，对于批评家之言论，毫不介意。固犹西方顽固教徒之视《旧约》也。西方学者研究古史，认其为诗人之故事；印度学者，亦有此说。斯密斯则谓“其本于诗人之幻想，今求乃麻之年代者，不过等于猜谜，而不能令人相信也”。《马盍害那》之战史，俗传其战于纪元前三一〇二年。此类传说，不足批评，其认诗人取材于上古战史，而可信者，亦不足论。今按诗中之地名、战场，学者求其废址之古物，毫无所得，故不能认为可信之事实也。诗谓极南之国王出兵助战；古代交通不便，南方无出兵之可能，且其战争之起，由于一二国王之私斗，其胜负无关于全印。东部阿萨密王无越险阻，而至特里助战之理。苟信史诗为事实，则古史之材料，根据于猜谜式之推论，而无价值可言矣。

二诗歌咏之社会，背景相同。《马盍害那》中之一二风俗，为时甚早，例如，杀人以祭神。杀人则视人如牲，残酷不仁，雅安人初入印度之固有风俗也。诗中神名，或未见于《吠陀》;《吠陀》中之神名，大半降于卑位；轮回之说，益为发达。就其政治言之，部落式之小邦渐少，分疆之国数增。外拉立所写之朝廷，华丽奇巧，与后世之王宫无异。社会组织，则阶级制度，已成古代之产物。婆罗门之势，因之大盛，而印度教之根基立矣。二诗盖成于纪元前四百年，迄于纪元后二百年；知其编写之年，固不能证明其故事之年也。

印度阶级制度　婆罗门教及印度教之基成于吠陀、史诗时代，二者皆印度之特种制度。婆罗门教云者，或谓其教，以天神婆罗亚为最上之神也；按之事实，殊不尽然。印度教则指印度群众信仰之通俗宗教，二教皆认《吠陀》为天神所演之神典，包括阶级制度，不杀耕牛，其不同之点，则婆罗门教专指高尚之哲学宗教而言，印度教则群众之信仰也。婆罗门为其最高之阶级，专主祭祀，记诵诗歌，娴知礼节，且为当时学者，或为王之顾问。当其幼时，诵读《吠陀》；及长，娶妻生子，管理家政，后则住于森林，一如隐士，或许其妻从之；终则弃世绝俗，以求与神相通；此婆罗门生活之大概也。凡非婆罗门之子孙，不得专司祭社。其阶级制度，可阶级者，一群之家族，共同遵其婚姻、饮食、礼节之规定，以保全其所谓清洁者也。古代制疏，凡一阶级之会员，得加入于其他阶级；今则除边境而外，皆以子孙为限。其成一阶级之家族，不必同一种族，而共始祖也。其职业之种类，宗教之信仰，人生之哲学，皆与阶级无关；其违反特殊规定者，将必见逐于阶级之外。其规定则各阶级不同；而最普通者，则不与其他阶级之人通婚，共食，而礼敬婆罗门，及不杀耕牛也。说者尝谓古代四民，为阶级之始；四民一曰婆罗门（Brahman），祭司，学者也。二曰葛决亚（Kshatriya），战士，贵族也。三曰盖斯亚（Kaisya），商人，农民也。四曰苏加（Sudra），工人也。学者斯密斯，则谓印度阶级，从未有四，其最初见于古书者，数共五十。其所谓四民者，就其职业而言，非指阶级也。今日印人除婆罗门而外，不能分属于葛决亚、盖斯亚、苏加；其在北部，普通文字，无用盖斯亚、苏加者；南部人民，除婆罗门而外，皆属于苏加；故四种阶级之传说，实无根据。阶级之数，或谓二千，或曰三千，以新阶级随时可以组织，而确数无定也。阶级之起，最短时期，当在三千年前，盖由于婆罗门也。婆罗门为雅安人之优秀分子，渐成阶级，以保其社会上之地位；他人羡其组织，从而效之。当雅安人既入印度之后，征服土人，意甚轻之，于是制度渐严。纪元前六世纪，皆因教，佛教兴起，倡禁肉食，风行一时；而阶级之中，渐有肉食不肉食之分，终乃分离，各成阶级。其后回人侵入北部，印人不服，而力不能拒之，乃益严其阶级制度。

阶级制度，虽为世人所詈，然其一二利益，亦为吾人所当知者。凡一阶级之中，互通婚姻，相视甚亲，抚恤孤寡，救济穷困；其特殊规定，所以维持团体之道德，而保全其荣誉也。其于规定之内，会员不敢为恶，此其利也。而害则多矣，兹略述其大者。阶级分社会为数千之团体，互相妒嫉，甚或仇视，印人苟欲团结为大规模之合作，至为不易。改革家之计划，多尝为其所阻。个人生于阶级之中，环境褊狭，性情偏于守旧，不欲与阶级外之人相通，故其知识浅陋，难于有为。今则二十世纪，铁路交通之便，公共饮水之设，婆罗门苟欲保其固有之习惯，实不可能，斯见其不容于近世文化矣！其出于阶级外者，印人视之，不啻畜类，而使其丧失自重之心，偶见阶级高者，屏息而逃。其所受之痛苦，何似如之！阶级之为害也若此，苟欲根本划除，不知将历若干年之工作矣。

第四篇 皆因教 麻哈末拿之略传 皆因教之教义及其末亡于印度之原因

皆因教 纪元前六世纪，婆罗门之势大盛；阶级制度，益为巩固，而深思之士，渐表不满，且婆罗门之释《吠陀》，意见不一，宗派繁多。于此思想不安之时，其别创宗教，而与婆罗门教相抗者，则为皆因教与佛教。佛教创于印度，而终不容于印人；皆因教虽未传于外国，今有百余万之信徒于印度。数十年前，西方学者认皆因教之领袖麻哈未拿（Mahavira）为佛陀之弟子，近日学者能读太密楼文学之皆因教之经典渐多，知其另为独立之宗教矣。其教类似佛教，否认《吠陀》神典之威权，又以苦行免除灵魂再生之痛苦为主。其徒自信其教，为印度最古之宗教，尝引《吠陀》中之诗文为证，据其传说，先于麻哈未拿之前，共有二十三哲。其第二十三哲，曰巴斯番拿（Parsvanatha），早于麻哈未拿之前二百五十年，生为贵族之子，后弃其家，苦行求道，弟子渐多，成一教社。其徒共有四戒：一杀生，二诳语，三偷盗，四财产。麻哈未拿初入其社，后自苦行得道。皆因教之始祖，今虽不能指定其为何人，而其教义之宣传，教社之组织，固发扬光大于麻哈未拿也。研究皆因教者，故当略知其传。

麻哈未拿之略传 麻哈未拿印语大人，英雄，胜者之义，其徒谓其教主战胜再生，而以此名称之也。原名外赛门亚（Vardhamana），其祖国之政体，与共和国相近，王权甚小，政权操于参院，麻哈未拿之父，属于贵族；母为王族之女，于其分娩之时，据皆因教之传说，夜十二梦，占者谓其将成伟人。其子约生于纪元前五四〇年，既生，父母爱之，及长，娶妻，生有一女，其婿亦贵族也。麻哈未拿之父母，深信宗教，而恒河流域，地虽肥美，物产丰富，然其收入之丰歉，视其雨量而定。时季风弱，则成荒年，气候又热，害虫种多，疾病如之，加以部落式之小邦，互相战斗，杀人以逞。于此旱灾、害虫、疾病、战争之中，而印人之人生哲学，乃视生存为痛苦，而认苦行为解脱之门。二人皆禁食而死。麻哈未拿乃得自专，既而商于其兄，弃家求道，其兄初不之许，而弟请之者三，后乃因其终不可留而许之。麻哈未拿初入巴斯番拿所设之教社。其入社也，年已三十，禁食二日半，不饮滴水，又复表示其愿受困难，不知肉体上之痛苦，而尽拔其发，悉分其财产衣服于众；入社一年，心无所得，不合而去。于是麻哈未拿既弃家族，身又无衣，而乃志坚意固，一心求道，不畏寒暑，不知耻辱，日食一飧，裸体而行，尝静坐于林中，或伤其耳，而屹然不动。其游行各地也，大城暂住，未尝五日，乡村未有住夜者。其意以久住一地，则增加人民之担负，而又与之相熟，或以私事来请，反感不便。每值雨期四月之时，种子萌芽，草木滋殖，乃谓出外游行，则伤生物，故居于一地，而为其弟子说法，如此者十有二年。

麻哈未拿苦行十二年后，一日，默祷于树下，豁然大悟，了解真理，毁其灵魂再生之可能性，乃出传道，声名大振，每入一国，王侯争先来迎，其所操之言语，当时之浅近语也，于是门徒数增，巴斯番拿之弟子来归。其教社之组织，共分四级，一僧侣，二女尼，三信男，四信女，管理甚严。初，麻哈未拿得道之先，过数亚（Gosala）为其弟子，从之者六年，及师得道，方信有以教之，而过数亚忽背师去，自成一派，数以魔术谋害前师，而皆不成。皆因教徒，偏重苦行，而过数亚则住于妇人之家，又以其为说法之所。麻哈未拿谓苦修奉戒，得免再生，而过数亚则信命运，世人不能为力，且曰："今生之我，固非前世之我也。"麻哈未拿受此激刺，故严其徒之训。大弟子十一人，僧侣一万四千，共分九部，各部以弟子一人为长。女尼三万六千，以其侄女（一作其姑）为长，据前传说，谓其年少美甚，术士见而爱之，负之远逃，既而心转恶之，弃之于林中。侄女零丁哭泣，形状可怜，樵者携归，收之为妾，而大妇妒嫉，日夜谋之。侄女备受痛苦，久蓄厌世之心，及麻哈未拿说法于其地，侄女从之为徒，苦行修道，后为女尼之长。僧侣女尼，共有五誓：一不伤生；二不欺诈；三不偷盗；四不奸淫，其义颇广，不得思想异性之神人畜等；五不贪一切事物。信男十五万九千，信女三十五万八千，皆听麻哈未拿说法而奉教者，其中或为贵族，或为农商工人。其人虽为教徒，然不妨其职业，惟须遵其誓言而已，誓共十二:(一)不得故意伤害生物，并须善待畜类。(二)不可欺诈，婚姻商业，言必符实，不得蜚语伤人。(三)勿偷盗，并禁购买盗物。(四)勿奸淫，夫则忠于其妇。(五)勿蓄不需之物。(六)勿出远游。(七)劝人守誓。(八)勿作诸恶。(九)誓守宗教礼节，每日祷告。(十)勿游远方，不作蜚语。其大旨与第二、第六誓文相同。(十一)禁食二十四小时，除去饰品，仅着三衣，一如僧侣。(十二)乐助僧尼。以上十二誓文，信男信女，或全部遵守，或可守其一部，其教徒异于佛徒矣！麻哈未拿得道后说法三十年，年七十二而殁，时纪元前四六八年也。大弟子十一，及其死后，仅剩二人，余皆苦行禁食而死。

皆因教之教义 皆因教徒之苦行，见于麻哈未拿之略传矣，其宗教哲学，受影响于轮回之说。其说认灵魂为永远，追其肉体死后，或转为神，或再为人，或变为兽，或化为虫，视其生于世时之功过而定；换言之，则今生之享受，定于前生之功过，今生功过之因，为其来生享受之果，婆罗门教则以神主其间，皆因教则谓个人之轮回，断于一己之功过，而与天神无关，此其异点也。其论轮回之害为八，要旨则谓其使人昏愚，不能利用其正当之知识，而有坚固之信心，反从事于情感之欲，于是思想不清，理论不明，而失其灵性上之自由，且为情欲之奴隶。夫然，心力体力，皆无正当之用，而灵魂受命于轮回之下，因其功过之大小，而有神人兽虫之变。其生为人者，定其未来阶级之高下，展转不已，困苦何似！其免再生之方法，最初则受轮回之支配，灵魂不能自然，后历若干轮回，或稍失其昏愚，而能判决是非，盖其本心固未暗也。其赖前生之功德，具有正当之信仰，不饮酒，不食肉，遵守誓文，节制情欲，不作嗔怒，断灭傲气，无虚伪心。其情感易为俗念所缚者，失其所依，而自不得为恶；美恶，痛苦之感觉，不动于中，而能循其自然，并无贪得之心，久则了解真理，得免再生。及其得道之后，则弟子增多，组织教社，则成哲人。今读皆因教之教义，则知其所以认生存再生为痛苦，而以灵魂自由为归依，并可明其苦行禁食之原因矣。故其教徒，轻视物质，而衣服简陋，僧侣女尼，日食一餐。每于清晨外出，俯拾路旁小虫，以衣护之而归，盖患路人伤其生命也。伤生为皆因教之大戒，麻哈未拿于雨期不出者，亦患其足践生物也。其徒自处，则以毁生为归，对人与物，则保其生命。说者谓其教义冲突，而殊不知皆因教徒，以灵魂所享之果，定于一己功过之因，中途将其伤折，不能使其发长，而认为大罪也。总括其义为三，即俗所谓三宝真言也：一曰真识，二曰真信，三曰真行（亦可作业）。

皆因教之三宝真言，凡奉行者，无阶级之分，皆可得救。麻哈未拿之说法，非限于一地一阶级也，听众或为贵族战士、农商、工人，或为妇女，皆以平等待之，其守戒苦行之僧尼，非自一阶级而来者，既入教社之后，则相待平等；得道无男女之分，视其修行之功夫之深浅而定，胜于释迦牟尼之初拒妇人矣。婆罗门教则拒绝外人，而皆因教则视其为平等，其经典论诋阶级制度，不遗余力，由是言之，皆因教固世界人类平等之宗教也。其经典以通俗文写之，多为太密楼本，辞意明切，喻证丰富，如以盲者六人，以手摸象，述其所知，各是其是，互相謷辩，以喻当时印度教之六宗哲学。其文美甚，自然成趣。经典以宗派之别，可分为二。初，麻哈未拿之婿，从为弟子，既而不满于其教义，自成一派，然其不久而即消灭也。皆因教之经典，写于后世，先是，其徒展转记诵，时起辩论，遂起宗派之分，然势终不能与正宗相抗也。纪元后一世纪，其徒以礼节之异，分为二派：一曰云衣宗。云衣，谓裸体也。盖守旧制。二曰白衣宗，言着白衣也。二宗之经典各异；同时，皆因教传于南方。

皆因教未亡于印度之原因 皆因教、佛教同为反对婆罗门教之教义制度而起，何一存一亡于印度耶？其原因复杂，不能详言于此篇，兹略述其荦荦大者：（一）皆因教之信男、信女于社会之中，犹得专其职业，同时，遵守誓文，每日祈祷，年守僧尼之礼节者一次；其与宗教之关系，至为密切。佛教与居民之关系，多赖寺僧。寺毁，僧散，则居民失其宗教之信仰矣。其后回人侵入印度，屠杀僧尼，火焚“偶像”，劫掠财物，修改寺庵，为其祈祷之所；二教之僧尼被杀，佛教遂不能存于印土，而皆因教则赖其信男信女之力，恢复旧观，此其组织上之功也。（二）皆因教徒，能容异教，麻哈未拿虽不信神，然亦未尝反对。今其教徒，时入印度教堂，敬拜神像，与印度教徒无异，此其所以不为印度教所恶，而若中国道佛并行者也。虽然，利之所在，害亦生焉。麻哈未拿反对阶级，而其教徒今受环境之影响，反而严守阶级制度。其礼堂门有禁止阶级低者入内之文，其去皆因教之教义远矣。近者教徒数逾百万，约当印度教徒千分之五；其数虽少，而其人受教育，长于经商，为印度商界之领袖。政府以其能容异教，尝欲助之，以与印度教相抗，其势今犹未衰也。

第五篇 释迦牟尼之本行 最初佛教之教义 佛典之成立

释迦牟尼之本行　佛教不信《吠陀》，而与皆因教同为反对婆罗门教者；皆因教限于印度，而佛教传于中国、日本、暹罗、缅甸、锡兰等。迨其传于外国，则因其环境之变迁；及其新地固有思想之不同，于是教义、礼节，发生偏重，以致宗派繁多。是以中国、锡兰，所传之佛教各异。此篇则限于最初之佛教；其哲学非作者之所当详言，盖此篇之范围，则为佛教最初之历史也。我国现有佛教最初集成之《阿含经》甚多，学佛者鄙为小乘弃而不谈。其述释迦牟尼（Sakyamuni）之本行者，杂以神话迷信，今之材料，以西方学者研究裴立（Pali）文经典之所得者，较为可信，故多取材于此。佛者佛陀（Bnddha）之省称，印语成道，先觉、了明真理之义；佛为印度外道之称[①]，今谓佛者，则指释迦牟尼也。佛教二字，界限泛广，难得满意之界说；简单言之，则释迦牟尼所说之教法也。释迦为其族名，牟尼言哲，犹谓释迦族之哲人也，盖其成道后之通称。初姓高他麻（Gantama）（旧作瞿昙），而名悉达亚（Siddhatta）。悉达亚约生于纪元前五百六十年[②]，生地在今尼泊尔之边境，后赖阿育王于纪元前三世纪所立之纪念石柱以证明。其地之居民，蒙古族也；斯密斯则谓悉达亚为蒙古族人。其父名曰净饭，释迦族之领袖，部落式之国王也。国名迦比罗婆兹都（Kapilavastu），臣属于歌殊亚（Kosala），地近希马拉亚山脉。其妃生悉达亚后七日而殁，其妹亦王妃也，抚养太子，视如己出。净饭王时年将老，而爱护太子周至。太子年长，容貌秀丽，性慧敏悟，王聘名师婆罗门教之，印度之因果、轮回、哲学等，深入于太子之心。大山附近之居民，长于骑射，太子又习武艺，体壮多力。

太子十九[③]，净饭王为之纳其表妹耶输陀罗为妃。妃极美艳，太子爱之，夫妇亲睦。太子或佐父王共理政事。王以太子英武，信其能强其国。及年二十有九，太子忽有弃世之意。初，相传太子命车出城东门，见一老人，头白面皱，伛偻而行。太子问曰："此何人也？"从者曰："此老人也，自少而壮，由壮而老，由老而衰，衰则形变力微，而余日无几矣。"曰："吾身亦将老耶！”对曰：“世人皆然。”太子回宫，静坐思惟。未几，出游南门，见一病人，身瘦色黄，腹肿呻吟，不能自起。太子问知病人，命驾即归，垂头入宫。既而又出西门，见一死尸，四人举行，姻亲围绕，悲泣呼号。太子问知死尸，颜色丧沮而归。因念老、病、死、苦，人所不免，乃求解脱之方。会出北门，见一苦修行者，法服持钵，手执锡杖，容止肃整，直视而行。太子问之，知其得免再生，乃自决心求道。既而耶输陀罗有娠，生子曰罗睺罗。于其庆宴之夕，眷属困睡，太子潜出，令驭者车匿牵马，出北门而去，马奔，俄出国境，后抵雪山之麓，斩发易衣，遣车匿还国，独入山中；访道，先值跋伽婆及林中苦修行者。太子访知其说，谓其不离痛苦，一宿而去；复访名师二人，其说不慊于太子之心；后入伽阁山之林中。林近河侧，地静人稀，憍陈如等五人苦行于此，乃奉太子为师。太子净心守戒，苦行节食，垂满六年，形容消瘦，惟骨与皮，而身若枯木耳，卒无所得，转念苦行非道，不能解脱，遂食牛乳等。憍陈如等见之，大惊，谓其不耐苦行，而变节矣！心怀怨恶，弃之而去。太子独行至波害亚（Budhgaya），于月光之中，静坐于菩提树下，一心思惟，霍然大悟，遂成佛陀。此树也，无花果树之别种，今已灭绝，惟锡兰存其一株耳，盖视为圣迹而移植于其地者。

最初佛教之教义　佛陀得道之后，因欲以其所得之道，度其曩者访问之名师二人，及至其住处，而名师已死，继念当度憍陈如等五人。五人时方苦行于波尔罗斯（Benares）之鹿苑；佛陀前行，途遇皆因教徒一人。教徒见其容止，以为必到解脱之地，问其姓名，佛陀答之以偈，自称牟尼，及抵其地，步行一百里。五人遥见佛陀，私相语曰：“彼既饮食，无复道心，当勿为礼。”佛陀既至，五人见其容止，油然生敬，各自坐起，礼迎其师。佛说法曰：“形苦则心乱，身乐则情怠，二者皆非道因，今当弃去苦乐，行于中道，心自静定。至于世人之痛苦，则起于贪欲，贪欲生于求餍感觉，生命，财产之欲望，欲望乃为痛苦之根。故去痛苦，当除其根，其道凡八，一曰正见，二曰正意愿（或作思惟），三曰正语，四曰正业，五曰正命，六曰精进，七曰正念，八曰正定。”正见则谓明是非，辨别真伪，若佛陀不信当时灵魂之说也。正意愿之意愿，则指欲望。盖欲望有正当不正当之分，其不正当者，则为痛苦之原，当以正当之意愿代之，如服务世人之类。最初之佛教，固未禁去一切之欲也。正语，指不作虚伪之言语。正业犹言正当之行为，盖谓实现正意愿于事实也。正命则谓人类维持其生活，而不当杀生残物也。正精进，则谓去恶以进于美德。正念则指思想纯正，无求荣誉之念。正定，则言聚精会神，诚一不二。此其第一次说法之大旨也。其所谓身苦者，乃指皆因教徒，身乐则谓婆罗门；佛陀之中道，折中于此二者。

四日之后，佛又为五人说法，评论灵魂或我说也。印人视灵魂为我；佛之大旨，则谓我为若干之品格，特性，情绪，概念所成；个人之概念，品格等皆本于其经验，教育而得，依人之生存而存在，所谓暂时也；死则丧失，而无我或灵魂矣。我国学佛者，则谓佛于此时说明四谛。四谛者，“苦应知，集当断，灭应证，道当修”也。五人听之，大喜，出家。未几，佛作第三次之说法，此为群众公开演讲也，听者甚多，皆在山傍，及佛入座，森林中之大火忽起，焰烟蔽天，故有“火法”之称。要旨则谓天下之事物犹火也。目为火，形为火；目之所见，其发为印象者，火也，知觉起于印象者，火也；火者，情欲，恼怒，昏愚之火也；生老，病死，痛苦，悲忧，复助其势。佛陀阐明此旨，推及其他感觉。听众心服，而弟子增至六十人。既而佛往摩揭陀；摩揭陀为北印度之强国，途中住于大迦叶家。迦叶初为学者，后自修道；佛陀为其说法，而迦叶归为弟子。佛陀偕之入国都王舍城；王甚礼之，听法，心喜，赐以竹园。故佛于竹园说法。

净饭王初闻其子，苦行而死，悲甚，后知其子得道，大喜，急欲与之相见，数遣使者招之。使者听道，乐而忘其使命，王急遣优陀耶往。优陀耶幼为太子之至友，时居要职，奉命而往，具以王命白佛，佛遂首途，日行七里，共五十余日，暇时于途中说法。迨抵迦比罗婆兹都，王及臣民供养殷周。耶输陀罗则在宫中，盖怨其夫无故相弃也。佛入宫中慰之，子罗睺罗时年已长。佛陀说法，王及臣民听之；王意为其所动，而从弟数人，为其弟子。佛陀俄去，后数入其祖国。罗睺罗又从其父奉法守戒矣。其抚养太子之姨母，及其他贵妇，数以愿受佛戒为请，佛皆拒之，盖患后世女尼，不守清规，而反为害也。其后姨母等复申前请，又不之许，乃以妇人灵性上之缺点为问。佛不能答，许之，意殊不悦，且曰："我之正法，千岁当兴；今度妇女，五百年后，则衰矣。"

佛陀初则终年四出说法，后于雨季，住于一地，静坐默祷，或教弟子。雨季之后，黎明即出，托钵募食，弟子从之，而又周游说法，入一国境，王多供养，或赐以林园，或为其建寺。佛陀每于月之八、十四、十五及十六日，公开说法，后成定期。听众无阶级、职业、贫富之分，弟子、沙门、女尼渐多，各成团体；其中有婆罗门、贵族、农商、贱民，既奉佛法，则皆平等。其大弟子，非以阶级为定，而断于其行为也。沙门衣黄袈裟，同住亲爱，互相礼敬，忠于其师，遵守十戒。十戒者，一不杀生物；二不偷盗；三不奸淫；四不诳言；五不饮酒，其后附戒甚多；六非于正当时间，不得饮食；七不用饰品香物；八不睡于宽高之床，仅得用席，卧于地上；九不得跳舞、歌唱、作乐；十不蓄金银，不收财物。其后佛陀年老，以弟子阿难陀为侍。阿难为佛陀之从弟，侍于左右，凡二十五年。

佛陀之弟子大增，势日兴盛；其反对者如之，王舍城之人民，渐生怨望，谓其诱人之父，而孤其子，夺人之夫，而寡其妇，将使父母、夫妇之恩义断，而家族灭也。其言虽或过甚，而其他教派与佛陀所说不合者，嫉之；倡命论者，尝欲杀佛之弟子，皆因教主张苦行而恶佛法，婆罗门教忌之尤甚。其毁之者，故作诽言，以谤佛陀之人格，如谓其尝戏女子。会摩揭陀王之子阿介他赛都（Ajataeatru）嗣位，佛典谓其弑父而立，戴外大亚（Devadatta）助之。戴外大亚初为佛陀弟子，后习魔术，长于符咒，谋去其师，而为沙门之领袖，不成，乃以魔术驱象杀佛，又不成，遣力士刺之，事又失败，后助太子弑父。此说也，近于迷信，皆因教之经典，则否认弑王之说。至是，戴外大亚转请于佛，而谓沙门须重苦行，住于林中；佛陀尝以苦行非道，严辞拒之，乃自脱离独为一派，其从之去者五百人。佛遇此变，毫不失望，而说法如常。其后歌殊亚王出兵，灭释迦族。初，其父求妃于释迦族，而族人傲甚，鄙之。顾患其力不敌，乃以女奴充之。女奴后生太子，太子深恶释迦族人，及其即位，起兵屠杀其人。佛虽出家，而视其族人被杀，固不能不动于心也。佛于斯年病终，时纪元前四百八十年左右也。

佛陀之事业，于其病殁之时，可谓成功矣。当其在世，弟子甚多，听众数增，其故何哉？曰，佛为王子，弃其他日国王之幸福，而奔走说法，岁不得暇，其悲天悯人，闻其风者，已当钦服。其道德之高尚，见于容止之间，是以皆因教徒，见而异之，憍陈如等，油然起敬。其教社之组织，本于平等之精神，弟子日听其说，观其为人，敬而爱之，多能忠于其师。其教人也，因其所知，以引其所不知，而使明了真理；其视佛陀为敌，而问难者，佛无愠色，和善导之；其一二故为难者，则去而远之。其所说之教法，分析人类痛苦之原；其解脱之正道，本于高深之伦理，而为人类之极则。其分析知觉，为心理学之先导。西方学者，尝谓佛教为分析之宗教，斯见其贡献于世矣。其以天地原始相问者，佛则拒而不答；于其教法之中，求其对于上帝之观念，则殊难得。盖最初之佛法，类近哲学。其目的，则谋人类之幸福也。

佛典之成立　佛陀说法，弟子未尝记之；及其死后，大迦叶患其忘失，商于众僧，宜集法藏，以利众生。僧皆许之，遂于王舍城外开始结集；五百高僧，参与斯会。众推迦叶为上首，先集《八十诵律》，次命阿难陀结集《阿含》。难陀侍佛二十余年，记性力强，佛尝称其多闻。迦叶先问当佛说法时之背景，及其经过之状况；阿难陀一一答之，然后诵出佛说。诵已，高僧或有改正，其得众僧认可者，即为定本。当时未有记录，惟恃暗诵。其后展转变迁，或失原意。阿难陀在世之时，僧侣已有谓其“老朽，言多错谬”者矣。其他经典，皆为高僧所追述；其最晚出者，在佛灭五百年后。五百年中，高僧共集四次大会，除第一会而外，皆有教义戒律之争。阿育王时，尝禁僧侣倡异说者。其后始有南北之分，北为大乘，南为小乘。小乘保有最初佛教之伦理，以锡兰为盛；大乘则认祈祷之功，而以佛陀为人类之救星，后入中国、日本。佛经写本，以裴立文为最古，梵文次之，汉文又次之。

佛教于回人侵入印度之时，其势已衰；回人屠杀僧侣，佛教远绝于印度本部矣。其衰于印度者何耶？曰：佛徒批评婆罗门教甚力，婆罗门因而有所改革，例如，当佛生时，婆罗门得于其他一二阶级娶妻，乃惧好色之讥，而择配于其阶级之中，佛徒失其攻击之口实，地位摇动，而婆罗门反居于优势矣。佛教之经典繁浩，非学者不能多读而深知其精义；盖其教义庞杂，不能总括于数言，而为普通人民道也。审其教义，佛徒之修行者，为其个人之得救也（世之宗教皆然）。人民之进香拜佛者，与佛教无密切之关系。僧散，则无善男信女矣。此为佛教灭亡于印度之故，而亦其缺点也。佛教虽亡于印度，然其不杀生物之遗训，固犹见于今日之印度也。

【注】

①外道谓不信《吠陀》中之哲学，而别树一帜者。

②佛陀出世年代，有中国、日本、锡兰、缅甸、西藏之传说，各不相同。此本于学者根据于事实所推定者，较为近实。

③谢蒙、梁漱溟本于我国佛典，谓太子十七纳妃，十九出家。锡兰裴立文之经典，则谓十九纳妃，二十九出家。近日西方学者，皆谓佛约七十九年而歿，日本亦然。愚按佛陀苦行六年，说法四十四年，信如我国所传，则佛约年六十九而终；故从锡兰所传。

第六篇

印度东部之强国——摩揭陀、歌殊亚　波斯进据印度西北　亚列山大之东征　古代文化

印度东部之强国——摩揭陀、歌殊亚 纪元前七世纪之印度，学者根据于皆因教、佛教之最初经典，而能略知其政治上之一二事实。求其确定之年代，则不可能。今其年代，皆为推定，所谓大致不差耳。学者近以旁加普之太昔尔（Taxila），为印度文化发达最早之地，深掘废城之遗址，以求有所发现，其结果虽得古物，然尚不能详知其地之历史也。佛典所举之国名，共有十六，皆在印度北部，或早于佛陀生时，或与佛陀同时。其最强大者，则推摩揭陀、歌殊亚，惟其疆界，殊难确为指定。摩揭陀约当巴哈（Bihar）南部之地，在恒河之北。纪元前六四二年左右，酋长昔顺乃格（Sisunaga）建国于其地，名曰摩揭陀，是为昔顺乃格朝，传之四世，无记录及之。其五世之王，曰必昔赛那（Bimbisara），征服其邻，扩张领土，建筑大城，为摩揭陀之英主。王助皆因教，据其经典所传，王为皆因教徒，在位二十八年，约当纪元前五八二—前五五四年之间。其子阿介他赛都继之；王于松河（SonRiver）流入恒河之口，建有坚固之要塞，后为刘尔安朝（旧作孔雀朝）之国都。其母出自名族力嘉害外斯（Lichchhavis）；其族居近巴哈，政权掌于贵族议院，议院选一人为长，议决政事。其人与西藏人相类，葬礼刑罚，又复多同。据古传说，建国之西藏王为释迦族之别支，斯见力嘉害外斯为蒙古族矣。其影响于印度文学上之传说及历史者，凡千余年。后乃败于其甥。

阿介他赛都之即位也，佛典记其贪于王位，不愿久待，于是饿死其父。佛陀弟子戴外大亚助之。皆因教之经典，否认其事，且谓“王为其热心教徒，奉行父法，统治其国，凡八十年”。斯密斯初信佛典之传说，后谓阿介他赛都与后世印度王之政策相同，不偏一教，时施财物与皆因教徒，或自为一派之戴外大亚；其后佛教得势，深恶皆因教徒，并及戴外大亚，遂有此说。斯言也，近于推论，吾人固难认为事实也。王既即位，歌殊亚王率兵伐之；歌殊亚在今澳得（Oudh）。其出兵之故，今不可考。摩揭陀王统兵拒之于边境，未有胜负，乃议和旋师，歌殊亚王妻之以女。既而其妃“女奴”

所生之太子惠罗害那（Virudhaka）谋逆；女奴释迦族所献而冒充其贵族之女也。太子谋泄，事败，逃之摩揭陀，未及都门；会闻其父病死，还即王位。王病母贱，深恶释迦族人，出兵伐而灭之。其后摩揭陀之势大盛，并灭歌殊亚。

波斯进据印度西北　摩揭陀之国势，盛于恒河流域。其西方波斯，方于同时，征服四邻，国强兵多。纪元前六世纪，其王大益斯（Daris）纪元前五二一—前四八五年命将出兵，令由印得斯河以求水路，直达波斯。波军自旁加普乘舟而下，战败其土酋抗之者，共历十有三月而抵波斯。大益斯遂收印得斯河流域，而县其城邑，臣治其民。其后波斯出兵，进攻希腊，印度之善射者与焉。其地属于波斯为其第十二省，命将治之，波斯帝国之富庶区也；赋税约当其全国收入三分之一。古代印得斯河流域之河道，大异于今，沙漠附近之地，或为昔时河流经过之区，故其水多土肥，物产繁殖，而其赋税之所以奇重也。亚列山大战败波斯，东入印度，印得斯河犹为印度波斯之分界；惟其沿河，未有波斯委任之官吏耳。两岸之小邦，似已独立，其于何时自主，今不可考。波斯距摩揭陀甚远，当其据有印度西北之时，二国应有交通，惟至近日尚无事实可以证明，然终不能武断其无交通也。

昔顺乃格朝，据古传说，共传十代。其第十王，纳贱者之女为妃，生子麻合派亚·南德（Mahapadma Nand）。麻合派亚篡夺父位，传之九代，有九南德之称；印人素重阶级，而婆罗门、贵族、武士以故轻之。南德王遂仇视之，而欲大挫其势。斯密斯疑王为皆因教徒，或佛教徒，而益为印度教徒所恶。相传其第九王，为皆因教或佛教建筑大寺，王为张嘉歌那（Chandraguta）所杀，南德朝遂亡；九王共传九十一年，约当纪元前四一三—前三二二年。诗人尝谓南德朝王卑鄙，不能入于印度教之年史。其所记载者，多虚诞过甚之辞，不足凭信。同时，亚列山大侵入印度，闻其国有步兵二十万，骑兵二万，兵车八千，战象四千或三千。象为印度之特产，甚驯，教之以战；凡一战象，乘者四人，而其体伟壮，皮厚且坚，剑矢不易伤之，列于阵中，其固如城，冲锋则能毁营踏人。印人珍之，而谓其战之胜负，定于象数之多寡。时亚列山大以其军队，拒绝深入，但不能与南德王相战，而一觇其虚实也。

亚列山大之东征 亚列山大为马其顿王，其地远在欧洲希腊之北。初，其父腓力帕（Philip），善于练兵，改骑兵制。古代以马驾军，是为兵车，其能战胜，则恃训练之勤，团结之坚；行军入于崎岖山道，或河流之地，则失其用；后改兵车为散骑。腓力帕首编骑兵为大队，而严其训练，授以长戟弓矢，作为进击之用，借以前后相应，当时之新式利器也。腓力帕因其兵力，战胜希腊，既而被弑，其子亚列山大继之。亚列山大雄心大略，长于用兵，有统一天下之志。其西邻波斯属地甚广，亚列山大起兵伐之。初，波斯西征希腊，军败而归。其后希腊服于马其顿王，马其顿人遂同化于希腊，亚列山大故有复仇之心。及其出师，希腊人助之。先夺小亚细亚、叙里亚、埃及，进攻波斯，三战大捷，破灭其国。纪元前三二七年五月，军进兴都库什山之附近；其地野蛮部落，数扰其后。亚列山大命军攻之，屠杀其人。明年二月，进次印得斯河之西岸，河，印度、波斯之分界也。东岸无军拒之，马其顿军从容驾船为桥，以渡大军。既渡，入太昔尔境，其王率其四邻之小邦，不战而迎亚列山大，共出牛三千，羊万余以犒师。太昔尔地在膏腴之平原，物产丰富，人民数众，而又西临大河，交通便易，足资防守。城为中亚细亚入印必经之所，宜其为古代名城也。其犒师牛羊之数，斯可见其富庶矣。佛典谓当佛陀生时，太昔尔为印度学术之中心，学者争集，诵读三《吠陀》，习学医术。印度内地之国王婆罗门等，尝遣其子前往读书。信如其说，其城不啻当时之大学也。希腊人之从军者，记其风俗，殊堪发噱，兹节引之。“凡贫穷不能嫁女而赠以财产者，当其女于妙龄之时，送入市场，击鼓鸣角，以招市人。其趋于女前者，初视其背，女遂解其肩上之衣，然后察其胸部。其男女相悦者，乃议价值。多妻制度，遂盛行于诸国。其俗夫殁，妻当自焚而死；其不愿者，众必鄙之，故皆随其夫而死。既死，则弃尸于野。”其城所信之宗教，为婆罗门教及波斯教。波斯之影响，已入于印度西北矣。

亚列山大休军于太昔尔，后率大军东进。太昔尔王遣兵五千助战。普鲁（Purn or Poros）闻警，统兵拒之。普鲁王于印得斯河之支流害德败斯（Hpdaspes）、钱不（Chenab）二河间之地。其军身高力壮，希腊人异之，且谓其战术，高于亚洲之各国。普鲁迎拒敌军于害德败斯河。其河宽深，防守严固，而亚列山大之军为其所拒，不得渡河者，约数星期。会知上流河狭，中有小洲，便于潜渡，乃绕道往。既济，军于平原；二军攻击，普鲁步兵三万，骑兵四千，兵车三百，战象二百。及战，亚列山大指挥骑兵，以长戟乱矢，冲动战象，象怒回逸；普鲁之军，行伍大乱，其善射者，坐于地上，右手执弓，左手按矢于其弦上，然后尽力扳之，复以右足之力，强压其弓。矢出，其力凶猛，能穿坚甲。所可惜者，其地泥深且滑，不能得势。普鲁之军遂败。亚列山大俘杀战象，尽毁兵车，俘敌九千，印人死者一万二千，余众逃散。其王普鲁督战，身受九伤，终不得免。亚列山大获而礼之，借得印人之心，军复前进；其拒之者，皆败而逃。及抵害外昔斯（Hyphasis），马其顿军哗变，拒绝前进之命；亚列山大无奈，乃令造舟而归。其侵入印度之地，限于西北印得斯河流域。其下抗命不前者，盖其逾越险阻，困惫已极，而又久历战争，获财已多。将士念其家乡，渐生荣归之心，又不知其主将，止于何所，而印度之气候炎热多雨，大异于马其顿、希腊诸国，营中病者数增。若至东方，摩揭陀王，统有大军，势必拒战；兵士之心，则谓前者普鲁迎战，战术甚优，而今远攻大国，疲军再战，客异势主，固不知其鹿死谁手也。

亚列山大既不深入印度，委任普鲁监督七国，造舟于害德败斯河之上游，以其便于取木也。十月，船成，只数约近二千，重载军队，而兵多船少，大队有步行于两岸者。其附近之部落小邦，强者王自统兵拒之，弱者联合小邦迎战；亚列山大皆大败之，且战且行，共历十月而抵印得斯河入海之口，分途前进，而入波斯，后至小亚细亚。纪元前三二三年，亚列山大死于巴比伦。其东征也，统军十余万人，孤军远征，运输不易，乃于战胜之地求食，纵兵掠劫，重载财宝而归。其入印度，尝焚坚守之部落，而并杀其老幼妇女，其残酷可想！印人以野蛮人视之，印度书籍未有只字记其事者。今之东征历史，仅根据于希腊之记录及西北边境之古钱耳！故无直接影响于印度之生活、政治、社会、宗教、文学、艺术；其骑兵优于战象兵车，而印人未尝学其兵制，乃犹守其旧法。十六世纪，蒙古儿帝国之成立于印度者，亦赖骑兵。亚列山大之功，则在其开辟东西交通之路。希腊人后建国于亚洲西部，侵入印度西北，其美术遂影响于印度之雕刻，佛像固其证也。同时西方亦有学于印度者，惟其材料琐少，散于书籍，难作精确之论。所可知者，古代基督教之一支洛斯铁生（Gnostism），大受佛教之影响，保罗于《新约》之中，尝道焚尸之习，此印度俗也。佛教已入罗马帝国传教矣！亚里斯多德后之哲学，容或受其影响。

古代文化　印度最初之政治，社会经济，多不可考。纪元前四世纪之情形，则可略知其概。当斯时也，希腊人谓旁加普之独立国无数。其政体或为君主专制，或为贵族专制，或为民主政体，一地之国多若此，其他可想矣！美葛生斯于亚列山大东征二十余年之后，记载全印共一百十有八国，互相争权，时起战争，故其势散，不能同心同德，以御外侮，此西北诸国所以败于亚列山大也。希腊人谓其生活远高出于野蛮时代，物质文明，大有进步，国内外之贸易，甚为发达。商人贸迁有无，明知南方出珠宝等物，而运北方之布物以易之。中国丝绸，或已传入印度。其国外贸易，法令甚多，外商入港或离岸者，皆有执照。货币之用渐广，以银铸之，其状粗笨。更观宗教思想之发达，社会组织之演进，印度已久为世界文化国之一矣！

第七篇

张嘉歌那之创刘尔安朝　政府军政之组织

秉德苏亚　阿育王与佛教　阿育王后印度之纷扰

亚列山大委任长官，留戍兵而归。印人痛于劫掠之惨，迫压之甚，久蓄不服之心；会守将忌普鲁之威权，杀之。于是人心益愤，有杀其守将者；既而亚列山大病死于巴比伦，叛乱大起；主其事者，婆罗门陈乃亚（Chanakya）也。陈乃亚初得罪于摩揭陀王，逃之西北，及亚列山大死耗传至，得西北小邦之助，起兵，尽逐戍卒。约于同时，摩揭陀乱，张嘉歌那杀南德朝王。相传张嘉歌那为南德朝王之子，因其母贱而鄙之。及长，陈乃亚傅之，谋变，事泄，西逃，尝见亚列山大，后杀王族，而即帝位。其杀戍卒与灭南德二事之先后，今不能考，意其既屠戍车，声威大振，然后率兵而入摩揭陀国，又得内援也。不及一年，遂灭南德氏。其即位后之史材凡三：一、陈乃亚自著一书，详述内政。二、希腊人美葛生斯记其在印之见闻。三、阿育王建立石柱，中刻谕文。吾人赖学者研究之所得，而能知其朝廷、行政、法律、领土；斯密斯尝谓此时之历史，于十六世纪前之印度史中，最为详晰。是以历史学者，公认张嘉歌那为印度史上之第一大帝也。

张嘉歌那之创刘尔安朝 张嘉歌那代南德氏为王，是为刘尔安朝（旧作孔雀朝）（Mauryan Dynastv）。其母名曰刘尔（Maur），盖因此而名其朝也。纪元前三二二年左右，张嘉歌那即位，王委陈乃亚为相，委以政事。陈乃亚果决敢为，勤于政事，四邻降服，国势大张。时适亚列山大之旧将谢流哥斯（seleucus）侵入印度。初亚列山大死后，诸侯分据其地；谢流哥斯得叙里亚、小亚细亚。其与之争地者，久战不已，互有战负，既而大败其敌，复据巴比伦，乃自为王。史家称为叙里亚王（我国旧作条支王），统治亚洲西部。王既胜敌，谋复亚列山大之故地，率兵渡印得斯河。张嘉歌那统军拒战，败之于旁加普；谢流哥斯逃出边境，割三省之地议和；印度以五百战象与之。于是印得斯河以西俾路支、阿富汗，皆入于印度版图矣。叙里亚王，又以女妻张嘉歌那，遣美葛生斯为使，驻于京城。使臣于其暇时，述其所见，笔之于书，详其当时之地理、物产、制度。惜其全书佚亡，而大半见于他书；其中间有涉于神怪，而尝为人所批评者。

刘尔安朝之首都华子城 刘尔安朝之首都曰华子城（Patalipntra），在松河北岸，当其流入恒河之口，初为阿介他赛都王之要塞，即今巴特拿附近也，前临大河，交通便利。城长九里，宽一里半，而以木栅为垣；其下为池，防守坚固，门共六十有四，其剩木今在水中。皇宫以木砖造成，雕刻美丽，饰以金藤银鸟；后附花园，有鱼池、树木、花果等；或疑其式与波斯王宫相似。宫中以武装之妇女为卫，其侍王者，则为舞女；舞女之在王宫者，其职如仆。王坐于朝，或骑象乘车而出，则手执伞扇，侍于左右。其专为舞女者，纳款于官，而其管理甚严。此俗今犹存于一二之自治小邦，流弊多矣。王之娱乐，有射猎、赛车、斗兽等；其囿地广，草木丛生，专为王之射猎者也；其犯禁私入者，则罪当死。王宫之礼节，则多类波斯习俗。印度受波斯之影响，尝为学者争论之点，其影响固不可讳也。

华子城统治于委员三十人，共分六局，每局五人。委员共理公共事业——公安、道路、市场、海港及寺观等。六局各有专职，略分述之如下。一局管理工艺。政府视工人若服务于王者，其伤工人之眼或手，而使其丧失技能者，则罪当杀；局又划定工价，而监视其建筑之材料。二局之职务，与今领事相同；外人至者，局员觅屋住之，监其行动，送之出国；其得疾病或死亡者，延医调治，或为其埋葬，而并保护其财产。三局调查户口，记录人民之生死，盖所以为人口税之根据也。四局监督零售及规定衡量等。五局调查制造物品及划定税率。六局收货物出售什一之税，此皆首都之市政也，其大城民众者，制度与之多同。

张嘉歌那之威权无限，专制独裁，其委任之长官，仅能陈述意见及奉行上命而已。陈乃亚之治国也，法严威重，希腊人之记录，谓其酷虐；印人以刑罚为治理之术，陈乃亚盖本于此也。其关于财政者，法令益严，借之以裕国库；其作贼者，多处死刑，盖印度之道德观念，认偷盗为大罪也；其为人所告作贼者，苟无反证以明其诬，则受刑讯，棰楚之下，何求而不得？刑罚之种类繁多，总括为三：一曰罚金，二曰残体，三曰死刑。陈乃亚之法，婆罗门之犯罪者，则免刑讯；其罚或逐之远方，或驱为矿工；英主若张嘉歌那固未受制于婆罗门也。其抑王权者，则为革命。印度之政治哲学，类近中国，试引其一以证之。谚曰：“民之乐，君之乐也。民之利，君之利也。”其虐民者，则民可以暗杀革命，张嘉歌那之代南德氏而王，则其明显之例。迨其嗣位，尝惧其先朝遗臣，图谋恢复。其所恃而不恐者，惟军队耳。

印度军队 印度军队，自古分战象、兵车、骑兵、步卒四者，张嘉歌那遵守旧制。骑象者将也。兵车，则驾车之马，或四或二，皆有步卒护之。玄奘入印之时，兵车或已废矣。骑兵组织，犹古散骑之制，训练不精；其拒外寇也，徒恃步兵，故难取胜，此其军制之大略也。张嘉歌那军队之数，步卒六十万，骑兵三万，战象九千，兵车则无确数，当多于南德朝之八千矣，共约七十万人，宜其战败谢流哥斯而为印度之大帝也。其军统于总部；总部凡三十人，共分六组，一曰水军，二曰辎重军，三曰步卒，四曰骑兵，五曰兵车，六曰战象。其组织之完备，则张嘉歌那与其相陈乃亚之力也。美葛生斯谓军队器械，由于国家供结，其兵、象、马，皆有甲胄，战具则为刀剑，弓矢。其军之战斗力虽强，然王对外，终未徒恃其兵也。其不服者，或施诡计取胜，攻击要塞，或利诱其将，陈乃亚固善于谋者也。

政府军政之组织 政府长官共分属于三十部，管理国内之田地、水道、运河、道路、树林、建筑物等；其官属繁琐，兹略述其一二要者。古代印人以地属于其王，农夫受田于官，纳税四分之一；其不纳税者，夺取其田，自吾人视之，王犹一大地主也。田税为府库收入之大宗，特设一部，专司其事。水利与岁之丰歉有关，岁歉则收入数减，政府故重视之，亦设专部。政府又治路政，道路桥梁，按时修理，不及一里，则有记其远近之柱，以便于行旅者也。政府后为收入之计，劝民酿酒，惟其监督甚严；凡酿酒者，领有执照，期定四年。

秉德苏亚 张嘉歌那在位二十五年，皆因教谓王为其教徒，让位于子，后入南方，禁食而死，吾人固难其证考说也。其子秉德苏亚（Biudusara）继父为王。在位二十年，其政治历史，今不能知；惟王有屠敌之称，斯见其好杀矣。同时，印度、叙里亚之邦交益密，叙里亚王复遣使者抵印，其后埃及使者亦至。埃及使者，今尚不能推定其在秉德苏亚或其子阿育王时也。据古传说，秉德苏亚征服东西沿海之国。斯说也，或可认为事实。吾人知阿育王领土之广，王除东征而外，未尝用兵，南方德干高原，或为秉德苏亚所征服者，否则必为张嘉歌那之武功矣。

阿育王　王崩，子阿育嗣位（或译作阿恕迦，余意阿育之名，久已沿用，不必另改）。王初为总督，纪元前二六九年，始行加冕之礼，在位已四年矣。相传其长兄苏昔麻（Susima）与之争位，锡兰佛典则谓王杀其兄弟九十九人，以争王位。此说也，殆不可信。石柱之文，证其兄弟姊妹甚多，王善待之；佛典记其信教之先，罪深孽重，以符其“放下屠刀，立地成佛”之说，借扬其教，亦不可信。今按锡兰佛典所记之年代，符合史迹，余皆讹误。王之历史，则根据于石柱之文，及文学上之传说。王为总督及其即位之初，信奉婆罗门教，食肉、饮酒、射猎、跳舞，此佛徒所以认为罪孽而甚其辞欤？其改变人生观念，而影响于世界者，则盖林格（Kalinga）之战也。

盖林格地在孟加拉湾海岸，其族不服王命，纪元前二六一年，阿育王出兵攻之，盖林格人拒抗甚力，终战败溃。此役也，死亡十万，俘获十五万，伤亡者倍之。阿育王为之心悲，记其事于石柱，首叙战争之惨，死亡之众，而使其亲友长幼，不能相见；中论战胜，当克胜吾心之欲，而遵守道德法令；末望人民忍耐和善，以达于正理之途。其后王刊二文于其地，一谕长官善治其民，一劝人民为善。当其建立石柱之时，王已信佛；信佛之动机，则起于战后之感想，斯密斯推定其在纪元前二六〇年。其度王皈依佛法者，南北佛典之传说不一，今已证明其为一人，即有来歌那（Upagupta）也。王既奉法，酷爱和平，其政治上之事实，无可考据，王之精力专于伦理上之建设及宣传佛教矣。此固不能疑其与我国梁武帝相同，而不问政事也。王尝为僧，唐时义净入印求经，犹见王像身衣僧服，盖犹今日缅甸人暂住于寺而为僧也。王不肉食，宫中禁止杀牲，又废前王之猎地。纪元前二四九年，王偕有来歌那周游佛教之圣地，而立石柱纪念佛陀之生地。当斯时，佛教经典，展转暗诵，义渐繁多，时起辩论，内部有分裂之兆；王立石柱，禁倡异说，后召法会于京城，议定教义，摈斥异说。是为佛教第三大会。

阿育王石柱之文，关于道德，劝民为善，所谓《道德律》也。律认慈悲、救济、信实、清正、和善、虔诚为美德。而以一切生物之愉乐为归。其具体之言而常见者，则为南方米索尔北部之石柱文也。兹引原文一节如下："王曰：服从父母，尊重生物，言语信实，此《道德律》之要义，而人必当行者。弟子又必尊敬其师，交际各当有礼。"此类石柱，其中仅一载明本于佛陀之旨，以教民者。王自奉行斯义，善待臣民，施赐财物，与各宗教之苦行者，设有医院，医治人畜，更遣良医远之他国。其于国内道路之旁，建立休息之所，并植树木，以便行旅。王又以刑罚平允为大政，凡民有冤，无论王于何时何地，若于食时、妃宫、私室、花园或出游等，皆可上控，王即受理。其自决狱也，欧美之人，虽或非之。固东方民族之特性也。其后王患人民不能遵守道德法令，特设检官，专监人民之遵法令。其有罪者，惩之以法，重者死刑。说者谓其轻人重兽；殆不知王以人类有知而禽兽无识，自作之孽，而身当受其祸也。

阿育王与佛教　阿育王热心于宣传佛教，遣僧至其国内野蛮部落，或其内附之国，为之建寺，并设医院，又派高僧入希马拉亚山附近之小邦，太密楼地、锡兰、叙里亚、埃及、马其顿等。尝立石柱，载其传教之国名，其关系于历史者甚巨，吾人得知太密楼地四国之名，固其例也。今之学者，谓王未尝遣僧入缅甸传教。缅甸之为佛国，实非王力。其渡锡兰者，王弟麻汉嘉（Maheudra）也。锡兰传说则为王子，吾人本于学者研究之结果，则知弟是子非。初，岛王铁乃（Tissa）请僧入其国中说法，麻汉嘉往，王首信教，助其宣传，为之建寺，信者大增。麻汉嘉之妹俄从其兄而至，深得妇女之信心，女尼亦增。二人死于岛国，于是佛教之基大固于锡兰。汉末佛徒朱士行于其所著《经录》谓“秦始皇时，西域沙门室利防等十八人赍佛经来咸阳，始皇投之于狱”。按阿育王与始皇同时，中国印度，似有交通，其事有可能性，惟乃失败于中国耳。综观阿育王传佛教之事业，可知其有功于佛教矣。佛教初盛于印度北部一隅之地，阿育王兴，传于全印及当时之天下，佛教遂为世界之宗教。王之规模，远大于首认基督教为国教之康斯坦丁（Constantine the Great）矣。盖时基督教盛于罗马帝国，教徒忠于基督，蹈水火而不辞，政府患之，数兴大狱，而不能动其信心；康斯坦丁有见于此，乃借宗教之势力以一民心。阿育信佛之动机，则由于悔改。其令民遵其道德法令，设官监之，民虽失其自由，而王之意，则欲实现人类极乐之世界于印度，固世界史中之大帝也。王虽信佛，然其能容异教，尝施财以赐皆因教徒之裸体苦行于山谷者。其态度之公正，有足称者。虽然，印度三教之教义，其中若轮回、因果、自救，相似之点甚多。此故助其能容异教矣。

阿育王时之历史，前已谓其根据石柱之文。其石柱所在之地，可以证明其疆域，南至米索尔北部，北界希马拉亚山，东邻阿萨密，其地之王，时似独立。西有阿富汗、俾路支，其地面积，大于今日英之直属印度，境内则有藩属部落。吾人不能谓其皆郡县也。其政治组织，遵其祖父之旧制；其制监于古代而有所损益，非创于一人也。王之石柱立于要地通衢，其文普通文也，便于民知，此可推想当时之教育，必甚发达，盖建立石柱，不能费而无用也。其状直立，下有石础。回人后迁其小者于特里，置于大车之中，八百四十人曳之。其材料之重大，工艺之精细，往往能令观者目夺神移，疑非人力所能为！其艺术之进步者，当时国家兴隆，政治清明，商业发达，外人时来，皆足以为其美术之激刺；惜其雕刻之材料，除石柱而外，皆为木质，今已腐灭，而不能供学者之研究矣。

阿育王晚年之史，今不可知，西藏传其死于太昔尔，时纪元前二三二年也，在位四十一年。其子见于记录及传说者，共有数人。王死，二孙嗣位；一治东部，其初即位也，厚赐山中之苦行修道者，有碑文记之；其治西部者，无金石为证，皆因教之学者，则认王治西部为事实，并能举其都名，且谓其建筑礼堂，今为皆因教最古之大寺，其他之传说尤多。其分领土为二者，今则难求其故。阿育王之子孙相继为王者，历有数代；惟无书籍，记其历史，吾人故不能知其领土、政治之状况也。纪元前一八五年，末帝为其大将婆昔麻家·苏嘉（Pushyamitra Sunga）所杀，刘尔安朝遂亡。

阿育王后印度之纷扰 婆昔麻家篡位自立，是为苏嘉朝，共传一百十有二年。领土包有摩揭陀及其附近诸省。学者疑王为波斯之伊兰人而拜日为神者也。拜日与印度教并不冲突，今日西北印度教徒，犹有拜日者。王尝大集婆罗门而以马祭神。佛典谓婆昔麻家为印度教徒，仇视佛教，杀僧尼，毁寺庵，为婆罗门教反动之始。斯时大夏王米南德（Menander）进据西北旁加普，率兵入寇。婆昔麻家拒战，败之。负有盛名之文法家裴坦皆立（Patanjali）生于其时。王死，传之子孙，末王性好诡计，纪元前七十五年，其相婆罗门外苏戴亚（Vasudeva）弑之而自立，是为堪外朝（Kanva），传之四代，共四十五年。其年代之短，可略见其内乱外患之多矣！末王于纪元前二十八年，为安哈亚（Andhra）王所杀。安哈亚国于德干，美葛生斯谓其势强，臣属于刘尔安朝。及阿育王子孙衰微，乃自独立，后杀堪外朝之末王，安哈亚王凡三十传，历四百五十年而亡，时约纪元后二二五年也。据古传说，谓王护婆罗门教及阶级制度甚力，今犹不能考证其有摩揭陀地也。三朝历史，不能详知。

第八篇

大夏　安息　大月氏　迦腻色迦与佛教

希腊与印度文化之关系　太密楼地之三国

大夏 纪元前二百五十年左右，刘尔安朝之国势正盛，叙里亚之二省，叛而独立；我国旧谓大夏、安息，西人称大夏为拔克特亚（Bactria），安息为巴拔亚（Parthia），大夏地在兴都库什山与俄格斯（Oxus）河（即阿母河）之间，土地肥美，居民富庶，古有“大小千城”之称。其总督迪道托斯（Diodotus）叛而独立。其下多希腊人，故有印度希腊国之称，尝诱阿育王之边吏，侵扰介不娄（Kabul）境，而西北警报，必传达于王庭。时王统有重军，国势强盛，外寇不能深入，而王之外交，与希腊人之国王甚善，是以西北无变。迨其死后，印得斯河之西，遂为希腊王逐鹿之场。会大夏第三王构衅于叙里亚；初，叙里亚有事于西，不能东讨其叛将土酋。其后谢流哥斯之孙，战克埃及，而与大夏王有隙，回兵以征大夏，久不能胜，纪元前二〇八年，乃认大夏为独立国。王既不能逞志于大夏，俄率其军，逾越兴都库什山而攻入印人所立之国于介不娄地。其王知不能胜，出财宝大象犒师，王遂重载而归。大夏之第四王地米出斯（Demetrios）英武能战，国势益强，阿富汗之土酋，皆臣服之，王取印度西北及旁加普之一隅，有“印度王”之称。希腊人之固有国家为城邦，其至亚洲西部者，本其旧制，建立小邦，诚如《前汉书》所记“大夏本无大君长城邑，往往置小长”。其最强者，惟米南德王。王约于纪元前一六〇—前一四〇年，治理介不娄地，尝统大军，征据印得斯河下游，而抵阿拉伯海，后入印度内部，取朱木拿河流域，进攻澳得。婆昔麻家拒之，不得深入；王之声威大振，及其病死，葬仪极盛。既而大夏衰微，势散兵弱，不能一战，于纪元前一四〇—前一三〇年之间，而亡于大月氏。先是，其王遵其旧俗，所铸之钱，种类繁多，今为大夏历史之根据。

安息 安息在里海东南，其人为游牧民族，类近土耳其人，俨然成一民族，不愿臣服于叙里亚；土酋阿盖介斯（Assikas）率之独立，而自称王，是为阿盖介斯朝，时纪元前二百四十八年也。百余年后，密屈戴斯第一（Mithredates I）亲率大军，远征太昔尔，收为郡县。后世子孙以其路远，不能统治。外人后王于其地者，沿用波斯之旧称，盖时安息制也。《汉书》记其“以银为钱，上有王面，王死，辄更铸钱”。斯见希腊之影响矣。又谓其“小大数百城，地方数千里，最大国也”。共传四百七十余年而亡。

大月氏 大月氏战败大夏，而君其民，后建歌兴帝国（Kushan Empiu）。今其历史佚亡，吾人赖西方学者研究考证之力，而能知重要数王之年代，其他部分，则不能知。月氏初居于我国西部敦煌之地，为游牧民族，控弦者十余万，自恃其强，而轻其邻匈奴。匈奴败之。月氏绕道于今新疆之戈壁沙漠，而入中亚细亚，土耳其斯坦。途中战败塞国，而夺其地，塞人败逃而南。另求新牧地于他方，攻入大夏及印度边境，印人谓之塞盖。塞人久居其地，渐失其游牧性质，而同化于其地之土著。既而月氏败于乌孙，弃其牧地，南入于俄格斯河，而以河北为重镇，伸其势力于大夏，分五部落而居，《汉书》所为五翎侯也。后百余年，贵霜翎侯丘就却英武有才，兵力最强，四翎侯之众服之，自立为王；历史学者称之为该飞赛斯第一（Kadphisis I）。其称王之时，在纪元后四十年左右，王以大夏褊狭，不能悉容其众，起兵进据兴都库什山南膏腴之地，又灭罽宾、濮达而有其地。学者谓罽宾为太昔尔附近之小邦，疑即甘哈那（旧作健驮罗）（Gandhara），濮达则不可考。王又统军侵入安息，而夺其属国高附。就其用兵而言，王之在位，时必甚久。《后汉书》谓其年八十而死，约在纪元后七十七、七十八年。其子阎膏珍继之为王，称该飞赛斯第二。膏珍东征印度，入恒河流域，而据波罗尔斯以西之地。斯密斯疑塞盖时代，始于七十八年，盖王即位时也，此说之疑问较少，王之领土甚广；今赖古钱证明其在位也，约三十年。

大月氏侵入印度，前、后《汉书》载其略史。初，武帝方有事于匈奴，会闻匈奴破月氏，而以其王头为饮器。“月氏遁，而怨匈奴，无与共击之。”募人往使其国，张骞应募，道经数国，备极困难，卒抵俄格斯河流域。时月氏王死，夫人主政，新得大夏之地，而君其民。其地肥饶，邻无强国，而女主贪于安乐，忘其旧仇，无报复心，又以汉远，不允。张骞留居岁余，不得要领而归，时约纪元前一百二十年也。宣帝之后，汉室衰弱，渐不能统治西域，及王莽篡汉，诸国皆叛。其后五十年，班超使于西域，夜斩匈奴之使者于鄯善，一国惊怖，纳子为质。班超复历数国，因其内属国之兵，改立不服之王，而又败其拒战者。于是不动中国，不烦战士，而汉之兵威，震于今之新疆、中亚细亚，且与月氏接触。初，月氏尝助汉有功，纪元后七十年，该飞赛斯第二，贡奉珍宝，以求尚汉公主；其意欲与汉天子居于平等地位，而可威服诸国也。班超不敢上奏，拒还其使；王怒，遣副王谢将骑兵七万来攻，大军逾越葱岭山道数千里；其地难于运输。班超度其军中少粮，乃令收谷坚守；谢氏督军力攻不克，口钞掠于野，而不得食，又无援兵。谢乃无奈，遣使请罪；班超纵之而归。月氏大震，岁奉贡献。《汉书》谓和帝时（八九——一〇五年），印度尚遣使贡献。既而超老告归，汉以任尚代之。任尚严急，而大月氏国强，伸其势力于西域，诸国慑服而绝汉矣。

《汉书》谓阎膏珍遣将而治印度，王约死于纪元后一一〇年。其将或自管理其地，印度古钱，间无王名，盖其将也。膏珍死后约十年，迦腻色迦（Kanushka）继之为王。迦腻色迦非膏珍之子或孙，学者以其为小月氏之一支，其得嗣位之故，今不可考。王之印度首都，曰白沙瓦。王善用兵，并克什米亚，管治印得斯河，恒河流域，又攻安息，后遣大军侵入西域；其地小王皆臣服之，有远来朝见，而居于旁加普者。王之声誉，起于扶助佛教，佛典谓为阿育王第二。其初信佛之传说，殆不可信。王虽信佛，而其所铸之钱，有希腊、波斯、印度之神及佛陀之像。佛着希腊服装，而坐于位；其坐状则印度俗也。王之宗教观念，盖信佛教而不能一旦尽去其旧俗也。佛教自阿育王以来，传入西北之地。纪元前二年（汉哀帝时），我国“博士弟子秦景宪从大月氏王使伊存，口受浮屠经”；佛教必已闻于中国，惟西北无君主之助，而建大寺耳。故无重要之美术，遗存于今。迦腻色迦之世，佛像数增。初，佛徒不敢刻佛陀之像，而以符号，空位，足迹等代之。及至此时，佛像甚多，种类不一，而状其幼年、壮年、苦行、得道，说法之生活，甚有作其前生之像。佛教之内部，亦有分裂之势，盖最初之佛教，本于再生，因果，免除痛苦之思想。三者，印度产也；各宗哲学，皆论及之。佛陀则又阐明伦理学上之责任，及慈悲不杀之旨，其合知识情绪二者，固可认为宗教也。及其传之西北，环境变迁，而与世界之思想接触，佛教不啻另一宗教矣！佛陀初以身死之后，则出于生命之外，神人不知。后则其徒崇拜佛陀，视为人类之救星，而作其像，又重祈祷，此小乘大乘重要之分也。大乘教义，发达于印度西北，马鸣大师等主之。教义上之辩论益多；迦腻色迦召高僧五百会于克什米亚，议定解释佛典之文，刻于铜板，藏于塔中；或有发现之日于克什米亚也。其文亦已译成汉文，存于中国，是为《阿毗达磨大毗婆沙论》。其与会者多习小乘；而当时西北所奉行者，则为大乘。

迦腻色迦率军远征，初命其长子监治印度，后令幼子胡昔迦（Hushka）代之，盖长子已死也，纪元后一六二年，迦腻色迦崩。胡昔迦继之为王，其政治历史，今不可知，其所铸之钱，颇有美术观念。王像身衣希腊服装，高鼻类似土耳其人。大约死于一八〇年；其继之为王者，是为外苏废大第一（Vasudeva I）。王既即位，大月氏之势渐衰，属地叛乱，今犹未得其失印度之证。胡昔迦为大月氏之末帝，而能统治其广大领土，则无疑义，此根据于学者研究古钱之所得而推知者，盖自外苏废大第一之后，其子孙渐同化于波斯之风俗、习惯。相传印度西部之王，占据印得斯河。信如其说，则大月氏必失印度矣，月氏虽失印度，犹据介不娄之平原，迨五世纪，始为白匈奴所灭。

迦腻色迦与佛教 迦腻色迦统治印度，大乘教义成于马鸣大师、世友等。马鸣实一代文学家兼音乐家也，其所写者，极文字之神技，能令读者“肉飞神动”，借其文字宣传之力，佛教兴盛。同时，医学亦有进步；嘉来刻（Charaka），王医也，善于治病，其所著之书，负有盛名，或谓其取法于希腊，今固无据以证明也。美术亦甚发达，迦腻色迦王数兴土木，尝建大塔，高四百尺，中藏佛骨。近者得王像于地下，其像之雕刻甚美；所可惜者，其头已失，王于太昔尔所建筑者，废址尚未掘发。其于他地之古物尤多。观其古物，犹无希腊影响之可寻；甘哈那之佛教美术，则受希腊之影响。其地包有白沙瓦、太昔尔；西方学者，称其雕刻为希佛式，盖其以希腊之美术，而适用于佛教之思想也。佛陀之像，类近希腊之神像，既而传至中国、日本，佛像固受影响于希腊也。考古学者，尝谓“今之新疆为古代希腊、印度、伊兰，中国文化会集之所”。信者斯言也。

希腊与印度文化之关系　希腊美术影响于佛教之雕刻；西方之人，张皇附会，遂谓希腊文化影响于印度者至深，吾人故当知其影响所在也。亚列山大侵入印度西北，日事战争，印人轻之，并鄙其战术而不为，思想制度，更无论矣。及陈乃亚起兵，尽杀马其顿之戍卒，张嘉歌那又败谢流哥斯，于是希腊人之势力，不能容于印度。使臣美葛生斯，详记刘尔安朝之政治、社会、制度；未有只字谓其取法于希腊者。大夏之钱，其状甚美；阿育王固未因而改其币制。当时之雕刻，或有取式于希腊者；太昔尔发现之古物，业已证明希腊之影响；惟其远在边境，不能例推于内地也。地米出斯王侵入印得斯河之东，改铸钱币，上有希腊、印度文，盖时多数印人，不知希腊文字，王始并用二国文也。其后希腊人立国于太昔尔者，采取印度斗衡之制，又有崇拜印度神者，是其同化于印度，而非印人希腊化也！除古钱而外，其他之证极少，甘哈那之佛教美术，虽受希腊之影响，而婆罗门教，皆因教固与之无关也。

自亚列山大东征，希腊人贸易于东方者渐多。其后大月氏与罗马之交通日繁，商业如之。商人往来，运贩货物，惟利是求，而文化制度，不关于心。吾人今求印度之知识于孟买之商人，则不能多得，商人固无重大影响于知识界也。陆路商业，则经波斯、美索不达迷亚、小亚细亚，而入欧洲；我国丝绸，初由此路输入。印度南部太密楼地，与埃及、欧洲之贸易，则由水路。水路初感困难，其后罗马商人知时季风之定期，乃遣大船运货。

七月、八月之间，船自阿拉伯之海港而行。四十日后，即抵印度，售买货物。自十二月至明年一月即归。纪元前二十年，南方之国盼德亚（Pandya）遣使入于欧洲。斯见其贸易之盛矣！南方出产，推珍宝珠玉为大宗。

太密楼地之三国　太密楼地之贸易发达，人民富庶，物质文明，大为进步。美葛生斯尝闻盼德亚之兵精势强，阿育王之石柱，载极南四国之名，遣高僧入其境内，宣传佛法。南部诸国，世与锡兰岛王为仇，互相攻击，垂数百年。其战败俘获之人，则令作工，建筑百里之高堤。诸王自相争权夺地，兵革不休，故其疆界变迁不已。其最强者，一曰盼德亚，二曰齐来（Chera），三曰求赖（Chola）。三国之中，推盼德亚为最古；地在东南，隔海与锡兰岛相对。齐来则在西岸，求赖在麻打拉萨之地；其船甚多，海上贸易于恒河流域及马来半岛。其出产品，以棉布为最要。太密楼之文学，间有记其历史；惟其材料缺少，而吾人不得详知。其文学丰富，前已言之。文学之中心，则在盼德亚之国内；三国之文字相同。其诗重于道德观念，类近我国“文以载道”之说。其美丽清洁，过于梵文之诗歌。

第九篇

歌泊那朝之勃兴　印度黄金时代　戒日王

玄奘入印求经

歌泊那朝之始 自大月氏丧失印度，及南方安哈亚朝衰微之后，印度百余年之历史，无金石碑文之材料，而古书之传说，又多矛盾之辞，遂不可知。其后佛陀生时之力嘉外斯族之势复盛，华子城之土酋，沿用历史上之人名，而称张嘉歌那。力嘉外斯之王，妻之以女；张嘉歌那得其援助，因而扩张领土，据有澳得及摩揭陀之故地，乃自称雄。纪元后三二〇年二月，改称其朝曰歌泊那（Gupta）；明年，加冕称帝，是为张嘉歌那第一。王感妻族之助，其所铸之钱，有王名，妃名及妃族名，借表其臣属于力嘉外斯族也。三三〇年，王崩；其子孙皆谓力嘉外斯之子女，盖认王权得之于母族者。

歌泊那朝之勃兴 太子散流嘉歌那（Samudragupta）继父为王。其为人也，多才多艺，精于音乐，善于赋诗；古钱中有王像，坐于椅中，手执箫管；王之诗文，句极自然，为印度名作；王又精通典籍，常与学者讨论《吠陀》；又善用兵，尝统大军征伐四邻，故王一身，兼学者、诗人、音乐家、武士四者。王之家族，虽为印度教徒；然王能容异教，厚赐佛教高僧。在位年久，其成功之事业甚伟，固印度名王也。初，恒河流域之小国，不服王命，王先发兵讨之，数年大定；于是转战而南，所向有功，声势大振，四邻臣服。后王亲率大军，沿孟加拉海岸而南，深入德干高原，止于麻打拉萨北之附近，由西道而归。此役也，出征数年，小国部落皆服，各出财货以犒师，而王一因其地远，不能兼并，收其财宝，重载而归。王既胜敌，以白马祭神，马祭为印度教之大典，非“万王”之王，则不得行。王纪其功，以金作碑。其领土之广大，北界希马拉亚高山，惟时克什米亚犹能独立，东临雅鲁藏布江，南近文的耶山，西至朱木拿，泗保娄（Chambal）二河。二河以西旁加普之小邦，虽受王之保护，其王则自主其内政。散流嘉歌那称西北月氏之王为塞盖酋长，且谓其尝入贡；青海使者，亦有至者。王固未尝出兵，征伐西北诸国；其王盖惧歌泊那之兵威，而遣使以修好者也。东北邻国亦遣使来朝贡，歌泊那王与锡兰之邦交亦善；岛王遣使修好，厚赠礼物，求于菩提树之附近，建立大寺，容收其民之进香者；散流嘉歌那许之。王之威权实为邻国之所共认，其领土之广，阿育王后之最大者。散流嘉歌那在位之久，学者谓其在四十、五十年之间。

三七五年左右，散流嘉歌那之子嗣位；其子英武有才，故王立为太子，及其即位，沿用祖父之名，称张嘉歌那第二。王后自称日威，盖表其武功也；初，王出兵讨伐西部之小邦，其王多塞萨人，采用波斯之尊称曰萨出泊（Satrap），《汉书》所谓副王也。当月氏盛时，皆臣服之，后乃独立，及散流嘉歌那在位，遣使贡献受其保护。三八八年，张嘉歌那第二出师伐之。四〇一年，始并诸国；其中负有盛名者，则推有介因（Ujjan）。其西部诸国，近于阿拉伯海；欧洲，埃及与印度之贸易，多在其地之海港，而其土地又肥，物产丰富，为当时最富之区。有介因虽在内地，而实商业往来必经之孔道，故为货物会萃之所，民多殷富，其城发达甚早，印度教徒视为圣地。歌泊那王杀其大萨出泊而据其城，遂于沿海贸易之港，征收货税，于是府库大裕。张嘉歌那第二在位三十八年而崩，时四一三年也。王之政治严明，境内安宁；惟性好名，而喜用夸大之尊称。其所铸之钱，尝有其亲与狮斗之像。古代澳得之附近，产狮甚多，一八七二年始绝。

歌泊那朝之年代，多赖载明年月之碑石，古钱以证明。我国“西行”求经之记录，复又助其材料，法显之《佛国记》是也。法显求法之动机，起于“昔在长安，慨《律藏》残缺”。三九九年（东晋安帝时），发迹于长安，同行者五人，及至张掖，复得五人。其行程由今甘肃敦煌而至新疆，沿沙漠之南而行，既而出新疆，度葱岭，抵阿富汗境，转行而东，渡印得斯河而入印度。法显住于华子城（《佛国记》作巴连弗邑）。三年，习梵文佛典，后又东行，到多摩梨（Tamralipti）海口。其地今为小镇，距海约六十英里，其变迁可谓速矣。法显留住海口二年，附海舶适锡兰，后抵青岛。其同行者，或惧困难中途而归，或死于路，或留印不归；其携《律经》而回祖国者，法显一人而已。法显记其旅行中之见闻，是为《佛国记》。其往也，专求《律藏》，故其所记，多关于佛门掌故，而又杂以神话迷信，全书未记君王之名。其叙述之政治风俗，不过偶尔及之，无主观好恶之陋，殊极可信。当法显在印之时，适张嘉歌那第二在位。其入印度西北诸国，谓其寺多僧众，尤以朱木拿河为最盛，未几，至歌泊那王之领土，称其地曰中国，兹节录其所记数者如下：

“中国寒暑调和，无霜雪，人民殷乐，无户籍官法；惟耕王地者，乃输地利，欲去便去，欲住便住。王治不用刑罔，有罪者，但罚其钱，随事轻重，虽复谋为恶逆，不过截右手而已。王之侍卫左右，皆有供禄。举国人民，悉不杀生，不饮酒，不食葱蒜，惟除旃茶罗；旃茶罗名为恶人，与人别居，若入城则击木以自异，人则识而避之，不相唐突。国中不养猪鸡，不卖牲口，市无屠行及酤酒者，货易则用具齿；惟旃茶罗猎师卖肉耳。”

“此中国有九十六种外道……各有徒众，亦皆乞食。……路侧立福德舍，屋宇床卧饮食，供给行路人，及出家人，来去客。”

“摩竭提国（摩揭陀）……巴连弗邑，是阿育王所治。城中王宫殿，皆使鬼神作累石，起墙阙，雕文刻镂，非世所造，今故现在。……凡诸中国，惟此国城邑为大，民人富盛，竞行仁义……其国长者居士，各于城中立福德医药舍，凡国中贫穷，孤，独，残，跛，一切病人，皆诣此舍，种种供给，医师看病，随宜饮食及汤药，皆令安差者自去。”

法显之记录虽可凭信，而其措辞，或不免于过实浮夸之弊。其谓人民“悉不杀生”，按歌泊那王信奉印度教，杀生祭神，为其大典，必常杀生，法显此言，或指佛徒也。至谓“货易则用具齿”，具齿指贝货也，张嘉歌那第二所铸之钱币极多，固不能谓民弃金钱而不用也。旃茶罗犹言无阶级人（Outcaste）也。近代阶级制度，未尝若此之严，印度古书亦无相似之记录，此虽不能否认法显之言，而今阶级或稍宽矣。当时法令甚宽，人民安乐，官吏未尝干涉个人之事业；其容异教，固如法显所述，而法显求经，尤其显明之例也。法显身为外人，游历印度，住于城邑，赍佛像律藏而归，斯见歌泊那朝之政策矣。法显在外凡十五年。

四一三年，太子堪麻歌那（Kumaragupta）继父为王，在位四十余年。王之政治记录，今已佚亡，历史学者，谓其扩张领土；盖王尝以马祭神，苟无武功，印度教徒之王，固不能渎神也。晚年，伊兰人侵入边境，发兵败之。四五五年，王崩，子涧戴歌那（Skandagupta）嗣位。会中亚细亚之野蛮部落白匈奴侵入，王统大军拒战，匈奴败逃。其后匈奴兼并波斯，东侵印度，王之领土日削，歌泊那朝时虽未亡，而其势力衰微，无足轻重矣。

印度黄金时代 歌泊那朝五王，凡一百六十年（三二〇—四八〇年），为印度黄金时代，西方学者比之于希腊毗律刻安时代（Pereclean Age），印度学者则谓"印度教文艺复兴时代"。盖时文学、美术、政治之发达，近于雅典极盛时代，而其宗教观念之变迁，又为印度教复兴时代也。先是，印度三教独立，而其势力随时代而异；歌泊那王世拜印度教神，其影响之所及，而皆因教佛教渐失其势。婆罗门之势既盛，视梵文为神圣之文字，其用遂广。初，阿育王之记录公文，未用梵文，南方安哈亚王亦然，迦腻色迦王始用梵文；及至此时，发达极矣，故称文学极盛时代。介力戴赛（Kalidasa）生于此时，批评家谓为梵文之最大作者，其诗及戏剧，印人所有之作品，未有出其上者。介力戴赛长于有介因城，其地时为商业及知识之中心。其所著之诗有二，一曰《四季循环》（*Ri Tu-Samhara*），二曰《云使》（*Meghaduta*），皆写天然美景，学者疑为幼年所作，当张嘉歌那第二之世。其最著名者，则其戏剧《赛公太赖》（*Sakumtala*）也，西方学者深赞其美，文学无东西之分，而读者莫不认为世界名著也。其他学者之作品甚多，佛教之大师亦众。同时，美术亦有进步；所可惜者，回人几尽毁之，今其一二存者，见者莫不疑其以石筑成，而无异于石寺也。其墙上之雕刻，深得美术家之赞美；铜铁作品，亦负盛名；图画发见于山洞者，见者认为美术家之天才作品，而登印度美术之极峰。当是时也，科学亦甚发达，尤推天文学为最；其学或受希腊之影响。

文学、美术、科学，极盛于歌泊那朝。其重要之原因有二：（一）五王在位年久，国内安宁，商业发达，人民富庶，学者因得余暇从事于求高深之知识，工匠之技能，亦应大规模建筑之激刺而起。且时国势兴盛，领土广大，易起文学家好奇幻想之心，而王复又奖之。（二）印度与外国之交通日繁，三五七一五七一年之间，吾人知印度使臣之入中国者凡十。其中虽有为商业而来；然可略知中国之思想制度矣。克什米亚之太子，尝入我国说法而死于其地。中国高僧入印求经者尤多。印度与马来半岛、波斯之交通如故。张嘉歌那第二并吞西印度地，而海上欧印之交通益便。于是思想接触，发生影响；希腊科学之影响，已如上述，印度美术，虽无模仿希腊雕刻之迹，但其精神，尝为美术家所共认也。

白匈奴侵入 涧戴歌那之晚年，白匈奴侵入。白匈奴初居于中亚细亚，为游牧民族，勇敢善战。其南徙者，或因气候变迁之故，其人种族复杂，今其子孙类近土耳其人。其入印度，遵塞人月氏之故道，先据俄格斯河流域，继得介不娄地。四五五年，侵入印度，涧戴歌那败之。既而匈奴并灭波斯，其势大盛，乃复入寇，夺有歌泊那朝领土之大半，视为一省，命将治之，而都于旁加普之赛刻来（Sakala）。由是匈奴帝国之领土，西有波斯，东北迄于今之新疆。五二八年，其治印者，为印人所逐。六世纪之中叶，土耳其人崛兴，败匈奴而有其地。白匈奴之侵入也，影响于政治、社会者，至深且巨，歌泊那之领土，因之崩析，而小邦代兴。于是家族之传说尽失，前朝之故事又亡，今之刘尔安，大月氏，歌泊那三朝之历史，皆赖学者研究之力而成。除极少数皆因教之传说而外，固无人民之口头传说或故事以助之也。六世纪之史材极少，而可推其战争之多矣。

七世纪之史料，大异于六世纪，玄奘游印求经，记其见闻，是为《大唐西域记》。其书极有价值，治印度史者，视为鸿宝；玄奘之弟子慧立记其师西游事迹等，号曰《大慈恩寺三藏法师传》;《唐书》复记印度略史。戒日王（Harsha）之至友贝拿（Bann），学者也，又著历史小说，详于王时之政治、风俗。合此数者，而碑文、古钱，又能有所证明。故戒日王朝之史，甚为详晰。初，其父王于特里附近之地，兵力甚强，数败其邻，六〇四年，病崩；长子嗣位，以德治民。中部孟加拉王诱而杀之。戒日王时年十六，弟也，群臣劝进，六〇六年十月，乃袭王位，号曰戒日。王以兄仇未报，大练甲兵。玄奘于数年之后记曰，“王有象军五千，马军二万，步军五万，自西徂东，征伐不臣，象不解鞍，人不释甲。于六年中，拒五印度，既广其地，其增甲兵，象军六万，马军十万”。或疑象军过多，数有错误；王时已废战车矣。六二〇年，王发军征德干高原之国嘉流刻亚（Chalukya）；适其势强，进攻不胜而归。王之领土，南遂限于那败戴河（Narbada），后又起兵，征服西部诸国；六四三年，战败孟加拉海岸之大国曰甘涧明。于是王之声威大振，阿萨密王大惧，亲自入朝。

戒日王　戒日王都于曲女城，地濒恒河，城长四英里，宽一都，吾民富庶，高台楼阁，极为美丽，中多名园，而城之防守又固。初，其城当五世纪时，仅二佛寺；迨及此时，数已逾百，印度教之寺尤多，二教皆甚发达。后城为回人所毁；而戒日王时之建筑遂失。王之政治清明，人民乐业，常巡于其境内以察民隐；惟时刑罚稍严。朝廷设有史官，记录政事。教育亦甚发达，佛教大寺，多为学术，美术之中心，摩揭陀之那烂陀寺，固其例也。王又能文，尝作文法，戏剧；其戏剧尤负盛名，现已译成英文。王之宗教观念甚强，初拜日神佛陀，盖兼信婆罗门教、佛教二者。其后偏重佛教，而禁屠杀生物。其史多赖玄奘之记录，吾人治印度史者，故当略知其为人也。

玄奘入印求经　玄奘之俗姓曰陈，洛州人也，年幼为僧，熟习经典，觉其未尽理解，而国内大师，不能餍其知识之欲。及年二十九，乃誓游西方，以问所惑，时六二九年（唐太宗贞观二年）也。边吏方严越境之禁，玄奘表请求经，有司不为之通，乃冒禁往，随饥民度陇，入今新疆，吐鲁番（时高昌国），会得突厥可汗之许可，绕道天山北路，掠西泊利亚之南端，经中亚细亚，土耳其斯坦而南，抵阿富汗境，折转而东至介不娄，于是入印度之外门矣。其路长逾三千英里，孑身远征，尝经无人之地，其困苦窘状，过于法显。六三〇年十月，玄奘始抵印度，留住十有三年；其中留那烂陀寺五年，亲受业于法相宗之大师戒贤，尽传其学，而又参稽大小乘之经典，旁及外道，复游印度各国，而详记其人民风俗，不啻一小说也。既而戒日王巡于孟加拉，会闻其名，召之，玄奘往见，王礼敬之。未几，王还曲女城为玄奘特开辩论大会，其臣服之二十余王及国内学者与焉。玄奘立"真惟识量"，经月无人能难诘者。会终，王偕其宾之泊来亚格（Prayag），设无遮大会。此会也，五岁一行，王竭其府库，惠施沙门、婆罗门、外道。王于大会之一日，敬拜佛陀，礼仪极盛；二日，三日，始拜印度教神，而礼大减；时六四三年，而为王之末会矣。未几，玄奘起程归国；其归也，逾越葱岭之正脊，而入今之新疆莎车，所谓南路也。葱岭正脊，今为泊米尔高原，其行程之难，可以想知。六四五年（贞观十九年），始抵中国，在外凡十七年，赍经六百五十七部及佛像而归。既归，即从事于译经，年六十五而殁。玄奘之人格，其勇敢耐劳，及其求知识之诚，宜世人惊叹其事业之伟也。

玄奘既归，六四七年，戒日王病崩，在位四十一年，无子，大臣篡居其位。于是广大领土，而无英王驭之，乃渐入于混乱之状。会值凶年，民食不足，乱者四起，其王夺唐使王玄策之财物，而囚杀其从者三十人。玄策逃入尼泊尔，其国方臣服于吐蕃（即西藏）。时吐蕃赞普（即王）弄赞在位。弄赞英武有才，征服小国，兵精势强。太宗妻之以文成公主，二国之邦交甚善。及玄策请援，弄赞遂发精兵侵入平原，大败印兵，而获其王，送之中国。自此而后，印度之小国益多，而北部统一之大国遂亡。十二世纪之末年，犹无一代继续之历史，甚矣哉其纷扰也！

第十篇

来介泊得　印度与邻国之关系　来介泊得之强国　回人始寇掠于印度　南部强国

来介泊得　自戒日王崩之后，王玄策得吐蕃之援，而报其旧恨，印度北部入于混乱之状况者，垂四百余年，历史学者称为中世纪，或作过渡时代。国王多属于来介泊得（Rajput），亦称来介泊得时代。其名称之原义，梵文犹言葛决亚，即所谓武士也。古代初无此名，其后外人之侵入印度，或土著之部落，渐同化于雅安人，而以战争为职业，自成战士阶级者也，其为社会之有组织之团体，与种族血胤无关，吾人可以推知其种族之复杂矣。盖外人入印者，多无妻女，妇人不能助其战争，而反为累；其败逃而至者，妇人亦不能从之故也。迨其既抵印土，惟有婚娶印妇；妇人之性情，偏于守旧，而喜保其宗教、习惯、风俗，自必以之教其所生之子女。其夫远离家乡，受其家庭环境之影响，而遂同化于印人。既为印度教徒，则必议定规则；若敬重婆罗门，不杀耕牛，及不与其他阶级通婚共食等。其治民者，则为武士；普通人民，则分属于盖斯亚、苏加。婆罗门利用此机，借保其特殊之地。初，婆罗门武士之关系甚切，互通婚姻，婆罗门尝佐国王，理治政事，而为其相。其夺位称王者，例亦繁多。其种族之杂，与来介泊得相同，例如，外人固有之祭司，既入印度之后，则亦自称婆罗门也。

印度与邻国之关系　来介泊得之势渐盛，建立小国，于是印度北部及西部之国林立。其领土之大小，随势强弱而变。其初也，除旁加普而外，回人未尝深入，来介泊得乃自互相攻击，和平之时期甚少。其朝廷之生活，极其奢侈，王好雄伟之宫殿，美丽之雕剑，美术因之尚有进步。诗人学者之作品，皆以梵文写之。德干高原之强国，尝因北方纷扰，出兵暂据于恒河流域肥美之地；北部之王，未有侵入南部者。太密楼地之诸国，时与德干、锡兰之军相战而无其他活动，盖自独立而另成一世界也。南方之历史，近赖学者研究之结果而得，然不免于肥肉加于枯骨之弊。其国名、王名，鲜闻见于吾人之耳目，且其事实冗长，而吾人限于篇幅，不能详述。于此扰乱期内，小国林立，而无一代继续之历史，吾人又不能于同时叙述二国之史迹，是以难得满意之著作，作者仅能分叙强国而已。于述诸之先国，当略言其有关系之邻国如下：

王玄策尝赖吐蕃之力，战败印兵，吐蕃遂据印度北部一隅之地。后唐高宗大伸势力于“西方”；波斯诸国皆遣使入贡；及八世纪，玄宗臣服克什米亚，其王受唐之封册，此印度与中国关系之大略也。吐蕃介于中国，印度之间。先是赞普在位约六十年，其势甚强，臣服尼泊尔而妻其王女，又数求婚于唐，太宗妻之文成公主。赞普信佛，佛教始盛于西藏；十一世纪之初年，摩揭陀之高僧数人应吐蕃王之请，而入其国中说法。高僧改革大寺之组织，是为喇嘛教成立之基础。尼泊尔属于吐蕃，已如上述；古代其国甚小，曾属于阿育王；大月氏极盛时代，似未侵入其国；散流嘉歌那在位，尼泊尔王当或朝聘；迨及戒日王时，已臣于吐蕃矣。七〇三年，始叛而独立。其最引人注意者，则其宗教也。国人奉信腐败之佛教，僧侣可以娶妻生子，其所藏之经典，多为佛教最早成立之梵文本，殊有价值，常供学者研究佛教及其哲学之材料。其地连接山麓，行路困难，而又严其关禁，故未受印度北部割据之影响。其美术类近西藏，而现代雕刻，则多仿中国状式。

克什米亚、阿萨密二地，今属于印度；一在西北，一在东北，吾人固当略知其历史也。克什米亚之历史记录，其可凭信者，起于七世纪。其书著于十二世纪，内容极详；惟其无关于印度之通史，而不能述之也。其地自大月氏衰后，乃自独立。其国远邻大山，外寇不易侵入，当歌泊那朝及戒日王时，犹能自主。其民不与外界之思想接触，卑陋愚拙，怯弱贪生；其在上者，利用民之心理，而重其担负，以为一人一家淫乐之费，其残民之甚，不啻我国桀纣也，民终不能有所反动。其后复受迫于回人，十九世纪之中叶，尚无良善之政府，其民诚陷于苦海矣。其宗教文学，影响于印度者甚巨；阿育王后，其地之梵文，大为发达，又为印度文化传入新疆之所，婆罗门教佛教之圣地，古寺极多，皆负盛名。阿萨密之地势，类于克什米亚，山势险阻，敌不得入。其王未尝臣于刘尔安朝，大月氏。当散流嘉歌那势盛之时，其王遣使入聘。七世纪之初，国王闻玄奘之名，召之入朝，然而佛教终未盛于阿萨密也。王受戒日王之命，亲自入朝，及其病殁，乃自独立。其后回人入寇者二，几皆全军覆没。十七世纪回教之历史学者犹曰：“阿萨密为野蛮可怖之国，危险极多……入其境者，犹就死路也。”回人虽不能侵入，然当十三世纪之初，上缅甸之野蛮部落侵入，统治其国。其人，蒙古族也。于是阿萨密之宗教观念，合蒙古族，印人之思想而成；研究宗教派别者，常求材料于其地。

回人始寇掠于印度 印度纷扰之甚，已略述之于前，北部诸国统于来介泊得。其出于例外者，则为信德。七世纪，婆罗门王于其地，及八世纪之初，阿拉伯人侵入。其民为游牧民族，体壮善战，及其信奉回教，亟欲扩张领土，宣传教义；其势锐甚，兼并俾路支，而邻信德。七一二年，深入其国；婆罗门王统大军拒之，战败而死，王之二女被俘。二女痛其父死，诉于回教主，谓灭信德之将辱之。教主大怒，命赐将死；俄而二女被害，信德遂属于回人。回人据有其地，而未进攻者，共三百年。故无影响于印度之北部；北部之小国林立，其重要者凡三：一曰曲女城，二曰裴赖（Pala），三曰简地娄（Chandel）。

（一）曲女城王之祖，先为外人，六世纪，建国于剌日不得拿之南部，玄奘游历其地，王已同化于印度风俗，而为武士阶级矣。八一六年，进据曲女城，故有曲女城国之称。初，戒日王死之后，京都纷扰，而又迫于强邻。七三一年，其王遣使朝贡中国，以求援兵；使者不得要领而归。七四一年，王为克什米亚王所杀，其嗣位者，又复败死。八一〇年，孟加拉之裴赖王干涉其内政。及至此时，来介泊得逐之而据其地。迨波加·比力那（Bhoja Parihar）即位，扩地甚广，几与戒日王之领土相等，是为曲女城国极盛时代；然其内政，制度，今不可考。（二）东部孟加拉之历史，自戒日王后，不得详知；八世纪之初，益入于混乱状况。人民不堪其苦，约于七五〇年，群推过裴赖（Gopala）为王，其族住近海边，而其事之本末，亦不可知。其子大麻裴赖（Dharmapala）继之为王，而王英武能战，版图广大。相传其子即位，国势益张。其称裴赖朝者，王名之末音，悉有裴赖故也。其王皆信佛教，建立大寺。其地乃为佛教之中心。（三）简地娄在今中印度地，而要塞甚多，其势固不敌二国也。其他国名，作者不愿一一举之，以成记账式之历史，无宁缺之。惟吾人所当知者，其王皆独立专制；国中政事，从其所欲，无敢忤其命者，民之痛苦，亦复增加。十世纪之末，回人深入印度北部；其宗教、社会、思想、战术，大异于印人。于是来介泊得，入于危险时期矣。

初，土耳其人尝为奴者，迨九六二年，自建国于介不娄之附近，传位于其子。其奴赛不刻铁金（Sabuktigin）亦自立国于简那（Ghazni），兵势强盛，回教主赐以尊号。九八六—九八七年，赛不刻铁金侵入旁加普，而败其地之来介泊得，大掠而归。既而强国皆泊娄王（Jaipal）报复前耻，率兵侵入简那，大败逃归，乃献要塞，出财物，大象以和。未几，王复败盟；赛不刻铁金统军讨之。皆泊娄惧甚，而乞援于诸国，曲女城王亦遣兵往。皆泊娄会军十万，帅之出战，复败，回人陷白沙瓦。九九七年，赛不刻铁金病殁，子麻牛德（Mahmud）继之而称萨流顿。印度回王之称萨流顿（Sultan）者，始于此时。麻牛德年方二十有六，热心于铲灭异教，而又好掠财物。其入印度也，自信神圣战争，而上帝假手于其军队，以屠杀敬拜偶像之异族也。其东侵之数，及其年月，古史未尝载明；近之学者谓其每年一行，共十七次。其往也，常于十月气候渐寒之时，历三月，而入于肥美之恒河流域，屠杀壮丁，及于老幼、妇女，火焚僧侣，并毁印度教，佛教，皆因教之大寺，而尽取其珍宝。残虐之甚，尝出吾人意想之外。印度之小国，不能御之；其连合以拒战者，则步兵战象，迥非马队之比，故终为其所败，如入无人之境，其归也，多在春季，重载“百万”之财物。萨流顿无久据印度之心，不过贪于劫掠财物；其据有之土地仅旁加普之大部分而已。

麻牛德之东掠也，凡有一技之长者，俘之为奴，令其作工，乃大其都城，建筑美丽之王宫，又以其财物厚赐学者。萨流顿之朝廷，诗人甚多；学者阿本立那尤负盛名。阿本立那生于九七三年，后入简那；及麻牛德进据旁加普，遂徙居于其地，习学梵文，后能了解最古之书籍，而又殚其精力，研究印度之哲学、科学。于是本其见闻，叙述印人之历史特性，生活、习惯等；治印度史者之极有价值之书籍也。作者于焚寺、毁城、杀异教徒之时，而能平心静气，研究印度之文化；其所发之议论，毫无成见武断，尤其难得者也。阿本立那尤长于“天文、数学、地理、年代学，物理学、矿物学”，读其书者，莫不认为世界之大科学家也。其所知者，范围广大，而所写者，文又深奥。普通学者难于读之，此其所以无译本也。一〇三〇年，麻牛德死，国内纷扰，势渐衰微，仅能保其已得之旁加普，而不入寇矣。

回人虽尝深入印度，然未据其内地。及其退兵，来介泊得之强者收合余烬，而自立国称王。其国数甚多，皆自独立，吾人不必一一举其名也。王已忘其前痛，治理其国，一如昔日。每当和平之时，大兴土木，建筑王宫大寺，府库乃空，时或自相攻击，终无称霸一方而驾于诸国之上者。连结之机殊少，非入于危险万状之时，则不可能；其偶尔连合者，则军队复杂，命令不一，而以之拒战回人之骑兵，乃无往而不败，此回人所以不久而复至也。

南部强国 南方诸国之历史，类近北部，其困难已如前述。安哈亚朝灭亡之后，吾人惟有嘉流刻亚之史料。六世纪之中叶，嘉流刻亚国于今之孟买区域。七世纪之初，戒日王南征，适其王补赖刻兴第二（Pulakesin Ⅱ）在位，兵势甚强；戒日王进攻不胜而归。六四一年，玄奘入其境内，谓其兵精势强，臣下乐于奉公。未几，玄奘游历西高止山，而行路甚难，盗贼伏于林中，以劫旅客之财物。国中佛寺百余，僧侣五千，民众多不信佛。王为印度教徒，可见其容异教矣。王之声威，闻于外国，与波斯之邦交甚善。二国时相报聘，王既胜敌，意大骄傲。六四二年，太密楼地之强国派赖外（Pallava）攻之，王遂败死。十三年后，其子收合余烬，恢复祖国，而败派赖外，于是二国战争不已，互有胜负。七五三年，土酋崛兴，而夺其王位，共传二百余年。英主则推阿麻害那夏王（Amoghavarsha），王在位六十二年（八一五—八七七年），战败邻国，扩张领土。阿拉伯之商人，谓其为世界第四大王，其三，则回教主、中国皇帝、东罗马帝也。王奉皆因教，尝厚赐云衣派之僧侣。其后数传国衰；九七三年，嘉流刻亚复兴。迨及回人侵入，高原诸国，未有能御之者。

高原之南，太密楼地之三国历史，除齐来衰微，及盼德亚王尝杀皆因教之僧侣而外，无他可纪。其势强者，则推求赖。九八五年，王子来嘉那介（Rajaraja）即位，王败盼德亚兵，而以属国待之，又败齐来、锡兰诸国，领土益广。王之海军亦强，并灭小岛，遂雄霸于一方。王殁，其子继之，遣海军北渡孟加拉湾，侵入裴赖之领土。王纪其功，建筑大寺王宫。子孙赖其余威，国势犹强；十三世纪始衰。其政治组织，以乡村为单位；其人数少者，或合数村之人，共同组织。议会会员，由民公选管理一村或数村之一切事务，而受官吏之监督。政府收入以田税为大宗，正税约当农夫收入六分之一，而杂税甚多，尝及三分之一。政府极重水利，常兴大工，建筑河岸。求赖之美术，亦有进步，且无外国影响之可寻。除上三国而外，派赖外国崛起于二世纪，奠都于堪切（Kanchi）。六世纪及八世纪之中叶，为其最盛时代，战败其邻三国及锡兰，又遣兵攻德干，杀补赖刻兴第二。玄奘尝游堪切，谓其地肥农盛，民有尚勇奉公好学之精神。近人发见佛教古物于其地者甚多；初，佛教大盛于堪切，而皆因教亦渐得势也。

结论　综观印度最初迄于来介泊得时代之历史，可知其外患内乱之多矣。兹略举吾人之感想或其特点数者，以作古史之结论如下。一、印度历史，不啻一外寇侵入之记录也。自雅安人、蒙古族入印之后，波斯、希腊、塞盖、大月氏、白匈奴、回人恃其兵力，相继而至。其人虽多同化于雅安人，然其思想习惯，自必互生影响。二、印人居于气候炎热之地，身体或稍柔弱，不堪战斗，而其境内小国林立，阶级繁杂，无坚固团体之组织，而又墨守古代之战术。夫以若此之军队，拒战强敌，宜其无不败也。三、外人侵入，尝能刺激人民之思想。夫终身居于一地者，知识常陋；印度外寇侵入之数，不知凡几。其种族言语虽极庞杂，然其激动人民之思想，而生比较之心，固不可讳者也。四、印度之思想、宗教、文学、科学、美术，皆发达于国内和平之时，其从事于战争者，则民无暇时，以研究深思，而能有所贡献或创作也。五、印度教渐为社会制度。于是根深蒂固，虽当纷扰革命之时，而亦不能将其推翻；其势转强，皆因教佛教因之反衰。其后回人复至，而佛教遂绝于印度矣。

第十一篇

回人进据印度北部　奴朝之兴　成吉思汗西征　奴朝之亡　阿刘德丁之无道　谟汗抹德之行为

回人进据印度北部　一〇三〇年，萨流顿、麻牛德病死，国势大衰，印度西北无外寇侵入者，百有余年。一一七五年，回人复至。初，麻牛德之子孙，怒杀哥立（Ghari）部落之酋长二人。哥立地在阿富汗之山中，人民凶悍；一一五〇年，土酋报复前仇，兴兵攻破敌都，纵火焚屋，火光烛天，七日不息，尽杀城中之壮丁，而悉俘其妇女幼童。于是麻牛德所筑美丽之都城，乃成焦土；土酋重载而归，既而其弟次第征服介不娄地。历史学者称为谟汗抹德·哥立（Muhammad Ghari），及至此时，哥立率兵进陷木里坦，寻攻西部近海肥美之地曰歌甲来得，不胜；进兵信德、旁加普，战据其地，俄称萨流顿。萨流顿既得立足之地于印得斯河流域，会闻恒河流域之富庶，民皆崇拜偶像，心欲剽夺财货，并毁偶像，遂决意出兵。一一九一年，自统大军东征，印人惶恐。其邻近之王共同出兵御之，二军战于特里附近。萨流顿先伤，赖其侍者救之，得免于死，军心动摇，大败而逃。印将收兵，不即追之；萨流顿聚其余众，从容而退；明年，挑其精锐之骑兵，大举进攻。印度联军拒之，恶战于去年之战场，而萨流顿之精骑锐矢冲动战象。象痛回奔，联军之行伍大乱，不能复战。于是军队溃散，斯役也，决定印人、回人之胜负于印度矣。回人既胜之后，乘势深入，牧马于印度斯坦，如入无人之境。

奴朝之兴　萨流顿既胜大敌，归国，命将求泊德丁（Kutbu-D Din）统兵东征。求泊德丁，土耳其人也，性慧；萨流顿买之为奴，渐得主人之信任，委为大将，一一九三年，攻取特里，复前行，深入恒河流域，抵波罗尔斯。回人之声势大振，印兵闻风败溃，求泊德丁命其裨将介娄吉（Khilji）进攻巴哈地。一一九七年，裨将以骑兵二百陷其天险之要塞，而破其国。当斯时也，佛教得裴赖王数百年之保护，大盛于其国中。回人尽杀僧侣，而火焚其寺。于是经典佛像，皆罹于火。印度古代极有价值之文化纪录遂失，甚矣哉，回人之野蛮残暴也！僧侣得免于死者，逃入尼泊尔，西藏。一二〇〇年之后，佛教渐绝于印度矣。一一九九年，介娄吉率骑兵十八袭孟加拉。居民见之以为鬻马者，回骑俄入国都，即攻王宫，射杀卫兵，都人大乱。王方食于宫中，闻警，不知所为，乃逃；萨流顿遂有恒河流域膏腴之地。会一二〇五年，旁加普之部落叛乱，亲帅大军往讨，尽杀其民，“血流成河”，明年，被害于途中，而求泊德丁自立，是为特里之萨流顿，开印度“奴朝”之始。“奴朝”者，始为奴隶，而后得势，称王建国也。王谋巩固势力，而与其他总督互通婚姻，其人皆尝为奴者。求泊德丁在位四年，一日坠于马下，重伤而死。其为人也，凶狂好杀，足为中亚细亚野蛮人之代表。其被俘者，迫令作工，建筑清真寺等，美术尚能发达。

初，介娄吉既定东部，声威大振，以其劫掠所得之大宗财宝，分输特里，献于主将求泊德丁。主将许其治理东部，而成一省，于是东部不啻一独立国矣。介娄吉大建清真寺于其境内，重税印度教徒，而又性好冒险，狃于数胜，尝欲攻取阿萨密、西藏，遂率大军侵入阿萨密。其地多山，山道崎岖，行军困难，而阿萨密王复令重兵严守要害。回人深入山中，不得前进，而其军粮缺少，野无所掠，兵士不免于饥，乃迫而后退。军次于雅鲁藏布江之支流，其桥适断；介娄吉命其军士涉水而过，水深流急，回人素不知水，除主将及百人而外，皆溺死于水中。介娄吉愤怒成疾而死，或谓其下杀之。其后回人复有谋取阿萨密者，亦几全军覆没。

成吉思汗西征　求泊德丁既殁，其子嗣位，恬愚无能，群下不服。一二一一年，其妹夫阿求德密西（Itutmish）篡立，萨流顿恒与其不服之者相战；及其季年，统治印度斯坦之大半，常集良工建筑美丽之清真寺。当斯时也，蒙古成吉思汗征服中亚细亚，追逐其敌，入印度边境。成吉思汗者，蒙古之尊称也；初名铁木真，次第征服蒙古之部落，诸酋共推其为领袖，上尊号曰成吉思汗。蒙古多马，人为游牧民族，其地严寒，争驰于广大之牧场，身壮力强，勇于战斗，精于骑射。及成吉思汗率之，征服中国北部及中亚细亚等地。其西征也，毁名城，屠壮丁，奸妇女，劫财宝；古代其地之名城，因而多为废址。及抵印度西北，其散兵有劫掠于旁加普西部者，幸其有组织之大队，未尝深入耳。成吉思汗初拟经印度，入西藏而归，旋变其志，自白沙瓦而退。印度乃免大劫，亦云幸矣！成吉思汗之为人也，回人历史学者记之，略曰："其至印度，时年六十有五。身高，体壮，须少，色白，目光炬炬，明察知兵，富于天才，了解事理；公正，果敢，残忍，嗜杀；且善魔术，自谓鬼神附于其身，故尝豫知吉凶。"其所杀死者，数逾百万，可谓残暴矣。

一二三六年，阿求德密西病危，知其诸子不肖，遗命其女来锡亚（Raziyah）为王。大臣不从，改立其子。王初即位，谑浪纵欲，不理政事，人心思乱。数月后，来锡亚代之，称萨流顿；史家称其聪明公正，奖学爱民，知兵能战。所可惜者，回人、印人素轻女子，不服其命，而叛者四起。来锡亚身骑战象，率兵讨之，东仆西起，乃以向者叛将为夫，借减叛者之力，顾其势成，而乱如故。俄而夫妇二人战败，死于印人之手；凡在位三年，夫以来锡亚之才能，足为有道之君，徒因女子之别，而伤其生，亦可哀也已。来锡亚既死，其嗣位者，不能治国。一二四六年，阿求德密西之幼子来苏德丁（Nasiru-D Din）遂立，在位二十年，信任其丈包娄奔（Balban），委以政事。萨流顿尝令其军远征，剽夺财货。当此时也，蒙古之散骑未从成吉思汗归者，越境而入印度，肆劫于旁加普、信德、木里坦。其后来苏德丁病危，无子，命包娄奔代之，或谓包娄奔弑之而自立。

奴朝之亡　包娄奔初为阿求德密西"四十奴"之一，渐得其主之信任。来苏德丁纳其女为妃，追其即位，命之为相。包娄奔既握政权，杀他奴之拥兵者，及其为萨流顿，年已六十余矣。其为人也，嗜杀残酷，未尝一笑，人深畏之；尝驰追叛人，得之，囚送特里。其罪轻者，命人以象踏之，垂毙，分杀其身；其较重者，命人活剥其皮，自首及踵，既得其皮，而以干草充之，悬于城门。回人又记一事曰："尽杀叛者一万二千——男，妇，老，幼，毁其堡寨，取其财物，感谢上帝，回教战胜矣！"又遣密探于四方，报告一切，其稍忽者，即命绞死，复恶印度教徒拒而不用，其后孟加拉叛而独立，包娄奔平之，尽杀叛者之族，其严酷若此，惟尚保其境内之粗安。其邻西北诸国，败于蒙古，王多逃之特里，包娄奔宾之；中有著名文学之士，文学颇能发达。包娄奔之在位也，深患蒙古大举侵入，不敢用兵于南方。一二八六年，病死，大臣推其孙继位。一二九〇年，土耳其人之仕于其朝者，弑之，“奴朝”遂亡。奴王皆极野蛮残酷，视印人则非人类；其立国也，徒恃其军队之强，故仅厚待少数回人而已；从未留心民间之疾苦而有所建设改革也。其统治之领土，约占北部之大半。

阿刘德丁为王 “奴朝”既终，土耳其人推大员介赖流德丁（Jalalu-D Din）为王。介赖流德丁年近七十，其为萨流顿也，深患特里回人之不服，不敢住于宫中，遂筑王宫于郊外。明年，印度大旱，秋收全无，贫民冻饿而死者，不知凡几，甚有自投于朱木拿河，以求速死而免饥饿之痛苦者。一二九二年，蒙古人大举入寇，萨流顿遣使议和，重赂其将，乃退；其留于印度者，改奉回教。萨流顿之年已老，精力不足，怠于政事，宽于治盗，而境内盗多。一二九四年，其侄阿刘德丁（Alan-D Din）自请率兵讨伐南方，阿刘德丁，乃王婿也，许之，与以铁骑八千。阿刘德丁深入德干高原，无人能拒之者；斯役也，回人始入德干。初，其地诸国未受劫掠之扰，府库充裕；及至此时，国王亟于免祸，尽出国内财宝以犒师。阿刘德丁之归也，重载财物，见者莫不惊其多也！意欲留之，而不上献，会与其妻不睦，而又数忤其母，渐蓄不臣之心，谋逆之迹大著。其上书告变者，萨流顿皆不之信；俄而入其侄之营中，阿刘德丁令兵杀之，斩其首级，传示军中，复分其财货，重赏兵队。于是兵心归之，乃自立为萨流顿，时一二九六年也。

阿刘德丁之无道 阿刘德丁篡立，大杀先朝之诸臣，并及其妻子。其在印度因一人之罪，而诛及家族者，始于此时。萨流顿好杀成性，法令严酷，威权极重之专制王也。即位之初，蒙古人内附者，谋变于特里附近；萨流顿密令其军诱杀蒙古人之壮丁，一日，死者之数，约在一万五千一三万之间。萨流顿虽杀其人，而蒙古人之侵入者如故，数年之中，大掠于印度西北者凡六；一三〇五年，大举深入，其势锐甚，将近特里，俄而忽退；斯密斯疑王赂其将也，印度斯坦乃安。阿刘德丁虽不能胜蒙古，而于南方则主张出兵；一三〇二年，遣宦者麻立刻·开富（Malik Kafur）南征。麻立刻径攻德干，而入太密楼地，诸国不能拒之，乃毁大寺，而劫其财货，又得南方之金币，后遂重载而归。斯役也，共历九年，所过之地，劫掠无余，杀人无数。萨流顿收其要地，而委任总督以治之，又遣重兵攻取坚固之要塞，而并歌甲来得。阿刘德丁狃于数胜，益骄，自称第二亚列山大，欲作征服世界之梦，又欲借其兵力自立新教，会谏者极言王固不能兼为先知也，乃止。

其治印民之政策，严酷于其他回王之上，亲商于其信任之学者，而规定法令，以尽取印民之财产，借防为其叛乱之资。先量国内之田亩，改征收入六分之一之古制，而代以二分之一；农民之担负可谓奇重矣！其无力纳税者，拘之为囚，械其手足，“以警其余，且惩后也”。于是人无幸心，罄其所有；印人之妇女，遂无金银之饰品，而入于极穷困之状矣。萨流顿复定物价，使人密查市情，其违令者，则重罚之，市侩皆惧，虽当凶年歉收之时，而亦不敢稍昂其价。其取之于民也若此之严苛，而又尝得财货于南方，故能大兴土木，建筑雄巍之宫，美丽之寺；后建一寺，或请人血洒之，乃杀数千无辜之蒙古人而取其血。

阿刘德丁晚年，精力大衰，猜忌益甚，独信宦官麻立刻之言，政事日非。一三一六年病死，麻立刻立其婴子，而自居于相位，总揽政权，大杀王之宗室，未几，亦为仇家所杀。王子牛拿德丁（Kutbu-D Din）即位；王好酒色，不理政事，会南方叛乱，出兵讨之，大胜而归，残酷益甚。俄而其亲臣弑之而篡位，其人袒助印度教徒，而欲抑制回人。惟其才不胜任，由是国中大乱，旁加普之总督起兵杀之，而阿刘德丁之后已绝。大臣共推总督为王，王称土纳刻夏（Tughlack Shan），勤于政事，境内平安。既而德干又叛，王遣其子久那（Juna）统军伐之，大胜而归。王命久那筑离宫于朱木拿河之边。一三二五年，土纳刻夏偕幼子而往，入内，屋崩，久那迟迟掘救其父，而欲自为萨流顿也。

谟汗抹德即位 久那即位，厚赐军队，遂无叛者。历史学者称为土纳刻之子谟汗抹德（Mnhammad Bin Tughlack）。其为人也，记忆力强，善于言辞，长于文学，精通希腊之名学、哲学，兼知数学、物理，其在宫中，素不饮酒。其私人道德，则以回教之教义自励。性复勇敢，善于驭兵，其统军出战也，身先士卒，见者莫不夸其勇悍也；又设医院，礼敬学者。惟其专制过甚，痛恨臣下议其政策，乃徒逞其一时之欲，而不稍顾人民之死亡痛苦。其在位也，凡二十六年，统治二十三省，领土大于回人之先王于印度者；然其境内，未尝安宁，叛者时起，东西讨伐，而终疲于奔命。及谟汗抹德晚年，残虐益甚，而独立自主者愈多，萨流顿遂无如之何矣。

萨流顿之残暴 谟汗抹德即位之明年，特里人民上表议其政策。萨流顿大怒，决意迁都于德干，先估旧都之屋价，而买之于民，令其南徙，民初不从，乃申严令曰："三日之后，无人得留于特里。"民既徙出，萨流顿犹患其藏于屋中，令人搜之。后于市中得病者、盲者各一，命人远掷病者，而曳盲者前进。及抵新都，仅余一足。当时学者，谓特里之猫犬皆无，而忽成沙漠矣。谟汗抹德尝欲征服天下，会蒙古人入寇，逼近特里。萨流顿赂之而去，防其再至，复归于特里者三年；无何，遣军西攻波斯，大败而退。一三三七年令将统精骑十万，取道于尼泊尔以伐中国，大军入于山中，而无储粮，野无劫掠，死者甚多，余众败溃。其生归特里者，仅及十人而已。萨流顿大怒，杀之以泄其愤。谟汗抹德既好用兵，又极奢侈，国用不足，闻中国发行纸币，乃诏以铜代银，大铸铜币。印民羡其厚利，私自鼓铸。于是铜币充斥，价值大跌；其终也，不值一文，而萨流顿之威力，固不能胜经济原理也，乃去前诏。萨流顿之性残虐，尝获叛者，活剥其皮，而取其肉和米煮之；及熟，命叛者之妻孥食之；余饲大象，而象不食；又诏其皮以干草实之，传示国中。及至信德，其总督命人埋之。萨流顿讨之，又剥其从乱者之皮；其他相类之事，不胜笔举。其待农夫也益严，官吏夺其所有，民乃流为乞丐，于是铤而走险，乱者四起。萨流顿痛恶其民，尝欲尽杀一地之人民；其人大惧，逃于山中之森林。萨流顿分军围之如猎，悉杀逃者，其残虐之甚，古今未闻，不啻视人为兽，而围猎以取乐也。

谟汗抹德之行为 谟汗抹德之刑益酷，臣下皆在不安之心，而乱者反多，府库之收入遂减，后渐不能出兵讨伐；于是特里之帝国分裂，而势衰矣。初，一三三八年，孟加拉叛；俄而南方亦自独立，萨流顿亲统大军南讨。军中忽染霍乱，而病者多死；会传染于王，王病，传令退军。且曰："凡愿回家者听之。"军士多归，其死于途中者极众；盖时大旱，而国内纷扰，人民不能安住种耕，而归兵无食可掠也。大荒数年，饿殍载道，萨流顿始出府库之金贷于农夫；但其生畜已死，虽钱亦无所用矣。于此叛乱纷扰凶年之时，萨流顿忽念其王于印度也，未得回教主之认可，乃遣使者往求封敕。教主许而从之，此固不能定其国内之叛乱也。一三五〇年，萨流顿追叛人于信德，会病，明年遂死，人民乃免其害。夫以若此穷凶极恶之独夫，而竟能病死于床，亦可怪也已。

第十二篇

法老斯夏　帖木儿入寇特里之阿富汗王　孟加拉　麻娄瓦　歌甲来得　克什米亚　回人政府之概观　回人战胜之原因

法老斯夏 谟汗抹德既死，大军无主，号令不一，人心大乱，军中且有妇女幼童，退归不易。其退也，敌人前追，蒙古人之在印度西北者，乘势袭击，夺其辎重，而军士妇幼，死者极多。诸将深以军权不一，不能退归为患，共议奉谟汗抹德之从弟，法老斯夏（Fircz Shah）为王。法老斯夏初为总督，时从西征，及诸将拥之为主，坚持不可；盖知国内纷扰，而势不可为也。诸将强之者三，乃于一三五一年三月，即位于营中。诸将奉其命令，军心稍振；萨流顿率其余众经木里坦而归，将近特里，闻监国已立他人之子为君，而称其为谟汗抹德之子，谟汗抹德固无子也。监国闻法老斯夏既归，自知力不能敌，出降；法老斯夏意欲宥之，其臣皆谓叛乱罪重，争论不可，遂命杀之，萨流顿归都，境内渐安。其已叛而独立者，则置之不问。其为人也，性尚和平，嗜酒好猎；私人道德，则以回教之教义自励。然无用兵之才能。其东征西伐，皆未成功，后始休兵；乃兴土木，建筑王宫大寺，又开运河以利灌溉。于是人民称便，颂其功者不置，迄今河身虽迁，而民犹未忘其功也。

法老斯夏治有印度斯坦，东部孟加拉不服，一三五三年，亲统大军伐之。其王拒战，二军相持，凡十一月，孟加拉之军会败，死伤甚多。法老斯夏除大杀而外，未得尺寸之地。其王独立于孟加拉如故。其后二国复战，亦无胜负，始各罢兵议和。萨流顿之归也，路经荒野，都人久不知其大军所在之地。当是时也，德干久已独立，而法老斯夏无出兵南讨之意，反礼其地回国之使者甚厚，是不啻认其为独立国矣。萨流顿因信德退师之辱，报复之念，未尝稍忘，约于一三六〇年，会聚精兵九万，战象四百八十，率之亲征。大军远行，粮糈不足；于是军士患饥，战马皆死。萨流顿无奈，下令退兵于歌甲来得；无何，敌之奸细，佯作向导，引大军入于歧路中。无信息传至特里者，共历六月；都人疑其王已死矣。大臣汗介堪（Khan Jahan）监国，镇定抚民，特里尚安。及萨流顿抵歌甲来得令相遣军往援，人始信其未死。未几，援军大至，声威复振，法老斯夏俄又率之前攻。时值沿路之田禾已熟，令军割之为粮，固不问人民之痛苦也，大军进逼信德；其王闻之，大惧，不战，出降；萨流顿待之颇厚，偕之归都，其王遂留住于特里。大军既退，其地又自独立矣，萨流顿徒得受降之名而已！

法老斯夏之内政委于其相汗介堪，汗介堪深得其主之信任，颇能勤于政事。及其病殁，其子代之为相，亦称汗介堪。当时朝廷官吏之俸，则赐之以田，而令其取之于民；初，阿刘德丁谓食邑地广，往往生变，遂改俸禄为现金，迨法老斯夏嗣位，复古食邑之制，又以其奴为吏，吏共十八万人。萨流顿之命将出师也，必令于其俘获之中，挑其体力强者，送之朝廷为奴，其献奴数多者，尝能得其王之宠任，此奴辈之所以多也。法老斯夏殁后，诸子大杀其奴。萨流顿之治民也稍宽，史家记其"民富家足"，其措辞虽或近于浮夸，而民间生活易于前代，固可信也。萨流顿谓残体之罚严酷，改废刑讯，并去以下诸刑，若斩手足，或削耳鼻，或取双眼，或击碎手骨，或锯其身，或钉其手足胸部，或以熔化之铅灌于喉中等。诸凡刑罚，至为残酷，法老斯夏除而去之，仁于其他萨流顿矣。其未少变者，则其宗教之观念耳。法老斯夏数杀异教信徒，而自谓其可入天堂，臣下苟以印度教徒建寺告者，则必大怒，捕杀主其事者，婆罗门之出为民众祈祷者，则火焚之；政府复以利诱印人改奉回教，印人多贫，而人丁税甚重，乃出令曰："凡奉回教之印人，特免其税。"阶低下之印人，遂多改信回教，回教之信徒大增。政府又征婆罗门之人丁重税；先是，婆罗门得免此税，及闻令下，乃群立于王宫之前，各自禁食。迨其将死，萨流顿始许减轻其税；法老斯夏之宗教观念，自吾人视之，殊极狂妄，而回人之心理，则认容忍异教，即罪孽也。一三八八年，法老斯夏病死，诸子争立，互相残杀，国内扰乱，而帖木儿侵入印度矣！

帖木儿入寇特里之阿富汗王　帖木儿生于一三三六年，其父为土耳其人，幼年信奉回教，母蒙古人也。帖木儿凶悍机敏，嗜杀残酷，一三六九年，继父嗣位，率其骑兵远征，锋锐势盛，所向无敌，征服之地，屠掠无余，不啻第二成吉思汗也，其入印度之动机，起于印度内乱，而易于劫掠，且得焚毁异教之大寺也。盖时法老斯夏之诸子，起兵相攻，几入于无政府之状况。帖木儿闻之，谓其攻入甚易，心中羡其土地肥美，货财极多。帖木儿自奉回教而以毁灭偶像为其天职者也，又闻印度多数居民，敬拜偶像，遂决意出兵。一三九八年之初，帖木儿遣其孙进攻木里坦，围之六月，守兵乏食，开门出降。及秋，帖木儿亲率精骑九万，渡印得斯河，大屠木里坦之东北居民，复前行。大军次于特里附近，共俘印人十万；既而患其谋变，乃尽杀之。特里之王出兵拒战，会其战象逃逸，大败而遁。帖木儿进据特里，其稍拒抗者，则令杀之，纵兵大掠于城中五日。于是特里百余年之精华遂亡，军士以其妇女为妻妾，主将则收技能之工匠。帖木儿之归也，绕道于希马拉亚山麓之南，专从事于杀掠，俄渡印得斯河而去。其所遗于印度者，死尸、凶年、疾疫及“千里无人烟”而已，甚矣哉其残酷不仁也！帖木儿尝于晚年，意欲侵入中国，不果，死于一四〇五年。

帖木儿将归，命其大将为总督，统治印度西北。特里于兵燹之后，民多饿死。几至“阒然无人”；城中无萨流顿之政府者，凡五十余年。总督治有其地，传之数世，皆不敢称王，自认其臣服于帖木儿也。帖木儿侵入印度之地，限于西北，固未影响于内地也！其后旁加普之总督曰波河娄·洛载（Bahlol Lodi）兵强，称王于一四五〇年，王阿富汗人也，故有特里之阿富汗王之称。王败东邻涧泊（Jannpur）而逐其王，令子巴拜刻夏（Barbah Shah）为其地之“副王”。初，法老斯夏委任宦者，居于涧泊，治理其东部，及帖木儿进据特里，宦者之养子夺位称王。一四〇〇年，其弟继之，在位四十年，残杀印度教徒，数传而为洛载所灭；其王多好建筑，名寺甚多。一四八九年，洛载病死，其幼子闻报，疾归特里，自称萨流顿，改其名曰昔堪大（Sikandar）。其兄不服，出兵攻之，不胜，昔堪大乃并其地。萨流顿之内政，则仇视印度教徒，而数毁其大寺，或改其为清真寺；又兴土木，建筑美丽之王宫。昔堪大之在位也，物质低廉，生活颇易。一五〇五年，地忽大震，回人疑为世界之末日将至，历史学者，虽谓其损失极重，然未详记其事也。一五一七年，昔堪大病死，大臣拥其第三子益白切明（Ibrahim）嗣位，又分其地以王其兄。兄弟乃常战争，其兄后败。萨流顿复忌大臣，大臣数叛，而王待之益严。当斯时也，物价极贱，盖雨量充足，五谷丰收，而帖木儿又尝重载金钱而去，以致银币缺少故也。其后益白切明讨伐旁加普之总督；总督大惧，请援于介不娄王巴流尔（Babur）。一五二六年，益白切明败死，巴流尔遂入印度矣。吾人现当略叙其他北部重要独立自主之国，南方德干则另述于下篇。

孟加拉 先是，孟加拉之总督，不堪谟汗抹德之淫威，一三三八年叛而独立。其后法老斯夏统兵伐之者二，然竟未能去其王之尊称也。孟加拉之政治历史，不啻一战争，叛乱，暗杀，压迫，焚掠之记录也。其详细事实，既无关于印度通史，而又非吾人之所愿读也，故略言之。其地远在东部，自成一国；其与外界接触之机；除边境战争而外，殆难多得。回人之记录，未尝言及印度教徒之状况；今之学者，专力研究，犹未能得其具体之结论也。其王最著名者，曰胡散夏（Husain Shah）；王之先祖，为阿拉伯人，胡散夏初仕于孟加拉而为首相。其王暴虐，臣下弑之，贵族共推胡散夏为王；王在位二十五年（一四九三——一五一八年）国内未闻叛乱战争，人民爱戴，邻国敬之；今之孟加拉人，莫不知王之名，其恩泽入人深矣。王殁，有子十八人，大臣推其长子为王。王待其弟甚厚，及巴流尔东征，王与之议和；晚年，则专制残杀，大为国人所恶。至孟加拉之清真寺极多，其在歌尔（Gaur）者，尤负盛名；其建筑之材料多砖。文学则译古诗《乃麻亚那》为通俗文本，住民重视其书，无异于基督徒之《圣经》也；斯见回人渐受印度文学之影响矣！

麻娄瓦 麻娄瓦（Malwa）地在今之中印度，亦独立国也；其地初值印度教盛时，名迹繁多。一三一〇年，阿刘德丁遣臣收而据之，后委总督治之，迨特里萨流顿之势大衰，叛而独立，其历史除“弑父与君”而外，无重要可纪者。初，一四〇一年，总督自立称王。王，谟汗抹德·歌立之后也，共传三世。末王则沉湎于酒，不理政事；其相麻牛得汗（Mahmud Khap）弑之篡立，歌立朝共传三十五年而亡。麻牛得汗善于用兵，数败其邻，回人谓“王好学有礼，勇敢公正，国内之人，无论回教徒及印度教徒，皆深爱之”。王死，其子嗣位，后年八十，子乃鸩而弑之，自立称王，数传为歌甲来得所灭。麻娄瓦之建筑品甚多，今赖古物保存部之修理，已略恢复旧观，而能供人游览矣。

歌甲来得　歌甲来得之领土，殊难确为指定，其名初指口操歌甲来铁言语之居民地也。按此界说，则开治属于其地；而普通范围，则无开治；所可断言者，其地包有刻赛瓦（Kahthiawar）及其毗连之东部，其东部面积，则随时而异。其地肥美，物产丰富，海港甚多，贸易发达，工业兴盛。初，麻牛得尝大劫掠于其地，幸其无久据之心，俄载财货而归。一二九七年，特里政府始并歌甲来得。一四〇一年，总督来芳汗（Zafan Khan）据地以叛，立其子为王，忽又毒之而死。一四一一年，其孙毒死其祖，而称阿麻德夏（Ahmad Shah）。王在位三十年（一四一一—一四四一年），整理内政，扩张领土，知兵善用，未尝败北，惟其性残，好毁异教之寺，尝兴土木，建筑大城；外人见者，莫不认为世界最美丽繁华之名城也！王死，其孙麻抹德·巴家哈（Mahmnd Bigarha）嗣位，年仅十三，在位五十二年。回人之学者，夸其功绩；晚年，王仇视葡萄牙人，一五〇七年，王与土耳其海军，攻击葡商，沉其重载货物之大船一只。未几，葡人大败土耳其之海军，后据过那海港（Goa）；过那为其立足之地，而印人不能逐之去矣。其后王之子孙，深患蒙古儿帝国之日逼，乃亲葡人，然终不能救其灭亡也。歌甲来得建筑品之美丽，已如上述，其尤著名者，则雕刻也。雕刻材料，以木质为之，极为美观。

克什米亚　十四世纪之初，回人侵入克什米亚，主其事者梅尔（Mir）也。梅尔自立称王，回人虐待其地之居民，往往毁其大寺，尤以其第六王昔堪大（Sikandar）为甚（约在一三八六——四一一年），王有“毁灭偶像”之称，借其威权之压迫，宣传回教，胆怯之印度教徒，乃奉回教；婆罗门不服，抗命，王杀其首领，而远逐余众；然竟不能改其大多数人民之宗教也。会帖木儿侵入印度，王闻其声威，避之，且其境内山势崎岖，故得安全。第八王赛留阿比丁（ZainuL'Abidin）则与昔堪大之政策相反；王在位五十年（一四一七——四六七年），主张信教自由，而招回被逐之婆罗门，取消印度教徒之人丁税，且又许其建筑大寺。王自不愿肉食，后禁杀牛；又奖文学、美术、音乐，于是梵文、阿拉伯文之作品颇多。王崩，国势日衰，外人有侵入而代兴者。其历史无关重要，吾人可不必述之矣！

回人政府之概观 综观上述回人侵入印度，而建国于特里或他地之历史，实一流血、焚劫、残酷、压迫，“弑父与君”之记录也；读之，常生恐怖之心，政府则极专制之政体也。萨流顿之命令，臣下民众，不敢稍违；其得免其暴虐者，惟有暗杀叛立而已。特里政府之治远方领土也，委任总督，岁收贡献；内政则多听其自主。其治一地或一省者，待其境内之印人小邦亦然，孟加拉固其明显之证。是故回人无重要影响于印度之政治制度也。萨流顿之行为，虽极野蛮；然好波斯，阿拉伯之文学。朝廷之上，学者甚多，又好建筑，往往以印度教寺之材料，改建清真寺。回教世界之名城美术，乃得传于印度，与印度固有之美术接触，发生影响，而遂产生美丽之创作。

回人战胜之原因 回人侵入印度，如入无人之境，其故何耶？曰，回人初为野蛮游牧部落，居于荒瘠之平原，养其生畜，终日奔驰，历尽辛苦，而身体强壮。其所食者多肉，肉食又能助其身之发长。印人则限于阶级之规定，其所食者，多为菜属，而其生活环境大异于游牧民族，体力不能及其强悍。回人之宗教思想，简单狂妄，自信屠杀异教信徒，则为服务上帝，故极残酷。其败于敌人而见杀者，反以为荣，毫无惧怯之心，且谓其可入天堂矣！及其深入印度，印人聚大军拒战，回人偶一败溃，则全军必无复生之理，故非杀敌则将身死。兵士皆知印度富庶，珍宝繁多，战胜之后，则可夺而有之；且其战术，以骑兵强弩冲锋，而又号令统一。印人则墨守古代战术，战象徒足以为害耳！步兵多无训练，加以阶级复杂，小邦众多，联军号令，尤难统一，此其所以败也。回人既据印度之后，复从事于骄奢，而终不能维持其地位也。其初入印度之人数甚少，后乃大增，其道凡三：一、回人东徙于印度。二、印人迫于萨流顿之威势，或贪于免税而改奉回教，尤以阶级低下者为甚。三、回人之在印度者，生产率高，回人既已离其家乡而入印度，其未同化于印人者，盖其宗教力也。回人信仰上帝一神，而轻视印人之敬拜多数偶像，乃自居于优秀民族，而另成阶级，遂能保其固有之习惯。

回人之治印度也，雇用印人，二族同居于一地，时相接触，回人渐能印语，印人能读波文，乃成波斯化之印语，号曰又刘（Urdu），其原义，则王之军营也；盖指回人军中之言语。其构造辞句之文法，印度产也；名辞，成语，则波斯产也；其用渐广，后有文学之作品甚多。回人之宗教，深影响于思深之印人。印度教之学派乃增，其最著名者，则乃迈南德（Ramanand）、刘巴（Kabir）也。乃迈南德信一上帝，传道于各阶级之人，反对偶像阶级，势力渐盛。印人回人信其说者日多，共有大弟子十二，刘巴则一也。其宗教哲学，欲融合印度教，回教之思想，而拜一神，其徒南乃刻（Nanak）创立昔刻派（Sikh Sect）。至于社会组织，印人虽不能败回人于战场，而乃严其阶级以拒之，回人美艳印度之妇女，常出重价而买之于市中。于是印人男女之别益严，妇人居于家中，而不易外出矣。美术则已言之于前，兹不复赘，此其影响之大略也！

第十三篇

巴麻拿之盛衰　五国叛立　未介兰格兴亡之大概及其政治风俗等

一二九四年，阿刘德丁侵入德干高原，及其篡立，复命麻立刻开富深入，回人之势力，乃大伸于南方；惟其地险，交通困难，特里之萨流顿，虽任总督治其征服之地，固未能尽有其地，而悉臣其民也。五十余年而后，德干叛立；回人印人相继建国，其最强者，一曰巴麻拿（Bahmanai），二曰未介兰格（Vigayanagar）；前者为回人所建之国，后分为五，后者则印人创立之国也。就其领土国势言之，二国于历史上之地位似应相等；吾人则因上篇亦已言及回国，而未尝述及印人所建之国，故略于回国而较详于印国也。幸读者察之。

巴麻拿之盛衰　谟汗抹德无道，南方民不堪命；一三四七年，总督汉散（Hasan）叛而自立。汉散，阿富汗人也，称其国曰巴麻拿，盖自谓其波斯名王巴麻拿之后故也。及谟汗抹德死后，汉散征服德干高原之大半，西至于海，境内遂有商业发达之歌甲来得，国富势强。其政治历史，类近北部之回国，读之恒有厌恶之心，以其所载者，触目几皆战争，屠杀，篡位，残虐之事实也。一五一八年，巴麻拿已衰，国王徒拥虚名，而实亡国矣。一三四七——一五一八年之间，共十四王，除第五王而外，皆极狂妄，嗜杀，常与未介兰格战争，其被弑者四，其迫而让位者二，斯见其纷扰之多矣！俄国商人时旅行于德干者，记其国王贵族大臣之威严权重，穷极奢侈，赋税奇重，人民困苦。国内养兵六十余万，多无训练，等于武装之群众耳；以之战争则力不足，以之压迫贫民，则有余威。未介兰格之军队，犹不如之，此其所以常败也。回王之内政，则热心于传教，尝杀万余之印人，老幼妇女，无得免者，借以威胁印度教徒而使其改奉回教；但其结果，仍仅少数而已，多数农民，固仍奉其世世相传之印度教也。

初，巴麻拿衰，一四八二年，王子麻木德夏（Mahmud Shah）即位；年仅十二，及其既长，嬉游无度。不理政事，政权归于大臣。总督相率据地以叛，王之领土，仅都城附近而已。一五一八年，王殁，孺子四人，相继嗣位，皆为其臣所弑，八年后乃亡。总督之独立称王者凡五，故有德干五萨流顿之称。萨流顿之治国也，殊为残酷。重税印人，宗教思想，尤为狂妄，往往与未介兰格相战，互有胜负；其重要之历史，惟有战争而已。一五五八年，未介兰格得一回国之助，乃能报复前仇，出兵伐其邻国，大肆于劫掠，屠杀。其他萨流顿闻之，大怒，共同出兵，来讨未介兰格，大败其军，灭之。其在西岸之回国，尝欲驱逐葡萄牙人，终未能成功也。其后蒙古儿帝国方盛于北方，印度斯坦、德干诸国，乃多服之。

五国叛立 未介兰格独立于回人侵入南方之后，而成印人之强国，足以引起吾人研究之心；而其历史材料，又极丰富，碑石繁多。十四至十六世纪之中，回人、欧人旅行于其地者，记其都城之华美，政治之组织，历史学者复详记之。其地远在南方，风俗、习惯、宗教、礼节，遂迥异于北方；其文学、美术，号称发达，惜犹无其详细之历史耳，吾人知其大概而已。未介兰格起源之传说甚多，殊难得其共同之点。其可信者，则国创于兄弟五人，五人初为米索尔附近之酋长，学者谓当回人南侵之时，不幸失败而南逃者也。特里之萨流顿未能尽收其地，后乃独立，印人败于回人者争入其国。国中之公卿、大臣、武士、战卒多自他地来者，故其风俗极杂。

兄弟五人，同心一德，统治南部印人，反对回人之势力伸入，相传其立国于一三三六年。五人之中，其著名者，首推哈力哈亚第一（Harihara I）及巴刻（Bukka）二人。当斯时也，国势渐盛，据有盼德亚之故都及求赖之地。于是东西二岸，濒临大海，巴麻拿时常扰其边境，二国战争不已。一三七四年，巴刻遣使至明，明太祖厚待其使。二年后，巴刻死。其兄弟五人，皆未称王。迨一三七九年，哈力哈亚第二嗣位，乃上尊号曰来亚（Raya）。犹王言也。会值巴麻拿第五王在位，不好用兵，来亚始得巩固国内之领土，其所奉之宗教，则印度教也，但其能容异教。一四〇四年，王殁，诸子争立，二年乃定；巴麻拿数尝伐之，王不能胜，后以其女妻之以和。萨流顿远来亲迎，而王不送之归营，萨流顿大怒而去，仇隙益深，战争复起。其后未介兰格王之嗣位者，惛愚好弄，怠于政事，国势衰微。一四八六年，总督乃雷新格·苏刘外（Narasinga Saluva）篡立，是为第二朝，王克南部太密楼地，声威颇振，又尝拒抗回人。巴麻拿时已分裂，苏刘外死，其子即位。一五〇五年，其将弑之而自称王，故以第三朝称之。

第三朝之英主，日刻西乃王（Krishna），在位二十五年（一五〇九—一五二九年）。王奇武有才，善于用兵，数取回国之要塞，一五二〇年，大败回人，斯役也，战争猛烈，伤死之兵一万六千，失踪者尤多。王之为人也，身仅中材，体壮面麻，虔奉宗教，礼敬各宗；其出兵也，战败降服之敌，皆宥其罪，未尝杀及无辜之居民，外人入其国中者，王礼待之，复奖文学，厚赐婆罗门，并筑大寺。王时统治之领土，大于前代，略当今之麻打拉萨，米索尔及其邻近自治小邦之地。一五二九年，刻西乃王病死，其弟即位，惛弱胆怯，敌兵入境，遂失其兄久战征服之要塞，又尝诱敌入国，及至，无如之何，乃耗府库之金以赂之，始去，国势大衰，其后病死。其侄嗣位，政权操之于相萨流外·铁麻（SaluvaTimma）。铁麻曾与一回国连结，而攻其他敌国，大杀回人，残酷无比；既胜而后，则骄傲轻敌。

回王之闻印人残杀也，大怒，一五六五年，四国缔结同盟，明年，聚兵于大立科那（Talikota）。未介兰格之人闻警，谓敌必败，盖因回人数攻其都，而皆不克也。都人之贸易于市者如常，王则居于宫中，嬉游如故。首相铁麻未尝注意敌军之行动，而反嘲讥其使臣；未几，敌军前进，铁麻命将严守河岸，不令敌兵得渡。回人佯退，出其不意，而潜渡登岸，铁麻乃亲率兵御之，其军数过五十万人，复有炮象，回军仅及其半，而枪炮甚多，分三军前攻。铁麻亦分三军拒战，自将中军，令其兄弟二人，各率一军。既战，两军奋斗，死伤极多；回军之二翼苦战不胜，势将败退，而中军战斗方酣；铁麻坐于台床，指挥督战；会一怒象前奔，冲动其侍者；侍者惊跌，而铁麻遂坠于地上矣！回兵见状，潮涌而前，获之，献于回王。王即斩其首级，悬于长戟，以示印兵。印兵惶恐，人心大乱，不战而溃；回兵乘势追击，斩杀之数，凡十万人。此役也，史学家称为大立科那之战；按之事实，战场距其地者，共三十英里。印兵既败，王族公卿大惧，争先重载财货而逃；都人欲去不得，大乱，匪徒攻入。俄而回军进据其城，纵兵劫掠，奸淫妇女，焚毁大寺，军士各得金银、珍宝、衣服、奴隶。及退，回王收其大象，而令军士保其所有。于是繁华之名都，一变而为荒凉颓垣、荆榛丛生之所。回人虽灭其国，然竟不能据有其地也，其王逃之南部。无何，大臣篡立，其史无足轻重矣。兹分言其国内之状况如下。

未介兰格之都城 未介兰格帝国之都城，曰未介兰格，依山为城，盖筑于一三三六年。回人著名之史学家深赞其美，并谓其国之财赋领土，过于巴麻拿。当时印度西岸之商业颇盛，西人多贸易于过那（Goa）；未介兰格之王征其货税，收入丰富，府库充足。一四二〇年（大约），意大利人来游，记其京城宽六十英里，赞其城中要塞之坚固，而敌难于侵入；且谓王之势力，强于其他印度之王。宫中妃嫔宫女一万二千，王死，其必强迫自焚而死者，常在二千三千之间。一四四三年，帖木儿之子遣使入其国内，及至，惊其大寺之壮美；自谓不敢形容其状，偶尔记之，则人将讥其夸大过实也。后抵国都，记曰："此城之建筑，余之所见所闻，从未如其美丽者，世界固无其他如此之美地也！"一五二二年（大约）葡人裴斯（Gaes）述其内政尤详。其记京城也，自谓不能审定其面积，登高远望，则群山阻碍，乃推论其与罗马城相似。又谓"房屋约近十万所，人数当逾五十万人以上。城中湖泊，河流，果园甚多，美景动人，尝能引人入胜。市上则各物俱备，毫无缺乏之虞，故可称其为世界供给饶足之最大名城也。王宫所据之地极广，可分三十四街；其中另有一室，栋梁墙壁，以象牙造成；中藏世界美丽象牙雕刻之珍品。他室所藏之珍宝亦多"。后十余年，葡人言其王之用器，多以金银造成，朝廷之上，礼节琐繁。王之言语，则由史官记之，为命令公文之据。此数人者，身入其国，记其所见，事多相类，虽或不免于浮夸之辞，而其京城之广大，建筑之美丽，贵族生活之奢靡，实无可疑者也。

未介兰格之军队 国内军队之由政府供养者，凡百万人，另有骑兵三万五千，皆披甲胄，紧急之时，政府可招临时之武士或输卒百万。一五二〇年，裴斯记刻西乃王出兵攻敌，大军共七十万三千，马三万二千六百，象五百十五一：军中之侍卫输卒，犹不计焉。他人之记其军队者，数亦略同；人数多于刘尔安朝。就其个人言之，强壮勇敢，大军则无严厉之训练，又无完备之组织，不啻乌合群众耳，败则先逃，胜则劫掠，政府养此大军，势必取之于民，其供养当亦难于善美矣。军队虽不能战，然其保持国中之治安，则有余力。刑罚固亦维持安宁之一法也，就其大体而言，则宽于贵族富人，而严于贫民。其偶犯极轻偷盗之罪，或刖其足，或斩其手；其罪重者，则钩其胸部而死，其忤辱贵妇女子者，罚亦如之。贵族叛王之罪，则以木杙刺死；人民犯国法者，则斩首于市，其他之虐刑，种类繁多，若象分尸之类。其俗奖励决斗，胜者尝得死者之财产，其欲决斗者，则先告之于相，无不许者，渐为风俗，往往因口角之争而伤其生，公卿学者，亦不免焉。盖其逼近强国，而以好斗轻生为务也。

未介兰格之政府　未介兰格之地，共分二百省，省任总督一人。其重要之职务，则征收田税，而输入其半于王，且出规定之人数为兵也；其偶拂王意者，则即罢免，或赐之死。其政府实一专制政体也，王权极重。总督于其省内，无议会之监督，而可任其所为。其所收之税以田赋为大宗，总督得留其半；省政府之经费，地方官吏之俸金，胥出于此。王则又有田地，故其收入也独丰，政府之税率，葡人谓民纳“十分之九”，所谓“十分之九”者，今难确知其意。印度古制，政府仅征收入六分之一，后则附加杂税，未介兰格之王，必仍杂税之制。一三三六年，王令其民纳税输钱，政府因之注重农业。于是食物稍增，户口颇密。又为收入之计，承认妓女而保护之；妓女于社会上之地位殊高。裴斯谓其住于繁华之市，衣服美艳，人数颇多，生活奢侈，有因而致富者。公侯富人，挟妓冶游，视之为常。妓女且得进谒王妃于宫中，而可与之同食。观此可知贵族之奢靡，而普通农夫则受其压迫，出其血汗之所得，以供其“大人”之淫欲奢侈，亦可哀已！

未介兰格之风俗　其人民之饮食，种类不一；婆罗门则食蔬菜，其影响之所及，固不能使王及普通人民皆从之也。市中之肉类极夥，每日所杀之羊，不知凡几。其杀羊也，屠人驱羊至一庙前，杀之，而以其头与血祭神。裴斯谓其羊肉肥洁，视之与猪肉无异，猪肉亦多。其卖家禽猎鸟者尤众，其殊价廉。人民为印度教徒，敬重耕牛，不敢杀食其肉。每届节期之时，王祭天神，则杀水牛二十四，羊一百五十。及九日节之末日，则杀水牛二百五十，羊四千五百。此俗也，非印度教徒固有之习惯，而可见其种族之庞杂矣！

未介兰格之文学艺术　文学则梵文殊为发达，哈力哈亚第二之首相散亚赖（Sayana），印度著名学者也，其所解释之《吠陀》，负有盛名；其兄亦为学者，而仕于巴刻之时。其后乃雷新格·苏刘外之创国也，诗人歌颂其功绩者极众，著作皆用太刘格（Telugu）文。第三朝之名王刻西乃，诗人兼文学家也，朝廷之上，学者甚多；其最著名者，则阿散连败德那（Alarani Peddana 一也。未介兰格之美术，亦有进步；其王往往兴工，建筑要塞、王宫、大寺、尤重雕刻、图画。其存于今者，见者莫不赞其美丽，其技能之精巧，材料之不同，足称世界美术之别派，而吾人不能述之于此也。

第十四篇

巴流尔三战而王印度　巴流尔之为人　流麻元失国　细夏称雄　流麻元复国

巴流尔三战而王印度　萨流顿益白切明猜忌大臣，一五二四年，讨伐旁加普之总督；总督大惧，请救于介不娄王巴流尔（Babur）。王之初名，曰赛柳德丁·谟汗抹德（Zahiru-d din Muhammad），巴流尔则土语狮也，时人因其凶悍，而以此名称之，渐为其名。王为帖木儿五世（或作六世误）之孙，母为成吉思汗之胤，迨其年及十一，父殁，继之为王。初帖木儿死后，领土分裂，国内扰乱，战争频仍。巴流尔之即位也，敌人攻之，乃自统兵拒战，或胜或败，再失其国；其败逃也，尝阻于河，游泳二英里，始得免于死；又曾避难于山中，从者仅及数人而已。后复收其余兵。其经历困难若是之多，故成体壮多力之能将，吾人读其自传，未尝不疑其为冒险小说也。一五〇四年，巴流尔知其不能复胜，率其余众，东据介不娄地而臣其民；介不娄邻近印度。王素闻其富庶，尝率其军侵扰印度西北，大肆于劫掠焚杀；及至此时，旁加普之总督，卑辞厚币，求其援助。巴流尔许之，急率兵往，未至而总督败死，乃归；明年，聚其精兵，十一月大举进攻。其兵共一万二千，人数虽少，而欲进取印度，其心可谓雄矣！

益白切明闻巴流尔深入，亲帅大军御之。一五二六年四月二十一日，两军遇于盼立败德（Panipat）之平原，其地在特里之北五十英里。巴流尔军中有炮七百尊，以索联之，而留骑兵出入之余地，敌人则难攻入。益白切明之军队，数约十万，又有战象一百。所不幸者，王无军事经验之可言耳，其进兵出战也，先无计划，迥非身历百战巴流尔之敌。两军于午前九时开始奋斗，巴流尔之骑兵进攻敌阵，而以猛烈之炮火助战，夕阳未坠，而益白切明已死于战场之上。其军士死者一万五千，余众逃散。巴流尔记此战曰：“余赖上帝之力，难事成易，大敌竟于半日之中，死于地上。”既胜，声威大振，乘势追击，进取特里、阿格（Agra），自称盼得夏（Padshah），犹言大帝也。盼得夏分其所得之财物，赏赐诸将兵士；军士既得财物，心已餍足，渐生思归之心；又谓印度之气候炎热，炙人肌肤，不可久耐。盼得夏则羡印度之地美民富，率之进攻，军中遂有怨言，大将请其退兵而归。盼得夏召聚其众，陈说利害，而许其急于归者西归，军心于是大定。此举也，胜于亚列山大矣！巴流尔知阿富汗人于印度之势，不可轻侮，待之甚厚，阿富汗人始归心焉，乃能出兵以御大敌。

印人独立之小国，其来介泊得闻巴流尔战胜，进据印度，大惧，乃缔结同盟，公推兰那·散格（Sanga Rana）为领袖。兰那身历百战，尝受重伤八十，腿不能行，失其一臂一目；闻其名者，争称其勇。来介泊得之加入同盟者，共有百余，会聚大军二十万，有马八万，战象五百。兰那率之前进，军容甚盛；巴流尔闻警，召其诸将，会议出兵。诸将谓大敌势盛，吾军人马困乏，请暂归介不娄地，以避其锋，而可他日再至。且曰："此万全策也。"巴流尔不可，曰："吾人之来印度，求战以杀敌也。避敌而退，怯也，何面目归乎？"诸将始决意出战。巴流尔卜之于神，不吉，谓神怒其不敬，乃誓终身禁酒，即尽毁其酒器，且令军中禁酒。大军遂行，诸将兵士莫不知其偶一战败，则印人可得杀其零骑散卒，而全军无生归之理也，乃一心于死战，一五二七年三月十六日，两军相遇，战于阿格之西，巴流尔之人数虽少，然其骑兵驰突，炮火猛厉，远过于印人之战象兵器，巴流尔之将才，又非兰那之所能及；恶战一日，印兵大败，来介泊得之势大挫；不能为害，巴流尔前渡朱木拿河。一五二九年，军入东部；阿富汗人之王于巴哈及孟加拉者，聚大军拒战于巴德拿之附近，巴流尔败之。于是盼得夏之领土，东邻孟加拉，西界俄格斯河，北倚希马拉亚高山，南至格瓦立尔（Gwahiar）。

巴流尔之为人　巴流尔之深入印度，除战争而外，毫无政治之建设，其才仅一能将耳；或值军事旁午之时，而无暇及于内政也。一五三〇年，巴流尔忽病；其致病之原因，盖由于爱子也。初，盼得夏之长子（或称次子），流麻元（Humayun）遘疾，病势沉重，归于阿格，其父所在之地也。巴流尔爱子心切，入其室内，视其病状，乃绕床而走，祷曰："余愿汝之痛苦，加于余身。"无何，流麻元之病势日减，而其父浸病，人皆谓其虔诚祈祷之灵也。是年十二月二十六日，殁于阿格之王宫，遗命归葬于介不娄之花园，其宠妃之墓在其傍焉。百余年后，其孙为之建立清真寺。巴流尔之为人也，记忆力强，勇敢知兵，精通波斯文学，其所作之波文之诗歌，颇有文学之价值。其族弟，著名之历史学者也，谓其长于音乐，嗜好美术，其祖先皆不知音，王盖天才也。其自述幼年冒险之战争，语真事确，亦负盛名。王之名闻于世者，盖其三战，征服印度北部之大半也。虽然，王之得入印度者，值当特里帝国分裂衰弱之时，盖亦数也。五年之中，虽大伸其势力于恒河流域，然竟未能进取孟加拉地，故其强敌犹多；其子继之称帝者，非能战争胜利，则不能保其已得之领土也。王名创立蒙古儿帝国（Mogul Empire）之基础于印度，实则及其死后四十余年，其孙阿刻巴（Akbar）始能建设巩固之政府，而统治印度斯坦也。其称蒙古儿者，自谓蒙古成吉思汗之后，而"蒙古"之音讹也。

流麻元失国 巴流尔遗命流麻元嗣位，流麻元有弟三人，二弟刊兰（Kamran）时为介不娄之总督，流麻元又以旁加普与之；刊兰据地独立。其兄王于印度之地位，反而动摇，盖其能战之军队，多自介不娄而来，财赋则出于旁加普也。环顾四邻，西南则有歌甲来得，东有巴哈孟加拉之强敌，苟非战胜，则不能一日安居而王也。一五三五年，流麻元率军征伐歌甲来得，大败其军，攻其要塞，陷之，会闻东部有变，兼程而归，故不能有其战胜之地。其叛乱于东方者，细夏（Sher Shah）也；细夏为阿富汗人，生于印度，初，巴流尔至，降之，迨其死后，细夏据有巴哈及其附近之要塞，兵力甚强，侵扰边境。流麻元回兵讨之，夺其要塞；大军前进，深入孟加拉。值雨期至，王驻于歌尔，从事于娱乐，而忘其所事矣，俄而受迫西退。一五三九年，流麻元欲渡恒河，敌兵阻之，不得，军心动摇。细夏攻之，大败其军，流麻元仅以身免。细夏乘胜，率军而西；流麻元归都，收聚败兵，兼诏外兵入援，军势复振。明年五月，两军恶战于曲女城，流麻元之大军复败，知其势已不能有为，乃弃其位尊权重之王位而逃，遣使求援于刊兰。使者不绝于途，而刊兰弗应，流麻元转入信德，旋至剌日不得拿，游说其地之来介泊得出兵助之，无许之者。流麻元于此奔走求援之时，备受辛苦，历尽困辱；失位之王，亦云苦矣，事既不成，复归于信德。其从之者，仅少数之骑兵而已，人皆垂头丧气，而莫不灰心于复国也；其堪告慰者，则王妃生子阿刻巴也。阿刻巴之生时，传说互异，学者推定其在一五四二年十一月二十三日也。未几，刊兰命人追杀其兄；流麻元闻之，谓携其子阿刻巴而逃，则婴孩势将死于途中；自信刊兰不忍杀其侄也，遂弃其子，偕从者上马驰去，绕道而往波斯，追兵不能及之，获阿刻巴而归。

细夏称雄　细夏败逐流麻元后，据有印度斯坦之大半而自称王，改其朝曰苏尔（Sur），王为阿富汗之苏尔部落人故也。细夏既胜强敌，兵威大振；刊兰惧甚，遣使议和，许割旁加普与之，率兵退于介不娄。于是细夏不费一兵而得其地，乃自恃其兵力，进攻剌日不得拿、麻娄瓦等，一五四五年，攻城重伤而死。细夏虽好用兵，然于数年之中，而能有所建设；其军队有马十五万，步卒二万五千，大象五千，严防官吏易马之弊，烙马以为凭号，命人丈量国内田亩，而将有所改革田税。其待下也，公平严正，朝臣官吏之犯罪者，不论亲属贵贱，必据例以定其罪之轻重。其出征也，军士损伤田禾者，必重罚之，农夫之犯法者，一村坐之。其刑不免于残酷，然亦赖之维持国中之治安焉！细夏又师印度古代之贤君，兴工筑路，培植树木，及设饮水，以便行旅等；复谓市中货币缺乏，流通不灵，遂命鼓铸金币，而质精状美，人民便之。观此可见其才能远过于流麻元矣，天苟假之以年，则蒙古儿帝国势或不能成立于印度。印人往往谓其窃位，而视流麻元为正统；其因流麻元复国而传位于其子以成大国耶？自吾人观之，二人之地位相同，皆为外人，其得王于印度者，非法律之问题，乃决于兵力之胜负耳，故不可囿于正统之说也。

流麻元复国　细夏既死，大臣拥立其次子为王；王在位八年，境内之叛乱频仍，相传王有才能，惟其精力，耗于战争，而又短命而死耳。其所公布之法令虽繁，要多未能实行，实际言之，王固无所建设也。王死于一五五三年，其子犹在襁褓之中，嗣位称王。既而其叔弑之而自立，王复徒拥虚名，而政权归于其相刘能（Hemn）；刘能者，印度商人之子也，善于用兵，数立奇功。王甚任之，遂得出将入相，统领大军，治理国政。方王之篡立也，族人不服，一独立于特里、阿格；一称王于旁加普；王之所据之地，仅东部一隅而已。三国时相战争，乃与流麻元恢复特里之机！

初，一五四四年，流麻元逃入波斯，其恢复之心，未尝稍忘，数请援于波王。波王待之甚厚，意欲许之；王为回教昔那派（Shiasect）之信徒，流麻元所奉之回教，则顺立派（Sunnisect）也。回教之派别繁杂，其教主谟罕默德尝预言曰："回教信徒，将分七十三派，正统则有一派而已。"派别之中，昔那、顺立二派之势力颇盛，前者认谟罕默德之婿阿里（Ali）之子孙为教主；其所持之理由，则谓教主之职，受之于上帝，而人不可争夺选举也。后者则认正统传说，其价值与《可兰经》相等，当为回教教义之根据，波王得有此机，遂请流麻元为昔那派之教徒，于其复国之后，并大伸昔那派之势力于印度，又约其攻取堪得哈（Candahar），而即归其城于波斯。堪得哈在介不娄南，交通之要道也。流麻元亟欲复国，皆许而从之。一五四五年，波王与以大军，流麻元率之进攻堪得哈城，陷之，乃忽背约，叛而自主，兵势渐盛；后攻介不娄，炮击刊兰之都，城中纷乱。刊兰大怒，遣使告之曰："若再炮击城中，则悬汝子阿刻巴于城上，先受炮矣。"初刊兰之追兵携归阿刻巴，其叔待之甚厚，及至此时，阿刻巴备受痛苦，几至于死，流麻元知之，始不轰城，俄而刊兰逃去，流麻元父子乃得相会。其后刊兰率兵复战，互有胜负，其终也，刊兰大败被俘，流麻元遂盲其目，而有介不娄地。当斯时也，流麻元既无内顾之忧，聚其精兵；会其能将泊简汗（Bairam Khan）率兵来归，兵势颇盛。一五五五年，流麻元率兵东渡印得斯河，六月，复据特里、阿格，其得复国者，盖其臣下忠于故主，而苏尔朝内乱也。流麻元入于特里，境内犹未粗安。一五五六年一月，王于藏书楼中，而梯忽倾覆，落于其身，重伤而死；距其复国之时，仅及七月。其前后王于印度者，约及十年；出亡在外者，凡十五年。其为人也，就其私德而言，则一好学文质彬彬之君子也，富于天才；惜其精力不足，不能有为，而又性嗜鸦片，其失败者，亦由于此焉。

第十五篇

泊简汗之功绩　阿刻巴亲政后之内政外功
阿刻巴之家庭及其性情　宗教观念之变迁
政府财政军政之概观　文学

泊简汗之功绩 流麻元死于特里，其长子阿刻巴年方十三，时从大将泊简汗追敌于旁加普，幼子则年十一。其死也，朝廷大臣，秘不发丧，即遣使者驰报王子阿刻巴。阿刻巴乃于一五五六年二月十四日，从容即位。其加王冕也，建筑高殿，而坐于上，受其臣下之拜，借表其继父而王于印度斯坦。其礼极盛，遗迹犹在。按之事实，流麻元复位，仅及数月，境内未能粗安，强敌之势犹盛；尤以刘能之兵为强。刘能所向有功，进陷阿格，声势浩大，众至十万。泊简汗闻警，命将严守特里；守将惧其不能拒守，率众而逃。泊简汗患其军律之不严也，杀之以徇，而收其众。阿刻巴召集诸将，共议拒战之策，诸臣请其暂退于介不娄以避其锋。泊简汗独持不可，阿刻巴从泊简汗议，主张进战，乃率大军东进。刘能自陷特里而后，恃其军队之众，战象之雄，财货之多，意大骄傲，遂自称王。及闻泊简汗统精兵将至，乃帅大军拒战。二军次于盼立败德——巴流尔之战胜地也。泊简汗之先锋，出敌不意，尽获刘能军中之重炮，于是军心大振。刘能尚有战象一千五百，而军队人数，又多于敌。一五五六年十一月五日，两军会战，刘能之左右二翼皆胜，几全胜矣。值箭中伤其目，刘能负痛，坠于象下，其军大恐，不战而溃，泊简汗擒之，而献于阿刻巴。阿刻巴击其颈，而从者斩之。泊简汗前追败兵，进据特里，阿格。细汗之族人，不能为害于蒙古儿帝国，而阿刻巴之地位始固。阿刻巴之初即位也，北印度大旱，农民因战争之害，不能安耕，刘能重税其民，置民间之疾苦而不问，反以人食饲其战象，贫民乃自相食。宜其败也。

阿刻巴既灭强敌，一五五八——一五六〇年之间，次第征服中印度北部，剌日不得拿、涧泊等地。当斯时也，泊简汗辅政，总揽政权，蒙古儿帝国成立于印度者，多赖其功。其为人也，果敢专断，不顾情私，群小恶之，而又数忤其王阿刻巴。初，阿刻巴性好斗象，怒象奔入营中，泊简汗令杀王之侍者；王谕救之，不得。又因愤怒，罢免王师；君臣之间，渐生疑忌，而阿刻巴之乳母等，朝夕短之，王心不平。一五六〇年，王年十八，决意罢泊简汗之职，遣使谕之曰：“朕将亲理庶政，将军久有进香圣地麦加之愿，仰即归政前往。”泊简汗初甚疑虑，后则上奏归政，将首途矣，会王使轻而侮之。泊简汗大怒，潜至旁加普，起兵叛乱，阿刻巴统兵败之，泊简汗乃降。王宥其罪，偕至朝廷，而礼遇极隆，且告之曰：“卿苟欲为总督，则以一地与卿；留居京都，则任卿为长官；进香麦加则厚赐卿以行。”泊简汗对以前往麦加，许之，及抵歌甲来得，其地长官宴之。于其宴会之夕，仇家之子杀之，惟其妻子得免于祸，阿刻巴养其子于宫中，其后任以要职。阿刻巴之待臣下，可谓厚矣。泊简汗虽去职死，王犹专心于戏游，政事则委于群小妇人之手，任其互相争权，用兵于外，则大肆于焚杀。一五六二年五月，宠臣因愤刺杀首相，并欲伤王；王以其拳击之，凶徒重伤，乃免；阿刻巴于是亲政。后二年，其舅刺王不克而死，朝廷之上，始无群小之势。

阿刻巴亲政后之内政外功　方泊简汗之归政也，蒙古儿帝国之领土，仅有旁加普，朱木拿河恒河流域之一部分，南则邻近中印度，北界希马拉亚附近之独立小国，其西北介不娄，东部孟加拉巴哈，亦皆自主。流麻元虽尝攻入歌甲来得，然未能有其地，德干之回教国，常与印度教国未介兰格相争，互有胜负，极南之地，则属于未介兰格。葡萄牙人，亦渐伸其势力于西岸，据有过那，建筑强固之要塞；其他欧洲强国，未得印度尺寸之地，英人犹未有航海至者，此印度状况之大概也。于此诸国并立之时，非兵力不能并其强邻，而尤贵于能得民心也。阿刻巴谓其王于印度，必得大多数印人之爱戴，固不能徒善待少数回人，而虐待印人也，遂改前代惯例，而变政策；先是，臣下未有上奏此意，而阿刻巴竟能专断；其见识之远大，过于其他回王矣！王首纳印度小邦之王女为妃，而听其自由拜神，废去印人之人口税，取消印人之进香税，又禁以战败之敌为奴。外交则阿刻巴之野心殊甚，专以征服邻国，扩张领土为事。尝曰：“大帝当以征服土地为心，否则邻国将举兵来攻，且军队久不战争，则缺乏军事经验，而弱不能一战矣！”其用兵计划，初为内乱所迟延，盖其大臣叛乱，宣言奉其族人为王；

阿刻巴即杀族人以除其患，一五六七年始定，乃得用兵于外。

一五六七年，阿刻巴进攻吉他（Chitor）；吉他在麻娄瓦之西，蒙古儿军队围攻之者，共历四月之久。王亲率将士，身冒箭石，立于前线，指挥攻击，其据城固守者，大将涧密娄（Jaimall）也。涧密娄英武有才，督军力守；阿刻巴久攻不下者，涧密娄拒守之力也。明年，涧密娄于城上督战，阿刻巴于下射而中之，重伤而死；于是守兵气沮，城中大乱，妇女患其受辱，自焚而死。此俗也，凡城危急将陷之时，贵族大人家中之妇女，皆设高台而各争先焚死，其惨极矣。追其死后，蒙古儿之兵入城，守兵巷战而死，蒙古儿人之死伤者亦众；阿刻巴大怒，令兵尽杀三万农民之助战者，俘其财货而毁其城，于是名城变为荒凉树木丛生之地，而为虎、狼猛兽出没之所，近代其地始渐兴盛。阿刻巴既陷吉他，兵威大振；又明年，进攻剌日不得拿之要塞，下之；其地之小邦，多服而受王之封号，并进其女为妃；阿刻巴收其精兵，后攻歌甲来得。其地富庶，流麻元尝征服之，未几独立，及至此时，其境内大乱，有请援于阿刻巴者。一五七二年，阿刻巴统重军兵往，其王闻大军卒至，藏于田中；阿刻巴次第收复诸城，明年，围攻要塞苏来德（Surat），历四十余日陷之，歌甲来得遂定。葡人知之，遣使自过那来谒，阿刻巴始知葡人之经商于印度者。

斯年，王谓歌甲来得已平，北归京都，及抵阿格附近之巴泊昔家（Fathpur Sikri），而歌甲来得叛乱之报已至。阿刻巴谓非亲征，则难急速平之，即选精兵，帅之而行，自骑橐驼，俄抵剌日不得拿，折转而前，共十一日而至歌甲来得，路程凡六百英里，而驰行之时间仅九日耳。其坚忍耐劳，行军之神速，世界名将，殊难与之相比。叛人不意王至若是之速也，大惊；既而两军会战，阿刻巴之骑兵，数仅三千，而敌有兵二万，终为其所战败，遂收其地以为郡县。当阿刻巴之用兵于西南也，孟加拉王大流德汗（Daud Khan）即位。初，其父在位，臣服于蒙古儿帝国。及王嗣位，叛而独立，且欲与阿刻巴争雄。一五七四年，阿刻巴于雨季率兵逐大流德兵，进据巴德拿。先是，诸将不欲于雨期进兵，谓其违背习惯而军不利也，及王兵胜，乃服其善谋。明年，王归，命大将前攻，大败大流德军；苟复前追，则东部定矣！大将许其请和，大流德收其余兵，军势复盛，又背盟叛。一五七六年战败被俘，阿刻巴杀之，东方始定。方东部之将平也，剌日不得拿之强国忽叛，蒙古儿之军虽战败之，然尚未能降服其主也。

阿刻巴自盼立败德战后，二十年（一五五六—一五七六）中，次第攻取敌国之地，遂有恒河流域及印得斯河流域之大部。其领土南界那败戴河（Narbada），北临希马拉亚山脉，东西濒海，其土地之广大，人民之众多，物产之丰富，西方诸国，固莫之与京也。其未征服之地犹多，若信德、克什米亚等；自此而后，王乃命将出征。至于内政，王固未尝忘也。当其征服歌甲来得之时，任用财政大臣涂大·密娄（Toaar Mill）改良其地之税制，而后适用之于全国。阿刻巴深知官马之弊，改订阿刘德丁之验马法，而加详焉。其法虽未尽实行于国中，而较之于前，则有进步矣。阿刻巴又以法老斯夏恢复食邑之制，既助强臣叛乱之势，而又妨碍政府之府库收入。其所委之行政官吏，率以现金为俸；及其征服之地日广，官吏渐多，阶级益严，于是官制始备。一五七五年，王筑祈祷之室，后以其为宗教问题辩论之所，阿刻巴常至室中，听其辩辞以为乐；初则回教各派皆有代表，后则其他宗教之学者，亦得参与。王尝诏谓其可得判断回教之一切问题，回人必须服从其命；但其判决者，当与《可兰经》之义相合。其说道于清真寺者，尝不合于王意，王驱逐之；又数公然表示不信回教；同时，闻天主教徒传道于印度，动其好奇之心，一五七九年，遣使过那请神父二人，说其教义。葡人许而从之，及至，王待之甚厚，并令其次子从之习学；王之宗教观念，自褊狭狂妄之回人观之，大惧，乃谋叛乱。

其首谋叛者，孟加拉巴哈之回人也；其人多自阿富汗来，热心回教；会其地之官吏治之甚严，遂于一五八〇年一月起兵，声言奉阿刻巴之弟害金·麻拿（Hakim Mirza）为帝。麻拿时王于介不娄，起兵应之，进攻旁加普。阿刻巴深知其地位之危险也，亲率大军以御其弟，令将讨伐东部。当时回人之反对王者甚多，阿刻巴知之，而诛其谋变之大臣以警其余。麻拿闻其兄率重兵将至，大惧，逃归；阿刻巴追之，深入介不娄，复许其弟统治其地，遂归京都；既而东部亦平，于是无敢起兵反对王者。一五八二年，王且创立新教，否认谟罕默德为先知，而自代之；其仕于朝廷者多自附为新教徒，其赞助王者，则学者阿伯娄下赛（Abu. L Fazl）也。下赛生于印度，贵族之子也，聪明有才，博览群书；王甚信之，且深受其影响也。

一五八五年，王弟麻拿醉酒而死，王至西北而收其地，驻于旁加普之那何尔（Lahore）城，凡十有三年，遣四军出讨伐其独立诸国，若克什米亚、信德。初，巴流尔之族人，征服克什米亚而自称王，其后王于其地者，皆为回人。一五七二年，其王臣服蒙古儿帝国，而犹自主内政。一五八六年，阿刻巴遣将伐之，明年，遂并其国。王又命军攻取信德，克之。于是蒙古帝国之领土，包有印度斯坦，及今阿富汗之大半，东西濒海。惟德干高原，则犹自主，乃转而用兵于南方矣。

南方诸国，往往自相战争，及北方统一，其王犹未虑及蒙古儿帝国之将侵入也。一五九一年，阿刻巴遣使至南方诸国，谕其内附；小国诸君，惧而从之，余皆不可。一五九五年，阿刻巴命长子沙立明（Salim）佐大将前征阿麻乃格（Ahmadnagar），二人不和，进战而敌拒守甚力，久攻不胜，退兵而去。阿刻巴后命少子复攻其国，克其一部分土地，而设一省。会已内附之小国堪达夏（Khandesh）叛；其王据有印度最强之要塞，足碍蒙古儿军队进攻之路。阿刻巴亲入南方，围攻要塞，共历十一月之久，攻者之术已穷，而守者之力有余，乃出重财以赂其将，要塞始降，固非军队战胜之力也。王于南征之役，会聚大军，耗费府库，数年之中，死伤极多，其所得者如此而已。王之心中，亦颇怏怏，俄而归于阿格。

阿刻巴之家庭　方王之亲征南方也，长子沙立明已有谋反之迹，其父命其出征叛人，不从。一六〇一年，沙立明称帝，据夺巴哈府库之金，明年，密命南方之酋长刺杀阿伯娄下赛。初，下赛忠直，数言其过于王；沙立明惮而惧之，至此杀之。事闻，阿刻巴为之痛哭，罢朝不食者数日。且曰："沙立明苟欲为帝，不如杀朕，而宥阿伯娄下赛也。"又明年，其父之意少解，沙立明深惧其父废之，而立其少弟为太子也；阿刻巴有子五人，其年少而死者二，余子则沙立明最长。兄弟皆好饮酒，而沙立明之体较强，其后二弟醉酒而死，而已独全；朝廷大臣，请废沙立明而立其子顾苏（Khusru）为嗣。阿刻巴之意未定，一六〇四年，召之入朝。沙立明至，盖知其偶一违命，则王立顾苏为嗣君矣。既至，其父待之甚厚，令医治其疾病；无何，诏为总督，而留其居于京师，储位始定。一六〇五年十月十七日，阿刻巴病甚，口不能言，以手传意，而命沙立明继之为王，乃死。方其病也，都人相传王实中毒；斯密斯谓其遘疾类于服"金钢石灰"者然；斯说也，殊难证明，而认其为事实也。阿刻巴既死，沙立明之父子争位，沙立明赖大臣以兵力助之，得立，葬其父于阿格之附近，礼仪简陋，而臣下至者殊少，盖当新君争立之时，而无暇顾及死王也。一六九一年，其墓为叛人所发，火焚其尸。呜呼！生为盖世之英主，死后而竟不保其尸，亦可哀也已！

阿刻巴之性情　阿刻巴之为人也，身材短小，体壮多力，皮色微黑，目光炬炬，性情粗暴，惟其自能约束耳。其待人也，殊为谦和，知人善用，是故智能之士，乐为之用。其筹谋判决也，果毅神速，往往出于常人意料之外。其治民也，心以公正为归，而许人民上控。其处事也，事无巨细，上自朝政，下及机械、工作，莫不躬自治之；王之好奇心强，时人谓其能作世界之一切机械工作。其每日睡眠时间，常约三小时左右，未尝因其过劳而致疾病，斯见其身体之强悍矣；又好音乐、美术，多方罗致印度著名之音乐家；数兴土木，建筑王宫。王之幼年，不好读书，故不识字，而不能自署其名也，但其博闻强记，不啻一学者也；吾人读书以目，而阿刻巴以耳。其听人诵读，则知其义，暇时，辄令学者读书，而已听之，常于学者讨论问题之时，而能有所发表；其性尤好藏书，宫中书籍甚富，此其美德而令人钦佩者也。其足为贤德之累者，则宫中有妃五千，各有侍卫。其影响之所及，而使王感受家庭之痛苦；其终也，兄弟父子争立，阿刻巴固不善教其子也。其子醉酒，并嗜鸦片，二子后乃醉死，王亦好酒，大醉几死者数矣！其待臣下也，尝用阴谋诈术，于其攻取之城，数杀无辜之人民，其政策较之前代，虽略和平，然犹不免于残虐也！

宗教观念之变迁 王之宗教观念，幼奉顺立派之回教甚虔，即位之初，阿伯娄下赛之父，因其教义之异，几获罪死。其后王好印度之宗教哲学，而渐改其偏见，且自谓其数见上帝。斯密斯曰："王有癫疾。"其行为之奇特，盖因此也。一五七五年，王始鄙厌回教，然犹至清真寺祈祷焉。一五七九年，公布王有判决回教问题之权，又公然表示其不满意于回教。耶稣会之教士，且谓王于公共祈祷，禁用谟罕默德之名；及王战败其弟，归自介不娄，遂欲别创新教矣！其教崇拜一神，人民奉王为教主，借以联合国中之印人、回人而成一民族。王以阿伯娄下赛为高僧；朝廷大臣，或因权力之故，多奉新教，而群众则不与焉。王虽另创新教，而其主张，则信教自由也，阿伯娄下赛亦然。后稍变其思想，尊敬印度教，皆因教，基督教，而反对回教矣，数颁严酷之法令，固不问回人之喜怒也。兹举其明显者四端：（一）孩童不得名称谟罕默德；其已有此名者，则当即改。（二）不得建筑新清真寺及修理旧寺。（三）不得读《可兰经》，及用阿拉伯文。（四）不得以牛肉为食料，其他之肉食条例殊繁。王已深受印度教皆因教之影响矣！其宫中之妃嫔，则印人甚多；王皆听其自由拜神，列其父母兄弟于贵族，未尝谕其改奉回教，而反居之于要职。先于此时，回王未有待遇印人若是之厚者也；其于平民，则免其苛税，而以印人回人之平等为标鹄。王之晚年，不肯肉食，其思想不啻已为印度教徒矣，王又求神父于过那之葡人。葡人喜而从之，数遣富有学术之神父来至京都，王待之颇厚，且欲因之以购重炮，然终未改奉天主教也。至于王所创立之新教，则毫无影响于印度；王死而随之俱亡。综观其宗教历史，信仰自由，实为光明正大之政策！所可惜者，以恶回教之故，而破坏无余也。斯密斯谓英政府苟采行王之法令，则不可一星期也；此可想见王之为人，及其政府矣。

政府财政军政之概观 政治则王专制独裁，大臣阿伯娄下赛曰："吾人所谓良善政府者，改良人民之生活状况，奖进农业，整理官吏，严训军队。其成功则须知民之好恶，而节省费用，理财有方也。夫然，则人民无不安乐矣。"阿刻巴本于此旨，勤于政事，每日亲收人民之上控者二。其省政府之组织，则以大将统治一切，而实"军政府"也；盖其领土多为征服之地，非大将以军事手腕，不易治之，又以土地广大，交通困难，而设驿站。凡六英里，置站长一人，站有善走之橐驼，以通信息。朝廷又设史官，记录事实，保存中央及各省之报告，此其政府性质之大略也。其弊则远方总督，尝据地叛，盖其治理民政，监督财政，公布命令，判决讼狱，不啻威权无限之小王也。其不叛者，亦不免于虐民。其尤关于行政者，则财政、军政也，兹分述之于下：

阿刻巴之最大政绩，则田税之改革也，涂大·密娄专主其事。其制本于细夏未成之计划，丈量国中耕种之田亩，而分其土地之肥瘠；调查农夫之收入，而求其数年之均数，于是定其税率为三分之一，农夫纳现金为税。印度古制税率，为六分之一，阿刻巴则征三分之一。自表面观之，税似重矣，实则自中古以来，杂税之名目极繁，而阿刻巴去之。其取之于民也，令民直接纳税于官，以免官吏舞弊之害，又为便利人民之计，鼓铸质美价一之货币，划一国中之度、量、衡。王又性好聚敛，故其府库充裕；及其病殁，库中约有吾国之货币四万万元。其购买力远过于今，其重取之于民，固未有所建设，而增进人民之幸福也。更观人民之经济状况，当时可耕之地，不足今日二分之一，而硗瘠者且有四分之一，人口则有今日三分之一。其税率之重，耕种之劣，可想民间生活之困难矣！国中战祸频仍，军队既众，游民又多，乃至家无储粮，偶而岁歉，则人相食。阿刻巴虽令长官拯之，然固无补于大多数之贫民也。军队之数，据阿伯娄下赛所纪，凡四百万人；其中侍卫甚多，王颇重视战象重炮。其著名之歌甲来得之战，仅有骑兵三千。其后用兵于南，久战不胜，乃以财货易城。其军队之战斗力盖微。

王去回教徒、印度教徒待遇之歧点，厚遇印度贵族，已如前述；但据学者之研究，谓其官吏，印人仅及全数百之十二，而生于印度之回人尤少，其大多数则波斯人阿富汗人也。其影响能令印人涂大・密娄改用波斯文为其财政记录。迨王殁后，大臣迫使其子，誓于上帝，善遇回教，始得为王。于此环境之中，而阿刻巴犹能本其主张，善待印人，诚非易事。王初力欲改革不良之风俗，诏定婚姻，必须男女之同意，并得父母之认可。其成婚年龄，男须十六，女当十四。夫死，亲属不得强其妻以焚死，其自愿者听之，其不死者，则许其再嫁。王后倾向印度教，而终止其计划，殊可惜也。

文学　文学颇受国势隆盛及领土扩张之刺激，而甚发达。王好学术，而力奖其进步；朝廷之上，学者甚多，其最著名者，则阿伯娄下赛也。下赛博览群书，斯密斯谓其类于英之培根（Francis Bacon），其编著当时之制度，详载帝国之状况，共历七年始成，学者皆称其书。朝廷之诗人尤众，作者派业（Faizi）负有盛名，诗歌则以波斯文写之。所可异者，则阿刻巴不知当时最大之印度诗人投昔・得斯（Tulsi Das）也。其诗名曰，《印大乃麻原那》（*Hindi Ramayana*），北印度之群众，莫不知之。同时，美术亦盛，作者颇能融合印度及回教之样式，而表见其创作之天才。后益发达，乃成美术灿烂时代；而开其端者，则阿刻巴时也。

第十六篇

涧汉格父子争位及其家庭　宗教政策　王子顾苏之死　王子夏介汗之叛　夏介汗之穷奢南征　堪得哈之战　家庭之变

涧汉格父子争位 王子沙立明继阿刻巴为王，大臣有欲立其子顾苏者，二党相争，沙立明誓许保护回教，不罚大臣附乱之罪，又得兵力之助，一六〇五年十月二十四日，始得即位，改称曰涧汉格（Jahangir），其原意则征据世界之人也，距其父死，已七日矣。涧汉格于其即位之初，颇能遵其誓言，耶稣会之神父，来请进觐，皆不之许，其助顾苏者，亦得加官进爵；王又诏改秕政，废除苛税，借舒民困，实则徒为具文，而多未实行也。明年四月，王子顾苏起兵，顾苏聪明有才，人民爱之，顾其心雄，尝以可得王位而复失之，意殊怏怏，父子之间，嫌疑久成；会闻其父欲重惩之，而瞽其目，大惧，乃逃自京都，收聚兵队，归于旁加普，意欲据之以叛。事闻，涧汉格震怒，即率精兵驰行追之，旁加普之总督，拒王子不纳，俄而涧汉格至：王子进退不得，军队数败，渡河潜逃，王兵获之，距其出逃之时，仅二十一日耳。涧汉格驻兵于那何尔以罚叛徒，命人蒙王子之主要从者二人以皮，游行于市；又诏树木桩于路傍，而吊杀叛人于其上；王则身骑高象，行于路中，顾苏骑小象随之，从者高呼受刑者之名以困辱之；复盲王子之目，后一目愈。王子虽兵败受辱，而人民未尝减其信仰心也。

涧汉格家庭 一六〇七年，涧汉格遣大臣至孟加拉，诏免其长官之职，而令其入朝，长官拒命，二人皆死。于是收送长官之妻密伦·立赛（Mihrun nisa）入朝；立赛，波斯大臣之女也，美艳绝伦，其父逃亡印度，仕于阿刻巴朝。沙立明初欲纳立赛为妃，父王不许，而赐其将。及沙立明嗣位，重任其夫，俄又杀之。其杀之也，虽无恋爱立赛之迹，而其心固未忘之也。及其入朝，王欲纳之为妃，立赛初拒王命，居于宫中，不失其身者，历有四年。一六一一年，立赛许为正妃，涧汉格宠而信之，与以大权，委以国政；立赛遂为印度斯坦事实之王，而涧汉格则拥虚名。史家记其言曰：“妃甚聪明，能理国政，朕有酒肉自娱，取乐而已。”妃之父兄亲属，皆居要职，妃常听讼狱。当时鼓铸之钱，其名与王名并举，其听政也，颇为宽厚，时人称之。其初尊号则曰“王宫之光”，后则改称“天下之光”，斯见其势力之伟，而渐乱政矣；涧汉格死，妃始失势。

涧汉格之宗教政策 涧汉格之初即位也，不见神父，及其地位巩固，遂变政策，许神父建筑美丽之礼拜堂于那何尔；其工程甚伟，类近当时欧洲之大学。一六〇六年，涧汉格出巡介不娄，神父进献波文翻译之《圣经》，王许其公然祈祷于境内，且补助其经费。迨王归于阿格，召神父入宫，解释大卫画意等，神父欣然应命而往。回人嫉之，与之辩论一月，神父诋回教主谟罕默德假先知也；回人谓其毁谤先知，大怒，奋臂欲斗。涧汉格曰："止。"狂笑不已，强令印人之在侧者，述其意见而与神父相同，复又大笑。王好天主教之神像，挂之满壁，择其精美者，而令画工描画，神父助之；涧汉格尝诩其尽有天主教之神像，非虚语也；王之诏书批令，其赐臣下者，无论其人所奉之宗教，而皆有基督圣母之像。欧人疑其已为天主教徒，实则多妻制度，为王改奉宗教之碍力，王殊不愿以灵性之修养，而易其"温柔乡"中之乐也。一六〇七年，王欲使人西谒教皇，不果，乃命使者聘于过那。明年英王詹明士第一（James I）遣号应斯（William Hawkins）来聘，使者抵苏来德；葡商患其竞争，神父因英为新教国，而尤嫉之，合力阻其入都。号应斯不顾，来献礼物，涧汉格待之甚厚，许英通商，葡人大怒，与蒙古儿帝国宣战，而拒见其聘使。于是印度西岸之商民大扰，盖蒙古儿无海军保护故也；涧汉格大惊，诏改前议。一六一一年，号应斯始去，英葡之东方海军，时相攻击。会葡船诈托海盗，而夺蒙古儿船四艘，取其货财而囚其人，太后尝投资于商业而损失尤重。事闻，涧汉格迫而宣战，捕杀境内之葡人，封锁教堂，致书于英人，盖欲用之以抗葡人者也。一六一五年，英大使汤姆斯·如意（Thomas Roe）抵印，牧师投来（Edward Terry）为其译员，王厚待之。二人著有记录，投来所记之国中情形及政府组织而尤详。

涧汉格之领土，受之于父；其才能兵力，远不如之，而西欲尽有俄格斯河流域，南征德干高原。当其在位之时，阿麻乃格复叛，王乃出兵攻之，兵祸数年，而未得其尺寸之地。东部孟加拉叛于阿刻巴之末年，涧汉格遣将讨之，一六一二年叛将重伤而死，余兵逃散，乱平。王又用兵围攻来介泊得之小国，陷其要塞凡二，皆阿刻巴出兵力攻而不下者，涧汉格因之傲甚。一六二二年，波斯忽遣重兵攻据堪得哈，王命其子夏介汗（Shahjahan）帅军恢复其地，而王子以其地远，弗应，父子之变遂起。兵祸之后，瘟疫大作。初，一六一六年，疫始起于旁加普，后渐传染于北部西部，共历八年，而染者多死，尤以印人为甚。涧汉格谓印度始有此疫，盖古书未有纪之者也。斯疫也，鼠先得之，而后传之于人，人之身体，常缺拒抗能力，而遘疾者所以多死也。其后一七〇三——一七〇四年，疫复作于南方；一八一二年，复至西部。

王子顾苏之死　上述波斯攻陷堪得哈，涧汉格闻警大怒，命子古伦（Khurran）将兵出征。古伦，王之爱子也，初因其战败敌兵，而赐之名，曰夏介汗；其意则世界之王也。夏介汗尝杀其兄顾苏；先是，王妃密伦·立赛欲妻顾苏以女。王子谓其有妃，婉辞拒之；回教虽许多妻，而王子则主张一妃也。英使汤姆斯·如意等曾与王子共语，皆深赞其和善有礼，并谓国人莫不爱之，且曰："其弟古伦面无笑容，轻人傲物，心殊悬念王宫之妃。苟顾苏王于印度，则为有道之君；其弟嗣位，则为野蛮，迷信，狡诈，暴虐之王矣。"顾苏之美德，反足以增古伦之嫉。古伦之正妃，则立赛之兄女也，得其奥援，宫中举动，莫不知之。一六一六年，涧汉格命立赛之兄阿赛夫汗（Asaf Khan）监视顾苏，其女则古伦之正妃也。其后改令古伦监之，古伦欲杀其兄久矣，而未得间，一六二二年一月，商于其党，议定计划，乃先托言出猎，而授计于家奴，令其主之。夜间，奴往，叩门声急，顾苏问之，曰，"奉王命赐物至者"。王子谓非其时，不纳；奴力排门而入，手缢王子，气绝始去。天明，其妃知之，大哭极哀。古伦俄归，上奏其兄病死，或以事实告王，王心悲哀而已；其令古伦监视其兄，而古伦杀之，意中事也。此或出于王妃立赛之意，而王不敢稍违者，其昏庸不能自主，殊难免其杀子之名也。顾苏既死，时人敬之为神，且视其遗迹为圣地矣。夏介汗乃谓其应留于京师而为太子，及波斯攻取堪得哈。涧汉格遣夏介汗帅领大军恢复其地；会涧汉格病，夏介汗谓其父病危，而已统军于外，一旦不幸，不能立归，而王于印度矣；乃拒父命，起兵叛乱。

王子夏介汗之叛 涧汉格闻变，诏令他子将兵西讨波斯，实则未尝出兵也。盖夏介汗之声势浩大，王方竭其兵力，耗其府库，而从事于平乱也。夏介汗身为王之爱子，而竟叛父于出兵讨伐波斯之时，阻挠军事计划，而反煽张敌国之势，宜其父王震怒而必讨之也。王诛朝廷附乱之诸臣，而发军出讨。一六二三年，两军大战于特里之南，夏介汗之谋臣死焉，军心动摇；复战，叛军败溃，而夏介汗逃，初至德干，无何，折转而东，突入孟加拉，攻据其地，并取巴哈，俄又败窜而南。一六二五年，父王之愤怒渐平，王子于是屈服，而遣其长子二人入朝，然终不敢北归，而见其父也。其佐王讨叛军者，则大将麻害拔德汗（Mahabat Khan）也。汗既平定内乱，建立大功，王妃立赛忌之，必欲置之死地。汗知其意，大惧，谋叛，一六二六年，涧汉格偕妃立赛出巡介不娄。汗率亲兵于途中围之，执王，而妃逃去，立赛谋用兵力夺王，不成，后以阴谋救其出险。麻害拔德汗乃至南方，与夏介汗合，然王子之势已蹙，而不可有所为矣，将往波斯，会闻其弟与之争立者值死，遂止。其弟之死也，官书谓其醉酒而病，或疑夏介汗命人毒之。明年十月，涧汉格死；又明年，夏介汗自南方归都，乃即王位。

涧汉格在位二十二年，暴躁易怒，当其心平气和之时，往往以公平为归，值其暴怒，则严刑好杀，乐见罪人惨死之状；惟好美术，喜游于山水之间，每于炎热之际，辄避暑于风景美丽之克什米亚。其所记之天然景物，精审明确；王又善于绘画，精于音乐。其宗教观念，殊难定其为某教信徒，然固深信上帝也。其在位也，国中殊少重要之大事，政治多遵其父阿刻巴之成规；领土则其所得之要塞，不及其丧失堪得哈之广大也。于此可见蒙古儿帝国之兵力已衰，而王殊无才能也。决狱，王则遵其父制，每日亲受人民之上控者三。及晚，则痛饮大醉。朝廷官吏之俸金颇厚，王尝命英人号应斯将兵四百，而其年俸，约当银币五万元。王曾赐其侍者之养老金，年凡五十万元；其位不过中级而已。盖时赋税甚重，府库充实，王固未尝为人民幸福之计，而有所建设也，徒厚官吏之俸金耳！

夏介汗之穷奢 涧汉格既死，其二子争立，少子则在北方，夏介汗则远逃德干。阿赛夫汗时在朝中，欲其婿夏介汗为王，先即保护其二子，暂奉顾苏之子嗣位，而阴遣人急召夏介汗北归。王子之称王于北方者，昏庸无知；阿赛夫汗诱而擒之，遂瞽其目。既而夏介汗自南方驰归，密令大杀宗室；其不死者逃之波斯，仅一二人而已。一六二八年二月，夏介汗即位。其后三十年中，国内虽有叛乱，然皆不久即平；族人无敢争立者，盖因大杀而有所惧也。王遂得暇，专从事于聚敛及收罗珍宝矣！其府库之充实，远过其祖，尝筑坚固之库于地下，一以贮金，一以藏银，方七十尺，高三十尺，其库中之珍宝亦夥。乃建殿曰孔雀，王位居中，其状如床，下承金足，上有高殿，殿柱十二，涂之以金，各有孔雀凡二；二雀之间，则置一树，以金刚石、美珠、良玉珍宝饰成者也，光彩夺目，历七年始成，其价值不知几千万矣。惟其造作过甚，殊少自然之致，故无美术之价值焉。其后波斯夺之而去，夏介汗之穷奢极欲，皆取之于民，而不问民之痛苦也。一六三〇—一六三二年之间，德干、歌甲来得大旱，岁无收成，人民相弃，鬻其子女而无购者，初食狗肉，或磨死人之骨和面为饼；后则人自相食，于是死者塞途，生者离乡四逃。英商贸易于印度者，记载当时之惨状尤详。蒙古儿政府，则无具体救济之方法，仅减田税十一分之一；其征收者，犹占十一分之十。噫，民诚不知其死所矣！税吏则强迫农夫，罄其一切所有，以纳赋税，宜印度之著名史家尝谓蒙古儿帝国乃一有组织之盗贼也。

夏介汗之正妃，已如前述，阿赛夫汗之女也。妃于归之时，王子年方二十，而已有子二人，妃后生子十四。迨夏介汗之季年，诸子争立，骨肉残杀，皆其所出也。其夫妇之爱情甚笃，其为人也，今不可考，其夫专宠之者，凡十九年，斯见其必美艳有才矣。妃因新产病死，时年三十有九。

夏介汗时方远征南方，闻之，哭泣甚悲，即归北方，后兴大工，建美丽之墓于阿格，以安其尸。其墓以雕刻之石筑成，世界著名美术之一也。妃死之明年，王用兵压迫天主教徒；说者谓妃先主其事，而实葡人自取其咎也。先是，葡人来至孟加拉而经商于其地，后据刘格那（Hugli）海港，神父随之而至。葡人专横，劫夺印人之幼童，而远鬻之为奴，尝得妃之侍者二人，索之不得，故恶葡人，而又疾其传教也。夏介汗知之，密命孟加拉之总督，预备驱杀葡人，一六三二年，出兵十五万人，围攻刘格那，三月陷之。守兵仅约千人，居民多天主教徒，葡人强其改奉宗教者也，遂备受虐待矣。王之宗教政策，异于父祖；同年，诏毁印度教徒新建之大寺，全国所毁者，虽无确数，而波罗尔斯一城，已有七十六矣。

南征 境内平安，夏介汗乃欲扩张领土，一六三〇年，亲征德干，会岁饥馑，又闻妃死，悲痛欲绝，命将主持军事而自归都。其军所到之地，焚劫屠杀，惨无人理，良田遂成荒芜之地。既而阿麻乃格复叛，其相据要塞固守，王军攻之，久不能下，乃出重财赂之，遂降；于是阿麻乃格随之亡矣，时一六三二年也。三年之后，王遣使谕南方诸国内附，其重要之要求，则入贡于蒙古儿帝国，而不助其敌国也。小国惧其兵威，许之；强国巴介泊（Bijapur）王谓其严苛，弗许。使者回报，夏介汗大怒，遣兵伐之，其训令则有“尽尔等之力，屠杀其人”。兵分三路前攻，专从事于劫焚、淫杀；会天大雨，军不得进。巴介泊王知其不能战胜，遣使请和，许之。其议订之条约，然轻于向之要求。一六三六年五月，夏介汗批准。七月，诏其子奥兰介泊（Aurangzeb）为德干总督，王子年方十八。其地之叛乱，尚未大定，行政困难。其长兄大来·锡古（Dara Shikoh）侍王，乘间短之，遂失其父之爱信。一六四四年，奥兰介泊闻其妹重伤于火，归都视之，未几，迫而辞职；盖父王怒之，而王子亦自知其生命危险也，明年，委以难职，父子兄弟之间，猜忌已成。

堪得哈之战 初，波斯于一六二二年，进据堪得哈；其地为印度波斯二国贸易必经之所，而又军事重镇也。涧汉格力欲恢复，而因其子作乱，不能出师。一六三八年，夏介汗利诱守将而复其城，遂欲因之征服俄格斯河流域；遣兵前攻，数战胜矣，而统兵之王子，急于归都，不肯前进，乃失时机，复遣奥兰介泊西征，不胜，诏其为木里坦之总督。一六四八年，波斯攻堪得哈甚急，奥兰介泊帅重兵往援，而已城陷。于是围攻其城，而波人防守极严，攻者多死，乃退。夏介汗犹主报复，竭其三年军事预备之力，一六五二年，诏奥兰介泊将军前攻，又不胜归，盖炮火力弱，而守者殊死战也。明年，其兄大来・锡古欲立奇功，亲率兵往，力攻五月，而不能下，遂归。自是而后，蒙古儿帝国始罢西征之役。此数战也，夏介汗竭其国内之精兵财力，围攻一城，而竟不能下之，共耗二万万余元，劳民伤财，莫此为甚！

奥兰介泊三败于西北而归，父王及兄恶之，不得久居于朝，遣往德干，诏为其地总督。总督之行政，难于向时，盖自王子去职，官于其地者，虐取于民，农民流离，而地荒芜也。于是收入大减，府库空匮；王子出其私财，以助军用，数求助于父王。父王多弗之许，偶尔与之，则必核减其数；王子无奈，转求理财之道。其方法则任用贤才，丈量田地，定其税额，以奖农业。其土硗瘠者，免其田税。民之纳税也，许其输谷于官；于是农民归乡，耕者渐多，境内粗安。王子遂欲肆其兵力而兼并邻国矣。会密尔・救那（Mir Jumla）来归；救那初本波斯之商人，后仕于歌抗那国（Golkonda），数立军功，复练军队，雇用欧人，购买利炮，既而叛而独立，归降蒙古儿帝国。一六五六年，奥兰介泊将兵进攻歌抗那，其王拒战不胜，数遣使者求和于夏介汗。夏介汗许之，诏其子罢兵；王子怏怏而归。明年，进攻巴介泊，破其名城，几亡其国。父王又命其罢兵而归，乃许巴介泊献要塞，出财宝以和。一六五七年，夏介汗病危，王子始不用兵于南，而将争立于北方矣；明年，遂有骨肉残杀之惨剧。

家庭之变 夏介汗既病，其四子争立，皆同母兄弟也，位为总督，统治军队，而地大兵强，足以为乱。王则爱其长子大来·锡古，欲其嗣位。锡古居于宫中，常在父王之左右，其所治之地，则委长官代理。次子苏介（Shuja）则在东部；三子奥兰介泊远在德干，少子流来得·巴刻希（Murad Bakhsh）则在西方。四子业已成人，而皆好勇思逞，各有为王之决心，非战胜而王，则宁死耳。锡古虽为回教信徒，然好印度之哲学，常与学者讨论，且谓“《有盼立得》亦上帝之默示也，惟早于《可兰经》耳”，又与神父相善。其弟则热心回教徒也，深恶其兄。印人多助锡古。及夏介汗病时，苏介首先称帝，铸钱而印其名，流来得继之，奥兰介泊则集大军，尽收渡船，以运输军队于印度斯坦，后乃委任官吏，赏赐爵禄，复与其弟流来得议定半分领土而王，合兵北犯。锡古之长子时统兵拒战苏介于东方，而朝廷无将；夏介汗令其臣二人，共同御敌。二将不和，号令不一，而敌已据险要之地，攻之，大败而逃，二王子率军安渡涧保娄河。败闻，京师大震，锡古亲将精兵出战，二军战于阿格之东。印人之助锡古者，冲锋猛勇，锡古骑象督战，而敌军亦殊死战。流来得面受三创，身骑之象，垂矢如猬，而犹策象奋勇前进。既而炮火集于锡古之骑象；其将请其易马，王子从之。军士见象无人，心谓主将死矣，大惧，弃械奔逃，奥兰介泊获而有之。此役也，奥兰介泊之王位定矣，其他战争，不过小战而已，遂乘其战胜之威，进据阿格，尽有府库之金，并囚其父于宫中，后终未之见也。俄而计杀其弟流来得，乃即王位，惟未用其名于祈祷及金币耳。锡古既败，逃于西北，奥兰介泊统大兵追之。会东方有变，旋师御之，大败苏介及锡古之长子。其后二人皆死，奥兰介泊之长子通敌亦败。锡古则四出求援，终无所成，后将逃之波斯，其亲爱之妃，适病而死；妃偕王子远逃，备历辛苦所致也。王子所在失败，又丧其妃，心昏意乱，无意于人世矣。土酋执而献之，奥兰介泊遂杀其兄，其死，盖死于情者也。其后王宥其兄之幼子，而妻之以女。盖其王位巩固，而不患其谋叛也。

奥兰介泊禁其父于宫中，命宦官监之。其父深受精神上之痛苦，初以宫女自娱；后则失望益甚，虔心祈祷，盖将忏其“业”也。一六六六年一月，始病而死，享年七十有四，受制于宦官八年。吾人观其一生，为子则叛其父，为弟则死其兄，为君则大杀宗室，为父则令诸子残杀，其差强人意者，则夫妇爱情之笃，而不忘其妃耳。其君临臣下也，残酷好杀，而自信其公允，臣下偶违其命，则令人以毒蛇咬之，乃设专员饲蛇于朝。其出蛇噬人也，王则高坐视之，以为娱乐；又尝驱象支解罪人。其影响之所及，则各地之总督，亦淫刑以威民也。欧人之旅行者，其对于印度之感想，则法重威严，赋税奇重，而人民痛苦也。其政府之严酷若是，史家固犹认其为蒙古儿帝国极盛时代也。王虽丧失堪得哈于波斯，外人然未扰其内部，国中相安者，垂三十年。美术因而发达，乃成灿烂之时代；其最著名者，则王妃之墓太甲（Taj）也。其雕刻盖融合印度波斯之式，而神其技也。工程共历二十二年始成，见者莫不为其所动，而赞其登峰造极也。图画颇受西方之影响，作品亦有生气，文学则波文历史之著作极多。

第十七篇

奥兰介泊加冕后之初政　宗教政策之改变　麻剌赛王昔外嘉　奥兰介泊之南征及其政策失败之原因

奥兰介泊加冕　一六五八年，奥兰介泊起兵，败杀二兄一弟，并囚其父，遂握政府之实权，且自称王矣，明年，举行加冕之礼。其残杀兄弟也，尝致书于其师以自辩，谓其动机出于自卫。吾人苟以蒙古儿皇室之往事为证，其言殊确，然既战败其兄，土酋献之，更何必虐杀之耶！及其即位，诏除苛税，而禁官吏征收；第当时之著名史家，谓国中之官吏征税如故，盖王徒以具文，借博人民之爱戴，而官吏又营私舞弊也。王之为人也，富于经验；即位之时，年逾四十，信奉顺立派之回教甚虔，而欲扩张其势力于印度，乃变其先祖阿刻巴之信仰自由政策，以摧残异教及其他派别之回教。故不问若大之牺牲，人民之反抗，而自信其宗教责任，事必当行也！就王之能力而言，其思想力强，文学优美，善于外交，将兵勇敢，治政精明，判狱平允，信神虔诚，顾以狂谬之宗教观念，而其所行之政策，徒召人民之愤怒，而竟归于失败也。

奥兰介泊之争位也，降将密尔·救那率其精兵炮卒助战，及其大败二兄苏介，命救那统兵逐之于东方，事定，任为孟加拉总督。无何，缅甸人侵入境内，劫夺军械而去；救那大怒，将兵伐之，且将乘势征服其地，大军深入雅鲁藏布江流域。其地多山，军行困难，既入山中，会天大雨不已，军不能前，而粮糈缺乏，乃下令退军。及抵孟加拉，全军人数，其生归者，寥寥无几；实际言之，则未有所得也。救那积劳气愤而死，奥兰介泊闻之大喜，盖心忌其能也，改命其族人业斯大汗（Shyista Khan）继之。汗初为德干总督，不能防贼，而几为其所杀，上奏辞职，故有是命。其治孟加拉也，垂三十年，后逐葡人，除灭海盗；英人尝至其地贸易，而欲攻取蒙古儿帝国，汗战败之。

宗教政策之改变　奥兰介泊即位之初，国内除边境而外未有战祸者，凡二十年。迨其王位巩固，乃本其狂谬之意见，而将实行其政策，即毁印度教之神庙，而禁异教也。一六六九年，诏令各省总督，毁印度教寺，而严禁其学者教授生徒，及祈祷偶像；斯诏也，不啻与印人宣战。其远地总督，因其困难，自不能一一奉行，然其所毁之神庙，已不知凡几矣。王自取其珍宝，而以其材料，建筑清真寺；印度之著名大寺，得免于毁者，其数盖少；于是渐起来介之怒；来介者，犹言来介泊得之王也。其领袖为印人所敬而王所畏者。则介斯温得信（Jaswat Singh）也。会信统军御贼于南方，不胜；奥兰介泊罢免其职，而命其将兵于印得斯河之西以辱之，盖印度教徒谓其地不洁故也。一六七八年，将军忽死，或谓奥兰介泊遣人毒之所致，死者之二子犹在襁褓，王命人夺之，而欲养诸宫中，借以改其宗教。其侍卫忠于故主，不可，格斗而死，二子得免。其母携之，归其要塞。奥兰介泊出师来讨，其邻之来介闻之大怒，出兵助战，蒙古儿军队攻之不下，后王亲征，亦不能取其地也。

介斯温得信死后之明年（一六七九年），奥兰介泊反对异教益力，竟欲恢复其祖业已废除之印度教徒之人口税，以困难印人之生活，而明示其改奉回教也。臣下言其不可，上奏极谏，其文甚长，吾人不能述之于此。其大意则为“废除人口税制，乃本朝先王之盛德也。先王因之战胜强敌，国势兴隆，而小国要塞相继臣服。及陛下嗣位，疏外臣民，境内不安，终则将有失地之虞，人民深受痛苦，而各省患贫，人口数减。陛下所信之上帝，乃世人之上帝，而非独回人之上帝也。其奉回教或否者，皆平等于上帝之前；是故摧残人之宗教习惯，不足以得上帝之愉乐也！要之，人口税之专征印人，至不公平，亦非良善之政策，既能贫国，而又违反印度斯坦之律法也”。奥兰介泊之意已决，得其奏文，置之不问，终下征税之令。印度教徒之痛心于王，不待言矣。先是，王罢史官，并禁私人著述历史，其心殊不可知，或患臣下引古以议其政也。故其大事发生之年月，史家所传，或不同也。

王时以来介泊得叛乱，遣其三子次第往讨，战祸几及三十年之久，而不能平。爱子阿刻巴（Akbar）且欲借来介泊得之兵力，而自称帝，一六八一年一月一日，叛而从敌。奥兰介泊爱子心切，致书与之，许赦其罪，并陈利害，招其来归。书中诋来介为人形之魔鬼，备有兽容兽心之罪恶人也。阿刻巴复书，首为诸子之地位相同，得有父业。“夫以子叛父者，陛下也，今师陛下之故智，步陛下之后尘，而陛下其能非之耶！”中论先祖阿刻巴，尝得来介泊得之兵力，而定印度斯坦。来介不爱其身，而助先王，今则视如寇仇。继言国内不治，贿买官爵，官吏贪墨，残贼百姓。末劝其父逊位，而修养其灵魂，且讽刺其不能孝敬其父，而重责其子也。王子之答书，措辞尖俏，意极刻薄，然其才能固不如父也，乃贪于娱乐，不即引兵进攻，及其前进，而王之援军大至。奥兰介泊复施诡计，遣人诈称王子来归，以离间其援兵；来介泊得果中其计，按兵不动，迨知王计，而时机已失，大势一去而遂不能有为矣！王子败逃于南，后入波斯，而死于其国中。奥兰介泊既久攻来介泊得而力不胜，乃许之和。

麻剌赛王昔外嘉　奥兰介泊不能逞志于来介泊得，而欲用兵于德干，收并其地，且将逐其叛子阿刻巴也。会闻强国麻剌赛（Maratha）王病死，遂于一六八一年，亲征南方。麻剌赛地在德干西部，北起于那败戴河之南，迄于过那，东界大河，西濒阿拉伯海，都曰补来（Poona）。观其地势，则立国于西高止山中；其山巅之平地，宜于居住耕种，下有天然之险要护之。后因形势雄胜之地，建有坚固之要塞，山中又复多水，故能坚守，而敌不易进兵仰攻。居民皆操麻剌赛言语。古代书籍无其国名，亦无其人之活动记录也。其人身短力强，各部均适，惟不美丽耳！其行动也，活泼耐劳；其处事也，重视结果，而未尝顾及方法之当否。其成强国者，则其王昔外嘉（Sivaji）之力也。

昔外嘉生于一六二七年，初，其父土酋也，先仕于阿麻乃格，后降而臣于巴介泊，其王委为总督；其母信奉印度教甚虔，影响其子者颇深。昔外嘉年及十九，弃家潜逃，出而为盗，收聚党羽而为之首，扰于巴介泊之境内。其王遂疑昔外嘉之父，命械囚之，尝有性命之忧。既而昔外嘉之党徒大增，占据要塞，收服西高止山土人。土人愚拙，素有野蛮民族之称，昔外嘉练之为兵，皆勇敢耐劳，忠于其主；其人居于山中，熟于山道，登高奔驰，捷若猿猴。于是昔外嘉之势渐盛，并其邻近之部落，而筑坚强之要塞。当斯时也，巴介泊方患蒙古儿军队之攻入，不敢分兵出讨。一六五九年，奥兰介泊率其大军，争王位于北方，王乃遣大将统精兵万人往讨，军有重炮战马，声势张旺。昔外嘉知其可以智计，而不能力敌也，遣使请和。大将命婆罗门某往，使者反与之相结，议定计划。及归，言其诚心受抚，约见于某地，并谓率卫兵而往，则有胁服之迹，不如只身见之。大将信而从之，及期而往，从者一人随之，昔外嘉偕一从者亦至。既见，拜泣于大将之足下；大将屈身，将扶之起，昔外嘉袖出虎爪乘其不意刺之。虎爪者，印度极利之匕首也，大将既伤而死，将士闻之大乱。昔外嘉即攻其众，遂大败之，而尽获其辎重，器械及战马四千。自是而后，巴介泊王不能制之矣！昔外嘉乃劫扰于蒙古儿帝国之边境。一六六〇年，奥兰介泊遣族人业斯大汗统军御之。汗至其地，昔外嘉与其党徒，出没无常，飘忽不定，而时劫其辎重，大将不知所为。会雨期至，大将令守辅来以自固，而昔外嘉忽偕其从者数人，入其寝室，刺之，未及其身，而削其三指，其子则死于难焉。盗复逃去，业斯大汗上奏请归，王改任其为孟加拉总督。

业斯大汗既去，奥兰介泊诏王子刘散（Muazzam）及大将介信（Jai Lingh）拒贼，不胜；盗攻苏来得海港，破之，声势益壮。介信者，印度小国之来介也，遣人往见昔外嘉，而说其归顺朝廷。一六六五年，来归，俄之阿格，以王待之甚薄，潜逃而归；距其离国之时，仅九日耳。无何，介信之子毒死其父，盖密受王命而然，王将进行其虐待印度教徒之计划，而患之故也；改委介斯温得信继为大将，亦不能胜。王子与信受贼贿赂，赐以来介之称，安抚其心。昔外嘉乃理内政，未几，又蠢蠢然欲动矣；长官无奈，与以田税收入四分之一。其与之者，则保护其地，禁止劫掠。既而昔外嘉复破苏来得港，大掠三日，惟未扰及欧人之商馆耳。斯时，北部之介得（Jat）农民，不堪痛苦，起而叛乱；其势蔓延于都城附近，王命大军往剿，而乱者拒斗甚力，死者极众，然终不能根本平之也。其后一六九一年复起，破英主阿刻巴之墓，而火其尸，其他之纷扰，则以西北阿富汗人为最烈，故蒙古儿帝国，殊无余力，以御麻刺赛也。昔外嘉遂自称王，一六七四年，举行加冕之礼，后二年，进兵南攻，所向有功，乃许之和，而与其缔结同盟条约。于此势力张旺之时，而昔外嘉忽于一六八〇年病死，享年五十有三。彼以一盗起兵，而竟立国称雄，印人从而赞之，吾人固当知其所以然也。

昔外嘉初受印度教之影响，至是，礼敬婆罗门，不杀耕牛。遵守阶级制度，其至友二人，皆印度诗人，而尝劝其为善，昔外嘉虽未尽从其言，而极敬之。自印人视之，奥兰介泊方毁神庙，禁止宣传教义，又以宗教之不同，而苛税印度教徒；昔外嘉则保护其宗教，而群众认其为救星也，且其战争常胜，组织有方，亦足以供给愚民传说之材料，故有谓其实天神下降于世，而成空前绝后之英雄也。其率党徒之从事于劫掠也，严禁其徒，焚毁清真寺，宗教书籍，及伤辱妇女，又禁其劫掠贫民之财产，而不取其铜钱、铜器，专夺富人之金、银、珍宝，归则必献于上。其治军也，号令严肃，迥异于当时之习惯，无论何人，不得携带妇女入营。其军初无骑兵，后乃有之，共分步兵、骑兵、水兵三军；其战术，则人自为战，乘隙捣虚，而能以寡胜众。其治国也，根据于印度之思想，昔外嘉总管政事，下有长官八人，而宰相为之首。地方长官，其下亦有八部，此其所以动人也。其国中之领土褊狭，而政府之收入大宗，则恃劫掠与保护地四分之一之税也。境内常以久战之故，不得安种，而官吏之压迫殊甚！据当时旅行家之游历其地者，记其人民之生活状况，苦于巴介泊之人民。吾人于此不可忘者，则麻刺赛乃盗国也；其王虽有美德，固盗魁也！无辜之印人回人，既伤其财，而又受其害死者，不知凡几。

奥兰介泊之南征　昔外嘉病死之明年，奥兰介泊欲乘其丧，削平南方，亲督军往，历久战争，始败其子阿刻巴；其子出亡波斯。王攻巴介泊国，一六八六年，力陷其都，其王出降，奥兰介泊囚之，后复令人毒而杀之。其邻歌抗那（Golkonda）国王，方从事于游乐，而委政事于婆罗门。奥兰介泊深恶印度教徒，闻知其事，大怒，一六八七年率大军进攻。其王改其恶习，而亲督军，其守将拒战尤力，蒙古儿之军队竭其攻城之力，而不能下，乃重赂其偏将，以启城门。门开，蒙古儿之军入城，守将率兵巷战，借以挽回颓势，身被七十余创，而终不能为力矣。奥兰介泊嘉其忠勇，令医治之；复攻麻剌赛，一六八九年，生获其王宰相，残酷杀之，而养其王子夏胡（Shahu）。于是蒙古儿帝国之势大伸于南方。先是，王之围攻巴介泊、歌抗那也，其子刘散心甚怜之，且通敌军；父王闻变，捕而囚之。一六九四年，叛子阿刻巴率波斯之兵侵入西北，奥兰介泊因宥刘散之罪，而委以介不娄总督之职，将兵御之，阿刻巴久战不胜而去。

奥兰介泊之南征失败之原因 奥兰介泊自获麻剌赛王而后，方信将平南方，凯旋而归，乃事与其所望者适反。麻剌赛王之弟继兄嗣位，无何，病死，其妃摄理国政，远至南方。妃颇有才，知人善用，二国构兵不已，奥兰介泊之计划，于是归于失败。其军队之多，供养之巨，终无所成，其故何耶？曰：王之精力衰微，而犹总理军事，军力耗于围攻要塞之下，而其攻陷者，数殆一二，余皆以金钱贿其守将而降。诸将之进攻不力，而王子又隐通敌，且其地之瘟疫大水，时碍军事进行。当其驻兵于南方也，意大利人觐王，记其御营，地占三英里之面积，全军共三十英里，军队凡五十万人。军中有市场二百五十，货物齐备，进退不易，宜其不能胜也。一七〇五年，王病，初犹振作，后乃日衰，退于阿麻乃格，一七〇七年二月而死，在位垂五十年，享年八十有八。其留于南方而不归都者，凡二十六年，人民因之深受痛苦，其死晚矣。方其病危而卧于床也，亲草三书，致于其子，意略相同，颇有悲伤忏悔之意；兹节译其文如下：

朕不自知将为何人，而往何所，且不知孽重之罪人何所遇也！今将告别世人，脱离世界，而信托臣众于上帝矣。朕之荣誉诸子，不应自相纷争，而杀伤人民。人民，则上帝之仆也。……朕之昔日，未尝泽及生民，上帝常在朕心；第朕眼昏暗，而未识其光明。……今后可无望于朕矣！……军队紊乱，虽朕离开上帝，而亦知其不能为力，心中时感不安。……朕方失望于朕，更何望于他人耶！……朕孽良深，不知将受何罚矣！……

奥兰介泊之为君也，一言以蔽之，曰，失败而已。其原因略见于上，即其宗教思想之狂妄，既失大多数印人之同情，而又疏其能战之来介泊得也。其他之重要原因，则不信任大臣也，事苟非其判断，则心若不释然。其久留德干而不归者，监督诸将，指挥进兵也；及其年高，犹欲以其风烛残年之一身，总理全国之行政军事，如之何其可也！其信大臣诸将之不专也，长官遂无负责之心，而欲有所成也，且王之性情冷于冬冰，未尝亲爱其臣或妃也，臣下之爱王者，盖亦鲜矣。其治国也，遵其先祖阿刻巴之遗规，惟已失其精神，而无效力矣！其军队数多，吾人以其战争之结果而言，不过备数而已。王虽有才，然于文学美术，未尝奖进，反妨碍之，若去史官而禁历史也。综观其内政，殊无价值之可言，外交则迥异于昔日。当斯时也，葡人之势日衰，英之商业转盛于印度；荷人进据南洋群岛，丹麦人，法兰西人，亦至印度。英商建筑之商馆，效力大著于昔外嘉掠于苏来得之时。商人遂有征服印度之雄图，进攻孟加拉，不胜而去，然其基根已立于印度矣（其事详于后篇）。

第十八篇

欧亚之交通　新航路之发见　葡人之经营东方　欧洲诸国逐鹿于印度之概观　英人经营印度之始及其东印度公司之成立

欧亚之交通　自亚列山大东征以来，欧亚之交通进步，东方之丝、茶、香料、珍宝，颇为西方贵族富人所好；其操东方贸易权之商人，则立致富。其贸易之路凡二：一曰陆路，一曰水道。陆路则自印度而入波斯，次至小亚细亚，而后达于欧洲。其往来也，商人以橐驼，重载货物，所谓橐驼队也。水路则渡阿拉伯海，而抵埃及，然后输入欧洲，迨罗马帝国成立，领土包有埃及、叙里亚，其贵族富人皆好奢靡，而欧亚之贸易，益为发达。其后虽或间断，然犹未绝也。及七世纪，阿拉伯人，征服埃及、波斯，回人掌握欧亚交通之管钥，而欧亚之直接商业，于是中断；盖回人渐垄断商业，而独专其利也。葡萄牙人于十五世纪，深羡其利，王子亨来（Prince Henry）奖进航行，以求直达印度。王子在世，其事业未成，及其死后，而其冒险之船长，次第发见新航路于非洲。其先达好望角者，则罗外斯（Bartholomeu Diaz de Novaes）也。罗外斯航行非洲之东岸，信其可至印度，乃鼓轮返，一四八八年，始抵国都。其发见新航路之年，则一四八七也，而俗谓之一四八六年云。

新航路之发见　发见好望角之信息，传于欧洲，富于冒险性之船长，勇气倍壮。一四九七年，葡人外斯古·达·敢玛（Vasco da Gama）率船三艘，欲绕道非洲而至印度；其船殊小，能载之重量，仅一百二十吨。途中幸得印度之水手为导，一四九八年五月二十日，抵太密楼之西岸海港曰葛利刻得（Calicut）。印人之王于其港者，待之颇厚。阿拉伯之商人，闻葡人之远来贸易也，妨其专利，阻挠甚力。达·敢玛苦之，乃购少数货物而归，明年，船抵葡京。欧印之新航路既通，葡人已得贸易之机，固不愿坐而失之也。一五〇〇年，葡王遣将率海军东渡，及抵葛利刻得，印人许其建设商馆，葡商后至可陈（Cochin）。凡其所至，以其宗教及利益冲突之故，深恶回人，遂尽死之，可谓残酷矣！葡王又得罗马教皇之许可，而称战胜航路商业之王；其地则限于波斯印度等。观其尊称，则可知其心雄，而非专为商业者也。

葡人之经营东方 葡人伸其势力于印度，国中乃分二党，其一坚持扩张海军，其理由，则谓苟非海军，势将不能维持其印度之商业。今建要塞于陆地，其失盖不知葡人之数少也，要塞增多，则势分而力愈弱也。其一主张进据通商之要区，而直接治之，奖励葡人印人互相通婚，而使其成为葡萄牙之殖民地也，其不能据有或殖民者，则筑要塞；其又不能者，则令其王纳贡，承认葡萄牙为其上国而臣属之。其主张后之政策尤力者，则阿流桂刻（Affonso de Albuquerque）也。阿流桂刻生为葡之贵族，及长，敢于冒险，不畏困难，尝立战功，一五〇九年，葡王委为印度总督，及至，本其政策，仇视回人，而颇亲近印人，后知过那海港形势优美，能容巨船。其地时方属于巴介泊国；会其居民，不堪其王之重税，隐谋叛乱；阿流桂刻因于一五一〇年，攻取过那。俄而巴介泊王遣兵反攻，葡兵败逃登船，值得援兵，复据其地。阿流桂刻令兵屠杀回人，老幼妇女，鲜得免者，又纵其兵，大掠三日。事定，修城筑塞以防回人来攻。阿流桂刻之治过那也，厚遇印人，雇之为吏，设立学校，教其子弟，严禁夫死妇焚之恶习，复患守兵力薄，召募印兵。欧人之募印兵者，始于阿流桂刻也；其心则欲印人忠心于葡王，乃命葡兵婚娶印人之妇女，而留住于印度。其所生之子女，颜色黑于普通之印人；今日居于西岸，尤以孟买为最多。然其堕落久矣，其所奉之宗教，则天主教也。

阿流桂刻既据过那，尚未餍其所望，其目的则欲尽夺回人欧亚贸易之权。西方香料，来自马来半岛；麻刺甲（Malacca）为其货物运输之中心，商业因之发达。华人、印人、阿拉伯人之经商于其地者甚众。一五一一年，阿流桂刻率兵舰驶往，借端攻取其地，除杀回商而外，余人许其经商，又筑要塞，驻兵守之，明年，西渡，始知巴介泊王命将率重兵进攻过那甚急，先即使人往告守将，令其坚守待援，乃聚援军而往。既至，过那之守备益固，回兵久攻不克而退。阿流桂刻意渐骄傲，且欲掌握红海航路之权，西攻亚丁（Aden），不胜而去；一五一五年，遣将攻据波斯湾之要港，于是葡人之势大张。未几，葡王疑之，阿流桂刻愤怒而死；葡人之继为总督者，无其才能。当斯时也，过那与蒙古儿帝国之关系，多赖神父往来其间，阿刻巴等尝求神父于葡人，其意殆欲购其枪炮也。葡人之往孟加拉者，后因盗贼之行为，而见杀于蒙古儿之军队，然于过那，则非蒙古儿帝国之所能为力矣，盖国无海军，而力不能管治海上，且器械远不相及也！

葡人垄断印度洋之商业，垂近百年；其兴也勃然，其亡也忽然，其故何耶？曰：葡人仇视回教信徒，而与印人相善，其买卖之大宗货物，则与未介兰格之商人往来，一五六五年，其邻回国并灭其国，过那之商业因之大减，葡人之恶回人者，根本言之，其宗教观念之不同也。阿流桂刻之惨杀回人，闻者咸有戒心，及其死后，葡王之宗教政策，尤为狂妄，尝强其地之居民，尽为天主教徒。其反抗者，则令杀之，此足以妨碍其商业发达矣，况其委任之官吏，又以印度之妇女为其娱乐之具，而荒怠不理政事耶！一五八〇年，葡萄牙西班牙合并，共奉西班牙王腓力泊第二（Philip Ⅱ）为王。王奉天主教甚虔，而保护颇力，遣将进攻新教诸国，用兵不已，葡萄牙出兵助之，然其土地褊狭，人口数少，遂无余力经营东方，而其所得之地，次第夺于荷兰、英吉利，乃失其专利贸易之权。过那海港渐无轻重于东方，此其所以迄今犹能保全其地也。

欧陆诸国逐鹿于印度　先是，葡人操纵东方贸易之市场，而欧洲之香料价昂，遂起诸国之忌，荷兰、英吉利之商人，且欲分沾商业之利益，十七世纪之初，乃与葡商竞争商场于东方。葡人势不之敌，荷英陆续夺其要塞、海港。当斯时也，英于印度洋之势力，自其资本、船只、商业而言，远不及荷，二国渐相猜忌。英人尝助荷兰独立，乃诋其忘恩不报，而反阻其商业发达；荷人则谓其尝出重兵，力败葡人，始开东方商业之路，英商坐享其成，其应得乎？二国商人，仇恶益甚，荷人后乃专力经营南洋群岛，其于印度，虽筑要塞，然其留居经商者，数实无几，英之商业，后渐盛于印度。既而丹麦商人，亦东来经商，设有商馆，组织东印度公司。

一八四五年，出卖商馆于英国。法国经营东方，迟于葡英诸国，其王尝奖商人组织公司，而无应者。一六六四年，法之东印度公司成立，其资多出于王及贵族耳。商人之投资者殊少，且其认定之股，往往不能交清；故其经济状况，迥非英比，而其所遣之人，多无商业经验。盖其政策，殆非经商，而实开拓殖民地也。其占据之要港，南部则有旁的治里（Pondicherry），加尔各答之附近则有成德拉哥（Chandernagore）。迨十八世纪中叶，乃与英人争雄于印度。

欧洲诸国始贸易于印度，后乃逐鹿纷扰于其地；其终也，皆非英敌。英遂统治印度，吾人尤当注意其始末也。十六世纪之中叶，西班牙之势甚强，海军称雄于欧洲。一五八八年，其王腓力泊第二，攻英大败而归。英之海军渐强，乃握海上之霸权，英人因欲扩张领土于海外，而分沾东方商业之利益。会香料之值大增，英都伦敦之商人召集会议，议决组织公司，经营东方之商业，请求政府许其专利。一六〇〇年女王依利赛白（Elizabeth）批准公司之章程，许其专利共十五年。章程载明公司，苟无利于英国，则可取消；惟须于二年之先通知。公司之重要职员，凡二十五人，管理员一，委员二十有四，治管公司之一切行政。其投资者，伦敦之商人也。其船东渡经商，则由数人合资前往，及归，而共分其所得之赢余。贵族羡其厚利，渐投资于公司；一六一二年，始改前之章程，而为合股利害共同之公司，贩运香料；商业益为发达，于是大起荷人之忌。

英人经营印度之始 英人来印贸易者，葡商忌其与之竞争也，阻碍甚力，英谋直接请于蒙古儿帝国，许其经商，乃遣船长号应斯进觐涧汉格王，一六〇八年，抵于京城阿格。王待之甚厚，委之以官，而并许其要求；会过那之总督，闻知其事，大怒，将对蒙古儿帝国宣战，涧汉格无奈，乃罢前议。一六一一年，英海军战败葡舰，始能安然经商于苏来得港；不数年，又与葡人交战，复大败之。一五一五年，英命大使汤姆斯·如意往觐涧汉格王；如意留于朝廷三年，记其见闻，殊为审详。其要求于蒙古儿帝国者，虽未一一如愿以偿，然得商业之重要权利焉。其后英得波斯之助，攻取葡人之商港，而控制波斯湾矣！葡商之势既挫，蒙古儿帝国遂无所惧，而许英通商于西岸。英人后往东岸孟加拉。

英人经商于印度东南，备受其地小邦征税之繁扰，商人弗兰斯·戴（Francis Day）遂欲租地。会得葡人之赞助，商于向之未介兰格王；其王败于回国，而逃入极南，因王于其地者也，一六四〇年，租定麻打拉萨，岁纳租金约六千元，英人据有印度土地者，始于此时！麻打拉萨，初为荒凉之沙滩，既无天然之景物，又非良港也；惟濒大河，足资防守耳。弗兰斯·戴既据其地，即建要塞、屋舍，地积方十八里，后乃扩大，英人又筑商馆于西岸，逮一六六一年，英王查理第二（Charles Ⅱ）婚于葡萄牙王之女，其王以印度西岸之小港孟买为其女之嫁奁，其意且欲连英以抗荷兰于东方也，查理轻视其港，出租于东印度公司，年收十镑租金。其后英国借为根据，以扩张势力，且进而为印度之名城矣。同时，英人亦贸易于东岸，设有商馆；会因进攻蒙古儿帝国大败而逃，一六九〇年，复至孟加拉，乃经营今之加尔各答。其地初狭，后并邻近之乡村，而为东岸商业之中心。一七七四年，孟加拉之大总督治理英属印度于此。其为印度首都者，凡一百三十八年。

东印度公司之成立　方东印度公司之据有土地也，势力大盛，一六七七年，英王特许公司铸钱，审决讼狱。一六八三年，诏书许其得与亚洲不信上帝之民族宣战，议和；并得召练精兵，保护要塞。商人乃师葡萄牙、荷兰之故智，而欲征服印度，为其属地，一六八六年，公然对蒙古儿帝国宣战，出兵进攻孟加拉，未几，败逃南方，后得孟加拉总督之许可，复至其地。于是东方贸易，益为发达，而赢余极多，国人忌之，且欲分沾其利，舆论乃反对公司之专利，下院（House of Commons）从而助之，另组公司而与之竞争。旧公司为其利害之故，反对甚力，两党相诋，丑态毕露，旧公司之根深蒂固，而其商人，富有经验，新公司渐不能相抗矣。

一七〇二年，二公司议决合并，数年乃成，复得专利，当十八世纪之初，英国政府欠其款三百万镑，斯见其经济状况矣，其能与之争雄于印度者，惟法而已（其事详后）。

结论 综观欧人之东渡也，其动机发于商业求利之心，及其冒险而至，则认其所到之地，为其势力范围，而将收为属地，若美洲然。盖不知亚洲大陆之异于美洲也，其人民、政治、宗教、学术、风俗，迥非美洲土人之所能及，而葡人乃欲强迫印人改奉宗教，借收旦夕之功，宜其败也，荷兰后夺葡商所得之地锡兰岛等；其政策则垄断南洋群岛香料之贸易。英则海军力强，其至东方者，勇敢有为，又得政府之助，遂能从容经营，既胜荷商，而又败其劲敌法兰西也。法人东来，时已晚矣，又无政府热忱之助，此英所以终能统治印度也！

第十九篇

巴害得夏　昔刻派教徒　麻剌赛之极盛时代
波斯入寇　第三盼立败德之战　英法争雄
英取孟加拉之实权

巴害得夏 一七〇三年二月，奥兰介泊死于南方，有子四人，其第三子阿刻巴叛而逃之波斯，不能争立，而其兄弟三人，皆争王位，不肯稍让，置其父之遗命于不顾。其父初患三子争位，且有三分其国而各王于一方之遗嘱。三子皆无苟安于小朝廷以绥抚其人民也；长子刘散自称王于介不娄，次子少子，亦上尊号于德干，各聚大军而谋夺阿格府库之金。六月，刘散自将重兵直趋阿格，遇其二弟之军于阿格之南。两军会战，二弟军败而死，刘散进据阿格，以其所得之金，分啗大臣、诸将、兵士，军心附之，明年，又往攻其少弟于德干，少弟重伤而死，于是安然王于蒙古儿帝国矣；历史学者以巴害得夏或夏阿兰（Bahadur Shah or Shah Alam）称之。其统军入德干也，先与来介订约，以安其心，借免后顾之忧；又从谋臣之计，礼昔外嘉之孙夏胡而归之。夏胡既归，麻剌赛遂起内哄，暂不能为害于蒙古儿帝国矣，南方稍安。一七一〇年，印度教之昔刻派教徒，大扰于西北；巴害得夏闻其势盛，将兵讨之。吾人于此当略知昔刻派之历史，而明其所以势盛敢叛者也。

昔刻派教徒 昔刻之原义，弟子也，创于先知南乃刻。其人生于一四六九年，而死于一五三九年。所倡之教义，类于当时印度教之改革家；其大意则谓上帝独一，信者苟从事于祈祷，仪节之虚文，则不能得救也；是故阶级必当废除，而世人皆平等也。印人信其说者颇多，而奉先知为首。先知则以头巾，串珠相传，始倡和平改革。而无军事组织之预备，且无政治野心也。及阿刻巴在位，颇善其说，一五七七年，赐地与第四先知，为其宣传活动之所。其后第五先知为人祈福，收入丰富，编纂教义，于是始有《圣经》。会王子顾苏叛乱，求助于先知，先知与以金钱。事闻，一六〇六年，涧汉格令其出金以赦其罪，不可，杀之。其继之为先知者，深受刺激，而渐改变向之思想。当其就职也，其徒献前先知之头巾、串珠，而先知不受，且曰：“剑带，乃余之串珠也。巾则当以王冠之珍宝饰之。”遂趋重于尚武，涧汉格囚之。及奥兰介泊嗣位，仇视印度教徒，尝强第九先知信奉回教，先知拒命，杀之。相传其囚于狱中，私窥王妃之宫。王亲鞫之，其答辞则曰：“奥兰介泊皇帝，臣于狱楼之上，非视陛下之私室，或妃宫也，乃观欧人方来自海上，而将撕陛下之身，及毁陛下之帝国也。”昔刻信徒深信其说。第十先知，则练其弟子为军，先知以利剑激水，而令其徒饮之。其徒环坐，分食面、糖、牛油制成之食品，其意则去阶级也。先知尝佐刘散争位，一七〇八年，为人杀于南方，自此而后，昔刻无先知矣。盖其徒以《圣经》为代表，而视如先知也。其管理教务，而指挥教徒者，则名曰奴，或谓之假先知焉。

至是，奴率其教徒叛乱，于其攻陷之城，则许其众劫掠财货，毁拆清真寺，焚烧房屋，屠杀回人，虽老少妇女，而鲜免于死者。其于殷实之印人，则夺其所有。其加入教社者，则免于虐待，于是声势浩大，巴害得夏闻之大惊，亲率精兵来讨，战败叛人，逐之山中，而主谋起兵之奴他逃，后复举兵，又败而散，其势始衰。昔刻派之信徒虽倡平等，然与印度教徒，殊无径庭之别；按之习惯，一家之中，往往一人信奉昔刻派之教义，不近烟酒，而余众则印度教徒也。其教徒多介得人，知识浅陋，因其宗教信仰之故，好勇轻身，不知困难，此其所以为蒙古儿帝国末年之大患也。

巴害得夏既逐叛人于山中，一七一二年，病死于那何尔，时年六十有九，在位五年。王之性情宽厚，惟无果断之才能，以应事变，而有所改革建设，以利生民也。及其死后，四子复演残杀之剧。噫！兄弟争位，骨肉相残，几为蒙古儿帝国皇室之习惯法矣！其较有才能者，皆死于战，而昏暗者独存，遂安然嗣位，俄而其下弑之，而立其侄为王，是谓夏路嘉牙（Farrukhsiyar），王权因而落于大臣之手，而王徒拥虚名而已。其可记之大事凡二：一、战败昔刻派之信徒，而惨杀其奴及从者千人也。其人自受大创而后，安居无事者，垂近一世。二、王赐给英人商业上之权利，盖时英人赖其医士治病于宫中之效，而朝廷又畏其海军力强也。其后夏路嘉牙无道益甚，一七一九年，其臣弑之，状极悲惨，未及一年，大臣数易其君，后立庸暗之王子，朝政紊乱，于是号令不行，德干、澳得、孟加拉等，相继独立。朝廷诸臣方专心于阴谋，残杀，而无暇顾及之也；内既有崩裂之势，而麻剌赛、波斯、英吉利、法兰西又来纷扰。其终也，蒙古儿帝国不可为矣。兹分述其事于下：

麻剌赛之极盛时代 初，夏胡归自北方，争夺王位，赖次相婆罗门之助，而得嗣位。乃自即位以来，专从事于娱乐，而委政事于次相；次相之权始重，维持境内之治安，而稍有改革。一七二〇年，次相病死，其子保嘉·来奴（第一）（Baji Rao [I]）代之执政。保嘉之才能，优于其父，次相遂为世袭之职，治理国政，而王徒拥虚名。逮夏胡死后，吾人惟知次相之名而已。其掌政权者，垂百余年。方其执政也，麻剌赛之国势膨胀，大伸其势力于蒙古儿帝国之南部。蒙古儿自灭南方回国而后，号令殊难及于远方；而麻剌赛则无强敌矣，于是强令德干长官，岁出田税四分之一，及许其征收附税十分之一。其如数与之者，则不劫掠其地。一七二〇年，蒙古儿帝国之王，许而从之，斯见麻剌赛兵力之强矣。所可怪者，则麻剌赛财政部之账目，至为繁杂，除婆罗门而外，鲜能明之，盖所以维持其地位权力也！迨蒙古儿帝国益衰，麻剌赛出兵来扰，一七三七年，其军突见于特里之附近；然无攻入都城之意；会其邻国进攻边境，回兵败之，其王割地以和。

波斯入寇 麻剌赛扰于南方，而波斯大军，又入印度西北矣。其王来得夏（Nadir Shah）善于用兵，负有盛名，及国中无事，乃欲往扰印度，劫掠财宝、货物，又闻蒙古儿帝国内乱，大喜。一七三九年，来得夏率兵而往，出介不娄，道那何尔，途中无人拒之，及抵朱木拿河流域，距京都特里，不足百里，蒙古儿帝国之军队，始力御之，战二小时，印兵大败，死者二万，其王不敢复战，亲入来得夏之营中。波王待之甚厚，二王同入特里，会城中讹传波王暴死，群众暴动，杀波兵数百。来得夏闻之，大怒，命兵屠杀城中之住民；印王求其免及无辜，久乃许之，死者已数万矣！来得夏复索良工，劫夺财宝，于是三百余年之精华，尽于此矣；又得印得斯河以西之地。其留于特里者，共五十八日，重载无数之珍宝金银而归；夏介汗所建之孔雀殿与焉。

来得夏虽去，而其摧残之地，则白骨遍野，凶年随之。于此祸乱之秋，而特里朝廷，毫无觉悟，日以阴谋、暗杀为事，蒙古儿帝国之颓势，终不可挽也。一七四七年，来得夏为下所杀，盖胜而骄，性益暴躁也。其下阿南得夏（Ahmad Shah）自王于东部，夏，本阿富汗柳来那（Durrani）部落之酋长也。明年，统兵侵入印度西北；印兵拒战甚力，不得志归。后值蒙古儿帝国大臣自相残杀之机，阿南得夏遂取旁加普省，一七五六年，进攻特里，陷之，纵兵焚劫淫杀。明年夏季，军士不耐印度气候之炎热而归，吾人于此当知麻剌赛之活动矣。

先是，麻剌赛侵入北方，以南方有警而归。一七四〇年，次相保嘉·来奴病死，有子三人，长子巴来嘉（Balaj）代之，诸弟争位，后乃屈服。巴来嘉之政策，则巩固国内实力，而与麻剌赛人据地自主者相结，且为同盟国之领袖。一七五八年，次相之弟率兵攻入那何尔，据有旁加普。当斯时也，历史学者，认为麻剌赛之极盛时代。其国中之政权，则已归于巴来嘉之族兄散大秀保（Sadasheo Bhao）。保有才能，改编军队，而定其俸金。其训练之法，则仿自欧洲，并有利炮。其领土，北则达于印得斯河、希马拉亚山脉，南几入于半岛之极南，其非直接受其统治者，则岁纳金。时人谓其势将恢复印度于回人之手；回人王于印度者大惧，遂相连结，共同御之。波王阿南得夏尝据旁加普，及闻印人夺而有之，大怒，复至印度，攻取其地。于是回人印人大战之机发矣。

第三盼立败德之战 一七六〇年，麻剌赛政府大举北征，其同盟诸酋，各将兵来会，又遣人求援于介得之领袖，许之。次相命其子为大将，其子年仅十七，毫无经验，军权则归于参谋散大秀保。保统大军而北，军容极盛，声势浩大。回王大惧，共同合兵，奉阿南得夏为主将以战。既而麻剌赛军，北攻特里，陷之；会雨期至，不能进兵。雨止，阿南得夏自恒河流域而西，令军渡朱木拿河；麻剌赛人苟于强敌半济之时，而据要害，击之，可获全胜；其主将则不知也。二军前进，驻于古代战场盼立败德，先锋队时相攻击。散大秀保乃于盼立败德之军营四周，筑有深沟，宽六十尺，深十二尺，环列大炮。阿南得夏则据险而守。两军相距约八英里；夏则率其亲兵，驻于大军之前，谓其便于防守指挥也，而麻剌赛人断其粮道。军中绝粮，势甚危急，会援兵救之，力战出险。麻剌赛之军营虽固，然以人数众多，而无见粮矣，欲脱险出，而势不能，乃遣人议和，弗许。一七六一年一月七日，散大秀保无奈，遂于黎明统兵前攻，回兵应战。两军相斗，各不肯退。麻剌赛之炮火，优于敌军；日中，颇占优势。无何，阿南得夏命精军出援而前，势若风雨。后三时。麻剌赛军败绩，人争先逃，而弃死者不顾，回兵乘势追杀，印人死者约二十万人，此第三盼立败德战争之结果也。麻剌赛之战败者，则散大秀保之傲慢轻敌也，介得初聚其众助战，保意轻之，愤而退去，又自恃其大炮精兵；先是，诸将请以小队袭战，盖此战术，麻剌赛军行之已久，成效昭著，其屡战而胜者，多其力也。保复不从，乃聚大军固守一地，以无粮而败。吾人亦宜深赞阿南得夏之坚忍果断，而长于用兵也。败报传于麻剌赛国，印人泣其亲属之死亡，而绝其恢复之望矣。阿南得夏因其战胜之威，而欲统一印度斯坦。会其军士不耐印度气候之炎热，叛而作乱，要求归国；阿南得夏止之，不得，遂归。

英法争雄　印人回人方战于北，而英人、法人则逐鹿于南。初，麻剌赛势盛于西岸，欧人不易侵略，乃往东岸；英人之贸易寖盛。十八世纪之始，英人反对东印度公司之垄断商业，公司遂以重利啗其政府，许以低微之利率，而借款与之；英王许其专利，公司之基础，因而益固。其所经营之加尔各答，贸易大盛。同时，法国奖励东方之商业，进据印度东岸之商港旁的治里。欧人尝谓一七四四年，英法于印度之地位，势均力敌。其言虽或浮夸，而二国固相竞争也。就其实力言之，英国东方商业之总额，数倍

图 19-1　加尔各答的佛教寺庙

图 19-2　孟买的钟楼：回教的活动中心

图 19-3　加尔各答黑穴惨剧纪念碑

于法，其东印度公司之经济状况，亦胜于法，英之重要海港凡三，曰加尔各答，曰麻打拉萨，曰孟买；法则仅一旁的治里也。其港在麻打拉萨之南百里，一六七四年，法人据之；至是，其总督柳泊雷（Duplex）乃欲为其根据之地，以与英人争雄。柳泊雷果毅有为，长于外交，且欲收取印度，为法属地；故其政策之实现，必先驱逐英人出于印度。其方法则干涉印度小邦之内政，其谋叛者，苟先商于总督，许以土地，则以军械兵士助战。追其成功，即相结以拒英。一七四六年，英人法人之在印度者，既因欧洲奥大利亚皇位之战（War of Austrian Succession），又以商业利害冲突之故，乃相宣战。无何，法之海军，驶往东方，及抵印度，谋取麻打拉萨，驶抵港外，发炮轰港，共历七日，而英兵守港者，数仅三百，固未死伤一人也。所可惜者，其总督无军事知识，惧而出降也。会柳泊雷之意见，与海军大将相左，言语冲突，而海军忽遇大风，船多破沉。一七四八年，英海军援至，俄而炮击旁的治里；柳泊雷防守有方，拒战勇力，英人死者数逾千人，而不能胜。未几，英法议和，缔结条约，及成，二国训令停战，法归麻打拉萨于英。

战后，柳泊雷之声威大振，谋逐英人益急。会德干南部二国之王病死，国内皆有争位之乱，乃求援于欧人。英人法人各助一党，其政策则利用之以为傀儡，而博取权利也。其作俑于印度者则英人也。其后二国总督，公然出兵相攻；柳泊雷之进行，几将成功，一七五一年，为其势力极盛之时。俄而英人克雷武（R. Clive）拒抗法军，法始败挫。斯役也，英法总督，未得政府之训令而私相战。事闻，二国大惊，召集会议；法遂招回柳泊雷，而英无强敌矣。柳泊雷之失败而归也，由于战败，而亦有自取之咎焉。其府库空匮，商业不甚发达，而置之不问；法人固不愿出其重资以侥幸于一胜也。其报告政府也，铺张功绩，而未言其失败。法人闻其败绩于英，遂大疑之；且其进行之政策，公司之董事，犹不之知；及致报告书于董事会，书至，而其招归之命已出。一七五六年，欧洲七年战争（Seven Year's War）爆发，法遣能将远来印度，谋夺英之海港；将与海军不协，总督又不之助，进攻麻打拉萨，不克。英军追战，败之，围攻旁的治里，一七六一年，陷之；英人毁其要塞，而徙其居民，法于印度之势大挫。其失败者，盖东方之商业远不如英，而其将才，又非克雷武等之比；英之海军力强，而其政府又赞助东方属地之发展，且自一七五七年而后，英有孟加拉之加入，供其军费。吾人于此当述英取孟加拉之始末。

英取孟加拉之实权　初，英人贸易于孟加拉者，尝对蒙古儿帝国宣战；而为其所逐，既而复至，经营加尔各答，其势日盛。迨蒙古儿帝国益衰，各省长官，不受朝廷之命，而自独立。会孟加拉乱，叛将杀其总督而自代之，乃辇金于特里以求朝廷之任命。及委任令下，而又独立如故。总督颇能爱民，境内称治，惟尝败于麻剌赛，而割地纳款以和耳。逮其年老，命孙嗣位，其孙上尊称曰日光（Sirajud-daula）。日光不理政事，贪财无餍，欲夺某印人之财；其人逃之加尔各答，索之，英人弗与。日光大怒，又闻欧洲七年战争，乃欲连法以逐英商，而可尽有其财产，一七五六年六月，令兵进攻加尔各答。守兵力单，拒战败降；日光部将囚其一百四十六人于小室中，空气不洁，又值气候炎热之时，明晨视之，其有生气者，二十三人而已，有加尔各答黑穴惨剧之称。俄而克雷武等，率兵来援，战败孟加拉兵，而另立王，英人遂握孟加拉之实权。

综观蒙古帝国之衰弱时代，内则印人愤怒，昔刻信徒，因而叛乱，麻剌赛因之称雄。其终也，境内云扰，各省自主，赋税奇重，人民流离。外则波人自西北侵入，劫掠财物，英法二国，争长于南。一七六一年，麻剌赛之大军，败绩于回人，于是印人恢复之势大挫。同年，法败于英，而丧其根据之地。英已伸其势力于孟加拉。其东印度公司之势，遂不可侮，而蒙古儿帝国不可为矣。其衰弱者，盖由于专制政府之弱点，而恃君主一人之贤否也。人民无爱戴之心，视其存亡，若不相关，况以宗教问题，而撄其怒耶！其皇室又无立储之法，乃使骨肉残杀，而王自奥兰介泊而后，类皆昏愚无知，群小专权。大臣则于承平之时，专事奢侈，且其军队不可一用也！

第二十篇

过渡时代　克雷武之阴谋武功　英人之贪婪　孟加拉之变　克雷武再至印度　孟加拉之旱灾　米索尔之崛兴于南方

过渡时代　一七六一年，北部第三盼立败德之胜负判决，而南方英法之雄长亦定；自是而后，迄于一八一八年，史家称为过渡时代。英国东印度公司握有孟加拉之统治主权，而乃因利乘便，借其兵力，攻取印度之大半。其初治印度也，采行二政府之制（Double Government）；二政府者，公司统有征服地之主权，而为事实上之政府，又置王于其地；王则承其训命而治其国。其采行斯制者，盖英患其骤并印度土地，而将引起欧洲强国之忌；其政治家乃避其名，而取其实也。公司既采苟安之政策，其政治腐败，官吏贪墨；印人所受之痛苦，遂不堪言。一七七三年，英国政府，始立印度法令，委任孟加拉大总督（Governor General）治理其地；政府之组织渐备。当斯时也，蒙古儿帝国大衰，其皇徒拥虚名；然以历史上之地位，犹未失其尊严也。其夺位称雄者，往往输金以求诏令于特里朝廷焉。一八〇三年，皇权益落，而岁仅受公司之酬金而已。至于麻剌赛国败于波斯，失其恢复印度之望，后则赖其多才多艺之领袖，而势复盛于印度斯坦、德干，其后亦挫于英；回教国之能自主者凡三，然势不足以抗麻剌赛人，此过渡时代印度政治之概观也。其事实之庞杂，而公文书籍及之者，不胜枚举，要多偏于英雄事迹，而近于浮夸之辞。吾人生于二十世纪，所注重者，则其环境、原因、影响，而非繁琐之记录也。其首立大功者，克雷武（Robert Clive）也，兹略言之。

克雷武之阴谋武功　初，英法二国，争雄于南部，利用小国之内乱，而各助其一党；法之总督柳泊雷长于外交，善于经营，其驱逐英人之政策，几将告成于南方矣。英于垂败之时，其转败为胜者，克雷武也。克雷武幼贫，及年十八，远出祖国，而为东印度公司之写字生；公司职员之薪金低微，尤以初服务者为最，克雷武之年薪五镑而已，且不得私贩货物。其始至印度也，又以气候之迥异，生活殊感困难，顾颇忠于公司，服务勤劳。会公司为武力保护权利之计，招练军队，克雷武从军于麻打拉萨，一七五一年，迁为上尉，时年二十六耳。无何，柳泊雷之党势盛，进攻其敌之要塞；克雷武请攻其都尔刻得（Arcot）以解围兵，许之，率欧兵二百，印兵三百，将佐八人而往，进据其城，巡视一周，知其不能拒守，即令兴工修其要塞。俄而敌兵解围还攻，久战不下，而死伤者极多，是为尔刻得之役；英军之声威大振，连战皆捷，而势不可侮于南方矣！

一七五三年，克雷武回英，后二年东渡，值孟加拉王日光贪于小利，而攻加尔各答，捕获英人，囚于暗室，明日，生者无几，故有黑穴惨剧之称。报闻于麻打拉萨，英人大惊，一七五六年，命克雷武统军乘船而往，遣海军助之，及抵孟加拉海岸，而取其要塞。明年，日光遣大军来战，克雷武患之，诈言议和；又以法人之害己也，攻其要塞成德拉哥（Chandernagar），取之。其地在加尔各答之西北，自法人据之，商业渐盛；至是，法人逃之荷兰之殖民地焉。英将既与日光言和，订立条约；但其毫无遵守之诚意。六月，克雷武谋废日光，而立其大臣麻介那（Mir Jafar），乃与麻介那议约。方其秘密进行也，银行家某参与其事，事将泄矣，英将赂之而示以假约，盖患商人谓其政府损失之巨，而报告日光也，商人遂受其欺。约成之次日，克雷武函责日光，而明告其决心宣战，即日，帅军三千而北，共有大炮八尊，日光令步兵五万，骑兵一万五千，及炮五十以御之。及战，日光围攻英军，不成，固守战壕；无何，英军突进，麻介那率其部兵倒戈反攻，日光之军大乱，不战而逃。其殊死战者，惟法人而已，顾其数少，终不能挽回颓势也。英兵死者二十二人，伤者五十，观其死伤之数，可见其非生死之恶战矣，结果则孟加拉之主权归于英人，而立其统治印度之基础矣！

自日光败后，克雷武立麻介那为王，新王深得英人之助己也，赏赐将校。克雷武一人受金二十三万余镑，又得加尔各答以南地之租金，年三万镑。英人之丧其财产于加尔各答者，亦得额外之偿金，吾人按其战祸之由起，近因则克雷武之阴谋也。其造假约，同僚非之，甚有拒绝签字于假约之上者，克雷武终不之顾，其行径无异于盗贼也；其私受麻介那之重金，虽王赐之，然其性质实赂贿也。英人之诛求无餍，而王空其府库以供其欲，卒至军队无饷，酿成事变；英国国会后理其事，克雷武供称，谓知其库无余金。其为人也可知矣！当时，公司虽无禁受酬金之法令，要不当私受其金，而增加人民之担负也！

孟加拉既定之后，英人进而与蒙古儿朝廷及荷兰人接触，一七五九年，蒙古儿皇子举兵叛乱，澳得出兵助之，侵入巴哈。克雷武统军拒之，不得深入，境内始安。时麻介那受制于英，而公司职员之要求无餍，转而恶之，隐与荷兰商人相通。荷人亦恶英之逼已也，欣然从之，其所据之地，距于加尔各答者二十余里，乃公然宣布英之罪状。惟时欧洲二国之邦交犹未决裂，克雷武患之，不待本国之训命，而自强迫加尔各答之欧人及“半欧”人入伍，练之为兵，共得七八百人，会同海军进攻荷人。海军尽获荷船，而英之陆军人数虽少，及战，又大败之。荷人屈服，自是而后，退出于印度之政治舞台，而不敢复有所活动矣！明年，克雷武归国，公司之统辖孟加拉者，多赖其力，时年三十有五耳，故有少年军官之称。其能成功者，印度之势涣散，不能拒英，而克雷武亦有相当之天才焉。吾人于此，更不可忘英之海军也。海军于一七五六年，自麻打拉萨驶往孟加拉，途遇狂风大浪，而能安抵加尔各答者，实其驾驶技能之神巧也；后攻成德拉歌，其作战之勇敢，常为时人所夸；及败荷人，海军亦有力焉。

英人之贪婪　克雷武返英，英人之在孟加拉者，贪婪日甚，盖其东至印度者，多为富于冒险性之少年，其远离祖国，非动于爱国，而印度气候，尤非其所愿也。其动机乃发于求财，而后归国安享富贵耳！印度地在远东，交通不便，而公司国人不易监察；尤有进者，公司职员之薪金极微，苟以廉洁自处者，则难于维持生活，故不啻暗示以受赂也；且其所处之环境，道德沦亡久矣。特里朝廷，方以阴谋相争，官爵公卖，贿赂盛行，不啻买卖式之政治也。南则麻剌赛人，专以劫掠为生。公司职员，自克雷武去后，惟利是求，数年之中，其史满于贪财、纳贿、压迫、威胁之罪恶，印人所受之痛苦，深于水火，而公司之罪恶上通于天矣！麻介那之治其国也，一无建设，而蒙古儿皇子、麻剌赛人相继来扰，于是收入大减，府库空匮。其军驻于巴德拿者，无饷多逃，四出扰民；公司之收入亦不足以供其需要之常费矣，乃立麻介那之婿麻刻信（Mir Kasim）为王。英人许以军队助之，而王岁出重金，以养公司之兵。斯制也，始行于此，其后采用益广。

孟加拉之变 麻刻信治理孟加拉，颇能有为，而公司未尝与以相当之援助也。其职员重贪于利，往往干涉政府之行政，其最明显者，则贸易于内地，而有免税之特权也。印商则不可得，乃不能与之竞争于市场之上，职员之不愿经商者，出售其特权于印人，而亦免税焉。于是忠实之印商，反多失败；政府之收入大减，而公司之索款急于星火，麻刻信上言其事，请求废之，不得，而公司之威胁益甚。麻刻信无奈，迁都于恒河上流之内地，借免其逼；既而宣布中外商人贸易之权平等，而皆免除其内地税；加尔各答政府不可，严辞责之。麻刻信大怒，举兵报复，大杀欧人；公司职员复立麻介那为王而受其赂；其独廉洁不受私者，瓦仁·哈士丁斯（Warren Hastings）一人而已。公司聚兵往讨，会印兵附乱，杀之，及定，遣军七千余人前攻。麻刻信之军队训练颇勤，又得蒙古儿帝国澳得之援兵，声势颇振；及战，印兵拒斗勇猛，而终败退，渡河而逃，斯役也。印兵死者二千，而溺死者不与焉，英之伤亡者亦众。

克雷武再至印度 方孟加拉事变之报于伦敦也，公司之经理大惊，改委克雷武为总督，予以改革弊端、恢复治安之全权，复令委员助之，一七六五年，船抵加尔各答，而乱已平。总督之工作，惟有改革而已，克雷武公布经理之训令，禁止职员干涉内地之贸易，又欲实行不得私受礼物之法令。初，公司厚礼尝认为贿赂，通过禁止之法令；加尔各答参事会，置之不理。至是克雷武深知礼物之弊，意欲奉行前令，而职员反对甚力。盖其薪金低微，高级职员，虽有私自贸易之权，而其所得之利，自谓不能维持其相当之生活状况也。股东经理，则认加薪，为增公司之经济担负，坚持不可。克雷武乃采其所谓折中协妥之办法，创立商业协会，垄断食盐等之专卖，其股份则由公司之职员分认。克雷武共得五股，一七六七年，出售其股，共得三万二千磅金，斯见其红利之厚矣。盖盐为人生必需之品，其价虽昂，而人亦必购买也。专卖之后，中等之家，担负已重，贫民愈苦矣。职员为其骄奢之资，固不问孟加拉人民之痛苦也！

克雷武治理孟加拉之政策，仍采二政府之制，公司所立之王，徒拥虚名；总督委任长官，操其行政之权。克雷武又尝进觐蒙古儿皇帝，皇帝待之甚厚。议订条约，公司与以重金，土地；而皇承认不得干涉孟加拉之地权，既而又许公司税吏，征收孟加拉、巴哈、澳立赛（Orissa）之田税。斯约也，特里朝廷失其尊严，而公司之地位合法矣；克雷武之外交，于是成功。其最感困难者，则内政之改革也。初，公司之经理节省经费，而令取消职员之津贴，克雷武奉命之后，而即实行。公司下级职员，谓其苟无津贴，则难于维持其生活程度，群起反对，将校和之；二旅之兵，公然附乱，几成大变。克雷武坚持不动，而又处之有方，共历十四日而平，一七六七年，归国。其东渡就职也，非其本意，迨其返英，自谓损失六千磅金，盖以所得之财与其友也。克雷武归国七年，患病自杀而死。吾人按其为人，私受礼物，贪也。假造公文，诈也。虽然，此固不能掩其堪为领袖之天才也；其治印度之功罪，说者之意见分歧，平心论之，其专卖食盐病民之甚，蔑以加矣！同时，吾人亦当悲其环境之劣也。

孟加拉之旱灾 克雷武去职，其继之者，遵其计划，无所建设。一七六九年，孟加拉大雨时旱；及秋，天旱，田禾枯死，收成全无，灾情奇重；明年，人民无食而死者，塞于途中，生者乃食其肉。孟加拉、巴哈、沿恒河南北之地，千里无人。其死亡者，约当人口全数三分之一，五十年后，始能恢复其固有之原状。一七八九年，大总督考瓦立斯（Cornwallis）谓孟加拉土地三分之一，树木繁盛，猛兽呼嗥，此可略见灾情之一斑矣！德干则收成丰富，顾时交通不便，政府亦未奖进运输食品救济灾民也。其所征收之田税，严急如火，一七七一年，税额增加百分之十，农民于大荒之后，势必罄其所有之财产，而或鬻其子女以纳此苛税也！呜呼，农民之痛苦何似耶！夫救济灾民，政府之职也，印度大灾，时有所闻，而其政府忽其天职。一八七三年之前，英人之治印度属地者尚然，视其人民之死亡流离，而归之于天；田税则仍征收，而其为其官吏奢侈之费，此盗贼之行为也。何英以文明国自称，而犹若是之病民耶？公司已握孟加拉之实权，而固不能逃其责也！

米索尔之崛兴于南方　方孟加拉之初定也，回教国米索尔（Mysore）崛兴于德干，而为麻打拉萨政府之劲敌。米索尔初属于未介兰格，及其败后，印人王于其地，迨十八世纪中叶，国势大衰。回人害得·阿利（Haidar Ali）代之为王，阿利生于一七二二年，其父仕于国中。阿利精明勇敢，后练军队，器械精锐，数立战功，统领国中之军队，一七六一年，其权大张，治理国内土地之半，而为事实之王矣。既而其敌起兵攻之，部将附乱，数战兵败；会得援军，其势复振，大败敌兵。无何，阿利攻取败勒尔城（Bednur）。城在米索尔之西部，商业兴盛，居民比屋而居。及其陷城，而尽掠其财货；说者谓其共得一千二百万磅金。其数虽或近于浮夸，而阿利则谓其他日成功者，多赖败勒尔之财力焉。其后米索尔王病死，而阿利益横，时或与其邻国连和，时或与之作战，要皆惟利是视耳。一七六九年，阿利进攻麻打拉萨，英人遣使议和，缔结攻守同盟条约，是为第一米索尔战争。麻打拉萨亦采二政府之制，其腐败虐民，无异于孟加拉政府也。

第二十一篇

瓦仁·哈士丁斯——孟加拉之总督　内政外交　一七七三年之管理法令　大总督最初之困难及其淫威　辟德之印度法令

孟加拉之总督　自克雷武去后，其巩固孟加拉政府之基础者，瓦仁·哈士丁斯也。哈士丁斯生于一七三二年，家贫，年未十八，而即远离祖国；及抵加尔各答，为东印度公司之写字生。其后孟加拉王日光攻取商馆，俘之，俄而逃出，服务于加尔各答政府；克雷武深爱其才，一七六一年，迁为参事会之会员。其律已也，廉洁公正，未尝受赂；经理知之，至是，任为孟加拉总督，一七七二年就职，时年四十，而勇于进取，敢于有为，所谓年富力强时代也。其初就职，公司之经理，政府之阁员，皆深信其为人，而极赞之；后渐变为众矢之的者，盖公司之野心职员，欲去哈士丁斯而代其职，利用反对之宣传也。会公司专利已久，职员往往虐取于民；其拥厚资归国而安享富贵者，不知凡几，于是引起英国舆论之不满，志士欲重惩其一二以响其余，此其不幸也。平言论之，哈士丁斯固帝国主义之顽固代表也；吾人述其政绩之先，则当知其困难之情形。初，克雷武之改革，实际言之，殊无功效，不足以称正式之政府也。其所谓各部者，职权不清，官吏之忠实者，数殆无几，公司之税吏，垄断境内之五谷而专其买卖，法庭不能独立保障人民，军队则野蛮扰民，币制则紊乱不堪。其他之弊端，不胜枚举。公司尝令总督努力改革，不必稍顾情面，迨后孤行其政策，而左右前后皆其政敌矣。其环境之劣若是，而能有所建设，殆不易也；兹分述如下：

公司得征税之权于蒙古儿帝国，一七七二年，始设委员于加尔各答，专司其事；总督亦驻于其地，其为英属印度之都城者，凡一百四十年；一九一一年，始迁都于特里。加尔各答之商业兴盛，英人颇多，而孟加拉又首见并于公司，故建都于此焉。总督哈士丁斯见闻广博，精通波斯、孟加拉文，略知阿拉伯文；其监察行政各部也，处置得宜。总督谓法庭之组织不备，尝竭其力以求司法之改良，设控诉于加尔各答。其对于弱小之土邦也，主张其王当有代表驻于伦敦。盖以公司之总督，常有撤换之繁，而英王则为世袭也。其意见虽不适用于今日，而其原理，自英人观之，殆不可非也。

孟加拉之内政 公司自得孟加拉之主权而后，英人谓其土地膏腴，收入丰富，政府训令公司岁出四十万磅，共历二年，股东又增红利。于是公司之财政大为困难，且时孟加拉之币制紊乱，银色不足，田税复杂。当哈士丁斯之初就职也，不知税制，乃于公暇，努力研究，后遂精通税制专学，深知孟加拉田税之弊，改为公开拍卖，其出价最高者，则耕种五年；一七七七年，始变其制。政府复为收入之计，整理食盐鸦片之管理，其种卖鸦片，或制造食盐之公司，皆领执照，而重其税。鸦片之害甚大，今之政府，已改政策，而废前法矣；食盐则仍旧制。哈士丁斯之动机，出于增加税额，固未顾及利害，而减少人民之痛苦也！

孟加拉之外交 外交则欲屈服强邻，而使其属于公司，换言之，即谓扩张领土，而境内始得安宁耳。时麻剌赛已强，特里之蒙古儿朝廷为其所制；初，克雷武尝与蒙古儿皇缔约，皇许其征收孟加拉之田税，而公司岁献酬金。至是，总督谓麻剌赛为公司之劲敌，不能出款以长敌势，乃弗与之。斯举也，哈士丁斯失信败约矣！北部边境则散那赛斯人（Sanya 口 is）来扰，其人在西藏之南，裸体而行，体极强悍，勇敢好战，无屋舍，无家庭，而常侵入孟加拉境，专从事于劫掠屠杀，哈士丁斯分遣军队，捕而杀之，其祸始止。一七七四年，又有罗害那战（Rohilla war），其地在澳得之西北，介于恒河大山之间，尝受麻剌赛人之蹂躏。一七七二年，其酋与澳得政府订约，谓其败退麻剌赛人，则酬之以金，盖澳得方附于公司，而信其能助之也。既而麻剌赛人怵于澳得公司之军力而退，澳得明知其酋，拒绝出款，而故遣使索款，不得；顷之，哈士丁斯往见其相于波罗尔斯，议决夺取蒙古儿地，而赐澳得。澳得则出重金以酬公司，总督又许借兵以攻罗害那地，其相则出酬金。其初许借兵侵略也，知其将受国人之非难而为之也；及是，澳得乞援，英军助战，大败罗害那人，而杀其酋；军士肆于劫掠，而火焚乡村。其后英国下院上控哈士丁斯，胪列罗害那战为其罪状之一；哈士丁斯固不能逃其罪也。

一七七三年之管理法令 公司财政之困难，及其治理印度之腐败，乃渐唤起英国舆论之非难，国会议员讨论印度事务者日多，一七七三年，通过管理法令；斯法也，为印度宪法史之起点。宪法者，西方之产儿也，此指法令、习惯，规定政府之组织，而载明其与英国政府、土邦之关系，及其立法、行政、司法机关之职权也；其范围包有英王之特许状、公司之训令、国会通过之法令及久遵行之习惯等。一七七三年之法令，规定孟加拉大总督一人，政务委员四人，统治民政、军政；大总督任期五年，俸金极优，而禁其受私经商，其权高于麻打拉萨，孟买政府。除于非常时期而外，其与土邦宣战议和，须得孟加拉政府之同意；其违反命令者，则即停职。孟加拉政府之行使职权也，必得多数政务委员之同意，方为有效；法令又设最高法院院长一人、法官三人，有判决民事、刑事、海军、宗教之权，英人住于孟加拉等地之犯罪者控之于此。综观法令之内容，其明显之弱点：则政务委员会之操纵政权也，苟其三人连合，则占多数，可得否决大总督之一切提议，而使其徒拥虚名而已！迨后哈士丁斯备受困难，皆因于此耳。法令未述政府法院之关系，法官之所根据奉行者，则英之法律也；印度之环境、习惯，迥异于英，而法令又无印人、英人之界说，其后争执之点多矣。政府迁孟加拉之总督瓦仁·哈士丁斯为大总督，其政务委员四人：一曰刻赖棻（John Clvering），著名之长官也，其后二年，受武士之爵。二曰谟顺（George Monson），初为国会议员，尝立军功于印度。三曰包外娄（Richard Barwall），公司之忠实职员也，服务颇久。四曰弗兰斯（Philip Francis），尝服务于陆军部。法院院长曰应派（Elijah Impey），哈士丁斯之旧同学也。

一七七四年十月十七日，法官抵于加尔各答；明日，委员刻赖棻、谟顺、弗兰斯亦至，包外娄则在印度，俄而召集会议，宣读公司经理之训令，另设商务委员会，专司商业，借以减轻行政长官之事务，而俾专其职守。军费则主张节省，田税则承认拍卖；政府之腐败，则俟调查之后，整理改革。委员自英东渡者，心存清查弊端之思想，甚者欲其去职，而自代之，于是公然反对哈士丁斯；其助大总督者，包外娄耳。政务会遂分二党，其立于反对政府者，占有多数，而实治理英属印度；哈士丁斯之政策，不能实行，其所委任之官吏，反多罢免，英国内阁，又助委员，借清印度之政治，由是其势益张。吾人苟读委员会议之记录，则知其争执于议会席上之点，类多琐细，此固无关于印度通史，而吾人所当忽略者也。其争论者二年，哈士丁斯所受之困辱备矣，尝求归国，法庭判决不许；会谟顺、刻赖菜相继病死，反对党始失其势。弗兰斯意犹不屈，尝约哈士丁斯决斗，重伤而归，其心忿怒，报复之念愈切，而益努力于反对之宣传矣。

方委员之相争也，南柳尔（Mahalaja Nandkumar）控告哈士丁斯于政务会；南柳尔者，婆罗门也，拥有重资，声势赫然，其所控之罪状，则舞弊营私，而受麻介那寡妻之赂也，其证则持寡妻之函。委员信之，即欲清理其案，而审判其长官；哈士丁斯谓委员为其政敌，拒绝出庭，既而反控南柳尔等于法院。法官研究原告被告之证据，宣布哈士丁斯无罪；顷之，检察官忽捕南柳尔，其罪状则假造文书也，囚之于狱，受审于气候极热之时，共历七日。法官四人，亲临法庭，其陪审员十二，皆欧人也；南柳尔辩论，且谓证人皆袒原告，及其辩论告终，陪审员全数判决南柳尔死罪，此其事实之本末也。迨后英国下院控告哈士丁斯，而列此狱为其罪案之一；上院则谓其无罪。平心论之，南柳尔狱可疑之点甚多，其明显较著者，陪审员之非印人，而院长应派，固哈士丁斯之至友也。其审判之程序虽未违法，而与哈士丁斯无关；然自吾人观之，英人殊难免于感情之作用也。

前言印度管理法令，无行政法院关系之明文，二者初相了解，相处甚善，其后法官执行职权，而长官谓其干涉行政，乃以武力解决；其著名之案件颇多，兹略举其一例，以概其余。距加尔各答八十里之税吏，欠人资财，久而弗偿；债权人控之于最高法院，法官谓税吏受雇于公司，而理其案；税吏拒命，执行官奉法院之命，而率水兵数十，往捕债务人。水兵不遵印度之习惯，而扰于其家，哈士丁斯闻之，即令军队往捕水兵，应派请以此案上决于英政府，不许，事遂中止。盖哈士丁斯已知其非法无理，而应派又为其党，乃置而不问也。一七八〇年，应派不待本国之训令，擅就高级民事法庭庭长之职，而大增其俸金；事闻于伦敦，英人大哗，反对甚力。公司召其归国，下院议员欲上控之，未成；应派后为国会议员，自好之士，皆非其人；斯密斯则谓其未受赂也。

大总督最初之困难及其淫威　哈士丁斯自委员谟顺死于一七七六年，迄于一七八五年二月去职，共八余年，治理英属印度，操纵一切政权，为其极盛时代。时值美洲殖民地独立，而法兰西、西班牙、荷兰助之，印度则麻剌赛、米索尔与公司相抗。哈士丁斯知其危险，遣人自非洲北部直达欧洲，以免水路绕道于好望角之迟延，借得便于传递信息。及英败于美洲，法谋印度之报传至，哈士丁斯采取积极侵略之计划，而构衅于麻剌赛、米索尔。初，孟买商业发达，英人之居于其地者，专事于经商，而无政治野心；一七七五年，政府贪于土地，而欲逞其野心。会麻剌赛之次相病死，无子，而族人争立，国中大扰，族人罗过巴（Rogoba）求助于孟买。英人要求其割让土地，从之；孟买之干涉内政也，先未商于大总督，按之印度管理法令，而实违法，哈士丁斯可得停其长官之职，乃不之问。孟买政府遣将率兵助战，颇占优势，顾其损失极重；事闻，委员弗兰斯等坚持不可，立发紧急命令，召回出征之军，而遣使与麻剌赛订约。斯约也，英颇让步，会公司经理赞助孟买之侵略行动，又遣军队往助罗过巴，大败而降，再订让步之条约。哈士丁斯谓读约文，则惭愧无涯；经理罢免订约之长官，而废其约，遂予哈士丁斯出兵之机。大总督遣军三万人，自孟加拉往进攻德干，途历荒野，而迭陷名城。一七七九年，麻剌赛之联邦大惧，米索尔王阿利亦患英人之逼，共同出兵而欲驱逐英人；哈士丁斯患之，始主议和。会联邦之主力军稍挫，其酋有受英人之赂者，于是和议复起；其得成功者，麻剌赛之重要领袖麻害戴吉·信的那（Mahadaji Sindia）之力也。和约成于一七八二年，英得孟买附近之小岛，罗过巴则得恤金，余皆维持前状；其共同遵守而免于冲突者垂二十年。公司遂得聚其精兵防御阿利于南方矣。

麻害戴吉之家世微贱，其父为次相之侍者，颇见信任，第三盼立败德之役，其子与战，麻剌赛人大败而归，死者极众。麻害戴吉幸免于死，然被重创，而遂终身跛行矣；及其父殁，袭其食邑。麻害戴吉知人善用，刚毅有为，权势日盛；其所练之步兵，采法于欧洲，而常雇用欧人为将，故其军队为麻剌赛之精锐，而以善战称于印度。当斯时也，次相已失其权，而雄大之四酋代之执政，麻害戴吉则其一也，一七七一年，援助蒙古儿皇进据特里，握其政权，及是，鉴于英人之能战而主张议和，于是失其恢复之时机矣！盖哈士丁斯虽战而胜，然其财政困难，而受政敌之非难，且强邻之势，犹未衰也。自此而后，麻害戴吉之权益隆，自由处置印度斯坦大半之一切问题；其所以强大者，则欧将之助也。其最著名者，首推波来（De Boigne）。波来初服务于法俄英军队，其后归于麻害戴吉。主将深爱其材，而信任之；波来忠于其主，数立战功，迨其主死，始去印度。其归也，资财丰富；然未滥取而或受赂也，且多用于慈善事业及市政建设，故益见重于世。

方加尔各答政府之数用兵也，财政益为困难，哈士丁斯之筹款方法，近于土匪之行为，迨后下院列为罪状，而控告之，吾人当知其事之始末也。一七七八年，麻剌赛战方兴，而法援助美洲殖民地独立，对英宣战；政府训令波罗尔斯王，协助军费，每年出款五十余万镑，迄于一七八〇年。其王谓其额数过巨，请求减少，弗许，及期，不能交付。会政府令其骑兵一千人助战，不得；哈士丁斯大怒，认其名虽为王，而实地主，应受公司之命，无何，托言出巡，及抵波罗尔斯，其王谒见，即令捕之。事觉，王军哗变，哈士丁斯出逃，遣军往讨，大败王军，进据其城，兵士大掠，并及府库，公司乃无所得。大总督另立新王，而减其权，定其交与公司之金，倍于昔时。其后一七八一年，哈士丁斯遣使往夺澳得二妃之金，妃者，王之祖母生母也。初，大总督许其保有府库之金，妃则出其相当之酬金以与公司。其数今不可考，一作三十万镑，一作五十万镑。至是需款孔急，强其交出；其执行者，至为严峻，妃受辱慢，其管理府库之寺人，则受械笞之刑；使者得其所有之金，七十六万镑而归。综观以上之事实，哈士丁斯之野蛮残酷，固不得以财政困难，而稍减其罪恶也！

初，英法宣战，公司攻取印度法属所有之港，其一为米索尔王阿利运输之所。麻打拉萨总督，请勿扰之，不得；英人尝与阿利缔结攻守同盟条约，而未助之。由是阿利心怀怨望，一七七九年，加入反英同盟，不幸未成，而其报复之心益急；法人又怂恿其举兵，而谓遣军援之。麻打拉萨总督报告阿利之不可信于孟加拉政府，哈士丁斯弗信。一七八〇年六月，阿利率兵七八万人（内有欧人），大举进攻，英将统兵五千余人御之，不胜；英所幸者，麻剌赛未助阿利耳！九月，孟加拉政府遣军三千往援，大败，被俘；事闻，哈士丁斯急与麻剌赛人停战议和，乃得聚其精兵，分海陆而往，明年，恶战于波脱怒那（Porto Novo），阿利军败，死伤约一万人。一七八二年，法遣海军来助阿利，互有胜负；阿利之子跌波（Tippo）败英之偏军，然亦无重大之影响于英军也！十二月，阿利病死，时年六十，英将亦病归于加尔各答。阿利之败也，意颇悔恨，谓其受愚于法，而麻剌赛人背之，徒耗国内之财力而无所得也。及死，大臣秘丧不发，而报于跌波。跌波归自战地，即位称王。阿利为公司之劲敌；其为人也，无宗教、无道德、无爱情，惟刑罚严酷，人皆畏之耳，相传其见之者，不知命在何时，顾其体壮精悍，记忆力强，工于心算，其迅速过于专家，口操五种言语，而又勤于政事，监督一切，固亦人杰也。阿利死后，英法议和，而跌波独与英军恶战，颇占优势。英人遣使议和，跌波意欲弗许，而辱其使，后以财政困难，又患英军及麻剌赛人合力攻之，乃议条约，签字于一七八四年三月，各归攻取之地，互还俘虏，是为第二米索尔战争。

约成，哈士丁斯谓其失败，意殊怏怏，盖其主张出兵进攻，而未为公司采行也。会英国政党，方以印度政治为其争论之口实，下院通过内阁所草之印度改革法令凡二，皆因上院反对而止。由是内阁辞职，反对党魁辟德（Pitt）组阁，哈士丁斯闻之大喜；一七八四年，辟德迫于舆论，而亦草定法令，国会通过，固非哈士丁斯之所愿也，明年，辞职而去，回英三十三年而死，未尝从事于政治活动，盖受下院上控（Impeachment）之后故也。文学家泊克（Burke）、哲学家密娄（Mill）皆攻击之；首相辟德初则为其辩护，既而亦非其人。上控之文，草于泊克，文学上之重要作品也。哈士丁斯受审于上院，终乃宣告无罪，共历七年，吾人不能述之于此也。其罪案虽未成立，足以奖励公司职员之清操，而稍戢其压迫印人之心理矣！哈士丁斯死于一八一八年，其为人也，坚忍耐劳，勇敢果毅，其久与之相处者，皆深爱之；斯密斯谓人苟读其手书，则知其胸襟开旷，而有远见矣；吾人固不能因其罪恶，而讳其才能也。

辟德之印度法令 辟德之印度法令，其原理与前阁所主张者，大致无异；不过避免英国直接统治印度属地耳。法令创设专局名曰印度事务局，俗则称为管理局，局员六人，局长执行其议决案。其职权则监察管理公司之民政、军政，虽股东会议，而亦不得干涉焉；又设枢密委员局，由公司之经理三人组织成之。其职务则交公司之重要公文于管理局也。其他经理，则不得参与政事。法令增加孟加拉政府管理其他属地之权，载明扩张领土，则违反英国之意愿、荣誉与政策，盖防长官逞其野心，而杀人以并土地，且引起舆论之攻击也。除土邦已有对敌行动之外，规定非得公司之同意，不得仇视宣战；法令又改前弊，详定最高法院之职权，大总督可得不遵政务会之议案，而执行其政策。其弱点则未限制经理委任罢免之权也，虽以大总督之尊，而可招其回国，其不奉行训命者，则免其职；由是可得干涉行政焉。斯法也，兼采二政府之制。一八五八年，其制始废。

第二十二篇

第三米索尔战争　考瓦立斯之内政——俸金司法田税　萧尔麻剌赛　威乃斯来之武功公司　麻剌赛之战争

瓦仁·哈士丁斯归国，高级委员暂摄其职，委员运动改摄为署，而未成功；其节省经费之政策，则减少薪金，固不问其私受贿赂，而或虐取于印人也，故其政治腐败，弊端丛生，而有污秽政府之称。一七八六年，考瓦立斯（Cornwallis）受大总督之委任而东渡，其就职也，非其本愿，迫于应尽之义务而往。其人尝服务于军队，美洲殖民地之独立，将兵讨之；会法海军截其海上之交通，而华盛顿围之，困守孤城，力屈而降，其家世荣誉，未尝因之稍衰，盖其身为贵族，而英国执政者，亦贵族也，得其信任。及其抵印，非若哈士丁斯之协妥同僚，以固其位，而辟德法令予以否决委员之提议，而得执行其政策；考瓦立斯又兼陆军总司令之职；由是地位高尊，属下莫敢抗之。其为人也，虽非天才，而无想象：然其公正无私，勇于进取，而人常称之云。

第三米索尔战争 大总督之将东渡也，奉政府之令，维持和平，不得擅自宣战，其后违反训令，施其阴谋，以攻其敌国。当时麻剌赛、米索尔之势颇强，二国互嫉，自相攻击；米索尔王跌波深恨英人，而欲逐之。一七八八年，考瓦立斯得地于德干之王，王则请其出兵助攻跌波，意欲从之，而患其公然违法，乃函许之。跌波闻之大怒，举兵进攻公司之同盟国；大总督认其为仇敌之行动，而即宣战，令麻打拉萨总督聚其军队，以待后命；总督拒命，遂免其职，遣人约麻剌赛及赖散（Nizam）之王，缔结三国同盟，共击跌波。赖散国于德干，许之。大军进攻，其所遣之第一、二军，皆失败归；一七九二年，考瓦立斯统军大举进攻，分道而往。跌波拒战不胜，名城要塞，相继失守，知其不能战矣，遣使议和。英人要求其割让领土之半，赔款三百二十万镑，释放俘虏，而遣其二子为质，许之；和议始成。跌波所割让者，皆其膏腴之地也，而又迫于条约，强其农民出其所有，以作赔金，民多逃亡，于是心极怨望，而预备复战矣。考瓦立斯之许其和者，非有爱于跌波，实因破灭人国，将受英国舆论之攻击，而患印度同盟国之疑惧也；分其所得之土地，以与麻剌赛及赖散之王。是役也，俗为第三米索尔战争；其祸，则考瓦立斯有以启之。

考瓦立斯之内政 考瓦立斯之在印度也，其内政之改革者凡三，试分言之：

一、廉洁政府。考瓦立斯初抵加尔各答，力清积弊，首增公司官吏之俸金。先是，经理知其股东之心理，谓加职员之薪金，则耗废公司之经费，故其职员之薪金低微，往往不能维持相当之生活，乃听其营私舞弊，及拥资财而归，其印度政府之不良者，胥由于此。考瓦立斯改定官吏之俸金，而大增其额数，并严禁其营私舞弊；其所得者，虽不若昔日之丰富，而维持其生活，则绰然有余，是为建设廉洁政府之始！

二、司法。印度自古以来，司法行政，未尝分立，决狱则为官吏职务之一；斯制也，东方诸国，中国、日本，皆采行之，盖古代事务简易，法律不繁；为民上者，苟非贪官污吏，固无弊也。印人习于此制，考瓦立斯废之，每区设一法庭，以决诉讼，区有欧洲之法官一人，并设高级法庭，许民上控，于是行政司法始分立焉。民称不便，且时杀案叠起，盗贼甚多，而法庭数少。其判狱也，不免有苟且速成之弊；大总督又不信任印度法官，尝加法官之俸金，而除印人于例外，欧人固不若印人之知其风俗习惯也。

三、田税。 印度以农立国，政府之收入，以田税为大宗，常占总税百分之七十五焉。其补助农夫之政策，则维持境内之和平，而不扰其耕种耳。其取于民也，古代政府，征收六分之一，其后杂税繁多，名目不一，阿刻巴改取三分之一于印度斯坦，二分之一于克什米亚。农夫之所剩余者，仅能维持其粗衣、蔬食之生活，甚者或无所余，民遂散亡，而地荒芜矣。凶岁则人相食。英人之治印度，遵其旧法，田税之重，一如土邦；其所征取者，始为田地所出之五谷；顾其数量多重，运输不便，阿刻巴改为现金，英属印度政府采行其制。征收之法，阿刻巴则奖直接纳税于官，其因特殊之困难者，则由仲介人代收，而许其扣取用费，于是相沿成风，而视仲介人为田主矣。实则印度除一二地以外，田地属于政府，人民受地而耕，无卖买自由处置之权，政府亦无擅夺其地之例。其后政府认田地为私有，而仲介人为田主；其所征收者，田主之田租也。其无田主而自耕种者，则假定相当之田租而税之。斯制也，非十八世纪之所可能。瓦仁·哈士丁斯尝改田税为拍卖方式，规定拍卖某地之耕种权，其出价最高者，则耕种之，期为五年，此弊政也，后乃废之。

至是，孟加拉之仲介人操纵田税，鱼肉农民，英国内阁闻知其弊，主张改革；其理想之标准，则欲根据于一定之原理，而为永久之制度，公司亦愿其成功，考瓦立斯受其暗示，未至印度，而胸中已有成见。其理由，则谓公司领土三分之一，草木丛生，禽兽萃集。今当许民开垦，而收其地为其所有；若果迟延不决，十年之后，亦无详细之报告调查也。农民既有自由处置田地之权，为其本身利益之计，则当求其田地之改善；夫然，田地肥美，则收入增加，而食料有余，人民胥受其利矣。就其理论而言，考瓦立斯欲以英国田制适行于印度也；其弊不知印度乡村之情形，而根本改其旧制，农民不明新法之内容，常感不便。例如，新法规定其欠田租者，则政府拍卖其地，而印度旧制，则拘囚其人，或罪杀之，今乃卖其田产，而破人家，其买之者，多为官吏游民，专心求利，而不顾生民大计者也！新税行于孟加拉、巴哈、波罗尔斯及澳立赛之一部分土地，由是收入大减，不敷之款，取于他地；其人何辜，而受此担负耶？方新税之行也，政府谓其将颁补助法，以济其缺，其后终未颁行，富于经验之官吏，尝评其为失当，固有见而言也。

一七九三年，国会通过公司专利远东商业之期二十年。初，一七七三年之法令，载明公司专利之定期；至是及期，实业家商人为其利益之计，倡言自由贸易，宣传示威，中级社会代表之议员辩论于国会甚力。大总督考瓦立斯贵族也，坚持反对；其理由则谓公开贸易，牟利之徒将麇集印度，而鱼肉印民矣。又拒教士及办学校者来印，盖教士所说之教义，含有平等、博爱、服务之精神，苟见公司之卑劣政策，则归国宣传，而将大不利于公司。兴学则开通人民之知识，尤非公司之所愿也；其所持之片面理由，则谓印人奉其固有之宗教极虔，宣传基督教义，势必引起怀疑与扰乱也。于是政党领袖之内阁，说其党员维持公司之现状，而许其专利；其稍让步者，则许商人运输三千吨货物于印度也。但其条件苛繁，殊难于获利焉。会法兰西革命而杀其王，英人大惧，对法宣战；考瓦立斯乃求归国，政府许之，遂自麻打拉萨登轮而返。

萧尔 初，考瓦立斯主张公司之职员，不得迁为大总督；及其归国，称其下萧尔（John shore）曰能，荐之于英国政府；内阁任为大总督。萧尔之才能，不足以总政务；受命于人，专任一职，则良吏也；至是，颇感困难。一七九五年，职员要求津贴，连合暴动，威胁之甚，几执长官，而控制政府矣。先是，考瓦立斯拟采混合英国公司军队之计划，不果，乃核减文官，将校额外之津贴，官吏深表不满；及是，酿成此变，萧尔大惧，许其条件，过于其所要求者矣。闻报，经理大怒，撤其归国，改委威乃斯来（Wellesley）。方其命令未至印度也，澳得之王病死，其养子嗣位，萧尔初许其立，后乃废之，另立新王，新王酬以要地。俄而澳得变乱，攻之始平，事闻于英，下院议员欲上控之，未成。

当时，麻剌赛颇强，初，一七八七年，麻害戴吉败于强敌，敌人特里，劫掠王宫，威胁蒙古儿皇；其后复战，攻陷特里，生擒其敌，由是声势大振。麻害戴吉雇用欧人为将，改麻剌赛之战术，训练颇严，战斗力强，可谓正式军队矣。一七九二年，麻害戴吉亲往首都补来，参与大典，既而病死。其为人也，雄心大略，勤于政事，生活简单，待人和平；及死，无子，侄孙嗣位，其势稍衰，而服从次相如故。一七九五年，次相令麻剌赛之领袖，合兵进攻赖散之王；其王求援于加尔各答政府，萧尔谓其出兵，则违反辟德之法令，弗许；二军会战，麻剌赛胜。自此而后，次相不能统治全国之军队，而各地领袖，自由行动矣。无何，次相自杀，国内纷扰，吾人固不必述其罪恶史也；其负盛名者，何刻（Helkar）之女主巴娜（Ahalya Bai）

也。女主亲理政务，深爱其民，境内安宁，泽及禽兽；外人入其境者，胥赞美之。巴娜富于才艺，能读古书，一七九五年病死。在位凡三十年，既死，印人尊之为神，斯见其德泽矣。

威乃斯来之武功　一七九八年，新大总督威乃斯来抵印，其人爱尔兰之贵族也，服务于印度事务管理局颇久，知其国内情形；及抵加尔各答，年仅三十有八耳，英气勃勃。勇敢果决，往往本其计划进行，不顾一切，苟以今日言语形容，则帝国主义之代表也；自信公司统治英属印度，人民享受之幸福，远过于其在土邦者，是以凡有扩张领土之机，即遣军往，会自萧尔不干涉政策以来，米索尔之势稍振，麻剌赛亦强；欧洲则列强拒法，而拿破仑已渐得势。方威乃斯来之来印也，拿氏统兵往袭埃及，欲夺印度，后乃利用趺波等以抗英，大总督遂有所借口矣，侵略之心，为之益壮。所可惜者，拿氏不知印度之状况，而趺波不明欧洲之地理形势，欲逐英人，而终见败于英也。

威乃斯来欲攻趺波，乃先除其心腹之疾——赖散王之军队。初，王受麻剌赛兵，请援军于公司，而弗得，遂练精兵，聘法人为将，军容颇盛；至是，大总督令王解散其军，出保护金，以养公司之军队，而结同盟条约，其王婉辞拒之，俄而法将病死，大总督因之施其阴谋，缴其军械，于是其王受制于英，而国无轻重于印度矣！事定，方拟用兵于米索尔，而苦无隙，会法兰西公布趺波与法国缔结攻守同盟，并召义勇兵以助之。威乃斯来闻之，大喜，即严诘之，趺波不屈。一七九九年二月，大总督对之宣战。其从事于军事预备者久矣，大军分道而往。趺波遣军御之，败没，退守都城；英军攻之，拒战极力，头伤而死；城陷，英兵大掠，火焚屋舍，百余年后，犹未恢复旧观，其灾情之惨重也若是。大总督之弟，虽捕杀二三乱兵，而已迟矣。趺波死时，年将五十。其为人也，富于才艺，性好读书，精于波斯文等，而藏书极富；其书今已迁于加尔各答，其所信之宗教，虽为回教，而颇礼敬印度教之学者。其治国也，采用新历，划一衡量，改良货币，而又勤于政事；其训令长官之文，多出其手，惟好夸大，而虐杀敌人耳，追其死后，公司及赖散之王，各得其土地之一份，余地则威乃斯来另立印人为王，而命人代治其国，其后归政于王，王颇无道，公司收治其地。一八八一年，始复归政于王；今其政治清明，为印度著名土邦之一。方米索尔之定也，报于英国；其立功者，皆有赏赐，国人称庆，盖久忘其辟德法令矣！

公司 威乃斯来之侵略政策，既得英人之同情，益欲兼并土地，扩张势力。其专断进行也，不待内阁公司之训令；无何，收并三国，强取澳得膏腴之地，澳得为公司之同盟国，而岁出款以养公司之军队，但其财政紊乱，力不能应公司之要求。威乃斯来训令其王割让土地，以代其岁出之金；其王婉辞推诿，且欲让位以拒其请，交涉久之，终无进步。威乃斯来大怒，严辞切责，其王迫而签字于公司草定之条约，而割让今日阿格省之大部。大总督委任其弟统治新得之领土，其政府、制度、法令，多采于孟加拉，惟未用其田制耳。印度既定，遂得用兵于外矣；会奉英王之命，出兵埃及以拒法军，及至，而法兵败散，一八〇二年，英法缔结和平条约，英归法之印度属地，法遣海军往收；加尔各答政府，违抗王命，而令麻打拉萨总督，拒法海军不纳，俄而英法复战，其事始止。威乃斯来之行动，往往类此，英国政府固不之罪也。

麻剌赛之战争 印度之弱国皆服，而麻剌赛独存，威乃斯来之政策，则欲次相出款，而受公司之保护，缔结条约；其意盖利用次相，而服据有土地之独立酋也。会其国中纷扰，信的那出兵援助次相，而何刻攻之；二军战于补来，次相兵败，率其余众而逃，遣使如加尔各答议约。何刻之酋知之，另立次相之养弟代之；次相亟于复位，凡公司所要求者，莫不让步许之，于是加尔各答政府出兵，信的那及巴尔（Berar）等之酋长不服；巴尔亦麻剌赛独立部落之一也，相继宣战。大总督遣二军往，其一令其弟将之，出征麻剌赛人于德干，败之，乘势进攻巴尔，大胜，其酋迫而订约；一军前攻信的那于印度斯坦，连战皆捷，迭陷名城，会信的那所雇之法将率其训练之精兵来抗，恶战久之，后亦败退。英军进陷特里，徒拥虚名之蒙古儿皇，稍得自由，顷之，名城阿格亦降，英人获其重炮。既而信的那之余众来攻，势极猛勇，卒不能胜，其主无奈，献地订约以和，斯役也，英之损失亦重。

方公司信的那二军之拒战也，何刻中立，及其和约告成，大惧，借端启衅；英军攻之，大败，死伤极众，余兵退于阿格，已不成军矣，败闻，其患公司之逼者多助何刻；何刻之酋合军进攻特里，守兵拒战甚力，乃退。无何，英军往攻，稍胜。会攻要塞久不能下，死伤之数，逾三千人，全印大惊。败报传于英国，阁员反对加尔各答之侵略政府，而又因其失败，议决招归威乃斯来；国会议员拟上控之，不幸未成，公司之股东以其好战，而反对之者尤力。盖时一八〇五年，公司犹未失其垄断印度、中国商业之特权；其股东之目的，专求厚利，而非建立帝国者也；扩张领土，军费大增，终则虽获厚利，而当时之府库，因之空匮，公司之债额数增，而红利大减，故莫不欲其撤回也。

威乃斯来之在印度也，时间精力，耗于战争；其政策则欲加尔各答政府统治印度，而他国不得指染也。为计划成功之计，凡可兼并领土者，无不为之；其进行也，专断独裁；心目之中，辟德法令，则具文耳；而英国政府，远在欧洲，遂益无所忌惮矣。虽然，其一二政绩，亦不可泯也；威乃斯来勤于政事，任用贤能，自信公司统治之领土，内无战争，外无寇扰，政治清明，人民乐业。苟并土邦，则其地之人民，亦得享此安乐矣，其言若以事实证之，要不可尽非也。大总督又以公司职员之至印度，非为商人，而实治理印人之官吏也；主张慎其人选，尝请设立大学于加尔各答以造就治印之人才。其全部计划，虽未见纳于公司，而后终设大学于英也。

第二十三篇

和平政策　明多之内政外功一八一三年之法令　劳顿·哈士丁斯之重要战争——尼泊尔、聘得那及麻剌赛　一八一八年英并印度

和平政策 方政府公司之不慊于威乃斯来也，首相辟德，商于前大总督考瓦立斯，请其出任巨艰。考瓦立斯许而从之；其赞之者，指为印度之救星，一八〇五年七月三十一日，抵印，在职不足三月而死。其采行之政策，本于和平之旨；盖英国舆论不满于武力欺压小国，而扩张领土也。考瓦立斯于此环境之中，力求避免战祸，常不惜其代价之重大焉。威乃斯来先夺信的那之要塞名城，考瓦立斯归其领土，与之议和，任其干涉剌日不得拿之小国而不问。俄而信的那酋许人拘囚加尔各答政府所委之监督，而夺其财物；大总督闻之，初欲严辞责之，继念其所争者，则虚荣耳，且碍麻剌赛交涉之进行，乃止。其求和平之苦心，不免招人非难；斯密斯谓其将死之先，身撄疾病，而失知觉；吾人殊难武断其政策，而受疾病之影响也。

考瓦立斯死后，政务委员巴鲁（George Borlow）摄理其职，巴鲁初以能吏见称，迨其统治印度，采行维持现状之政策。英人谓前强迫麻剌赛次相让步之条约，殊欠公平，提议废之，巴鲁不可。赖散之王，罢其大臣，而欲叛英；巴鲁诘之，乃止。其对土邦之战争，则守局外之中立，且许麻剌赛人不助其叛之者。当此之时，何刻酋长数败于英，而率其余兵奔逃，巴鲁力主和议，许酋有其固有之领土，而报复其仇。由是境内安宁，外无战争，经费大省；而巴鲁又善于理财，运输货物，售于伦敦，获利颇丰，于是府库充实。其他重要之史迹，则外罗（Vellore）兵叛也。外罗地在德干南部，属于麻打拉萨；会其总督办铁刻（William Bentinek）与将军会衔令兵改围头巾，定其理须之式，而禁其额有宗教派别之符号。印人之宗教观念极强，而习于回教徒之故智，深患英人一旦强其改奉宗教，且其心目之中，所谓基督徒者，专指戴帽、食肉、饮酒，而非纯洁生活之人也。及闻令下，军士大怒，蠢蠢然欲动矣。时跌波家族奉命移居于此，其从之而往者极众。从者煽助其势，印兵遂于一八〇六年七月十日叛乱，杀英人百余。变闻，令军往讨，诛杀颇众，状至惨酷。政府侦查跌波家族煽助乱兵之证，而不可得，乃徙之于加尔各答，公司经理闻知其事，撤归总督将军二人。

明多之内政外功　方外罗兵变之定也，新大总督明多（Minto），适抵麻打拉萨。明多初为文学家泊克之至友，谋控法官应派不成，尝助泊克上控瓦仁·哈士丁斯，其后以功进爵贵族，而为印度事务管理局长。迨考瓦立斯病死，明多赞同公司经理之意，而主实授巴鲁大总督之职；会内阁变更前议，未得成立。于是议论蜂起，大总督之人选益难，乃请明多东渡。明多初极不愿，后乃许之。其为人也，学识优美，精于政治；其所行之政策，则折中于侵略、和平二者，盖时首相深赞威乃斯来之功，而反对委任巴鲁者也。公司经理，则望明多维持和平、避免战祸，庶其多得红利也。英人尝谓明多遵守巴鲁之政策，而忘其功绩；盖时拿破仑之兵力犹强，英方聚其精锐，以拒抗之，而国人赞美大将威灵顿之不暇，自难顾及明多于东方矣。其热心宗教者，则以其禁牧师至印，而攻击之颇力；吾人今述其政绩，当分为二：一曰内政，二曰外功。

一、内政。当时昔刻教徒之势渐强，其领袖兰结德信（Ranjit Singh）扩张领土，而将扰及公司之边境。先是，兰结德信少孤，及长，勇敢不羁，尝囚其母，未几，母死，时人疑其杀之，及年十九，攻陷那何尔城，借为根据之地，兵势大张。会其邻土酋争长，有请其援之者；信帅军往，酋长见其势盛，悔之，转而求英保护。明多许之，遣使谒信，议订条约，久之始成。斯约也，兰结德信颇让步焉。明多之对麻剌赛也，则仍主张放任政策，非其有爱于麻剌赛人，而实患其复起大战也。其土邦之与公司订约，而受其保护者，则必执行条约，其反英者，则以武力制止。其他重要之史事，则麻打拉萨官吏之叛变也。初，总督巴鲁奉公司之命，而核减官吏之津贴，于是渐生恶感，公然离其职守，几酿大变。明多闻报，登船而往麻打拉萨，未至而乱已定，罚其首领数人。巴鲁乃失公司经理之信任，而无复任大总督之望矣。

二、外功。殖民地政府之外交，视其祖国之政策而定，欧洲英法相战，印度亦起而抗法，拿破仑胜于欧洲，则失地于亚洲。初，拿氏以其不能遣军远至印度，而欲与亚洲民族连结，共同拒英。一八〇八年，遣使聘于波斯。事觉，英王大总督各命使往，法之计划未得成功；然其雄心犹未已也。英国内阁议决铲除法之势力于印度洋中；时法巡船凭借小岛，为其根据之地，巡捕英之商船，东印度公司所受之损失颇巨。至是，明多奉命攻取法岛，次第陷之，一八一一年，明多遣军东行，往攻爪哇。爪哇者，南洋群岛中之香料岛也，属于荷兰。荷兰立国于欧洲大陆，怵于拿氏之威，迫而助法反英，爪哇乃为法国东方活动之所。此役也，荷人防御极严，拒战颇力；英军仰攻，备历困难，而终取之，常以为荣。明多既取爪哇，报告英国政府，有谓自好望角，而迄于合恩角（Cape Harn）之间，既无仇敌，而又无竞争国也。好望角之在非洲，前已述之；合恩角则在南美洲之南端，其间相去万里，地隔重洋；于是英之势力大伸于海外。其后拿氏兵败，一八一五年，欧洲和平，列强缔结条约；英归爪哇于荷兰，而明多之功遂忘。

一八一三年，公司二十年专利之定期告终，国会推举委员调查公司之详情，辩论其专利颇烈，商人则以拿破仑封锁欧洲之商港，而断其大陆之贸易，转而请愿政府，许其经商于东方。其代表公司利益之议员，则坚持反对于国会；顾舆论主张公开也。国会通过法令，乃许商人经商于印度，公司则仍得运输货于英印，惟不过失其专利权耳。其于中国商业，则仍垄断，其重要商品，则茶、丝、鸦片也，公司亦未失其操纵印度之政权。议员虽有提议采行严格文官服务（Civil Service）法者，然未通过。文官服务法者，简单言之，青年之有规定资格者，经过公开考试录取之后，而为相当之官吏；政府视其在职之时期勤惰，而定其等次，增其薪金，苟非其犯过违法者，则不得免职；及其年老、疾病，则另有酬金。故其在职，专心服务，别无他求。迨其时久，则富于经验，熟于事务，而常能成功，是以民治国家，内阁虽时变更，而官吏则多在职如故。盖内阁之职在于决定政策，而非执行法令也。其执行者则服务法所规定之文官也，二者相辅，效率乃见，其后印度亦采行焉。除上政治、商业而外，传教事业，亦为国会辩论最烈之点；后始议定牧师之领有护照者，许其入印，又设教堂于加尔各答，而遣主教专司其事，乃为欧人者也。法令载明一万余镑金，以作提倡文学、科学之经费；此款也，数目虽微，而实公司第一善政也。于此情形之下，公司复得二十年之专利焉。

劳顿·哈士丁斯之重要战争 同年，明多辞职，劳顿·哈士丁斯（Rawdon-Hastings）继之。新大总督生于英之贵族，及长，出而为官于北美洲之殖民地，后服务于军队，而未以其才能，显于当时，惟好奢侈，豪放不羁，渐乃丧其资财；其得东渡者，摄政太子推举，而得公司经理之同意也。哈士丁斯与太子相善，故得其助；及其就职，时年五十有九，而已老矣。在职将近十年，勤于政事；每于清晨四点钟，批阅公文。其对土邦也，则以自考瓦立斯再至印度而后，加尔各答政府采行和平政策，而致土邦势强，将为公司之患，乃借端攻之，以扩张领土。其战争凡七，吾人述其一二要者于下：

一、尼泊尔战争。初，一七六八年，希马拉亚山之部落革那（Gurkha）人覆尼泊尔政府而代之；其人居于山中，习于射猎，体壮多力，长于战斗。及其征服尼泊尔后，兵威大振，而与英属印度接壤，二国之边疆不清，革那人往往来扰；一八一四年，攻击巡守局，共杀巡兵十八。加尔各答政府闻报，即起兵往讨，命五将军统之而前，将军不遵训令，轻敌前进，皆大败退，死伤颇众；盖山道崎岖，军行不便，而攻难守易也。既而复遣军往，攻其要塞，陷之，当时二国业已议和，议订条约，会尼泊尔王谓其条件苛酷，拒绝签字，二军复战，英军又胜，进逼都城，王乃批准前约。斯约也，尼泊尔割让领土，而许英之监督（Resident）驻于都城。尼泊尔人之所最痛心者，则监督之在首都，监其内政，而侵犯其主权也！其所割让之土地，气候清爽，风景优美，宜于人生；欧人之在印度者，往往避暑于此。于是其地日益发达。

尼泊尔自与加尔各答政府缔约之后，迄于今日，凡百余年，未尝反英；

而曾于印度叛乱之时，出兵助英。其人长于战争，服务于印度军队者甚多；其后二国政府，本于和平之原则，议订尼泊尔人入伍之办法；其兵于印军之中，以勇敢忠实见称，一九一四年之大战，其作战于欧洲者，颇有功绩；其出为警士者，亦负盛名。至于内政，尼泊尔人则力求自主；监督知其民意之不可轻侮也，活动殊少，而多求避免干涉之名，欧人至今犹不得自由游其境内焉。自其政治现状观之，盖介于阿富汗土邦（即印度境内之小邦）之间；其同于阿富汗者，则内政自主，而外交受英监督管理也；其近于土邦，则以尼泊尔政府许英监督，驻于京师，而雇用欧人，必得印度政府之同意也。其王向认其世属于我国，而遣使入京进献贡物。英虽监其外交而亦许其五年一贡；乃自民国成立以来，内乱不已，朝使遂绝，此其内政外交之大略也。尼泊尔之边境为佛陀之生地，国人虔奉佛教；先是，印度高僧避回人之难，而入其国，并携古代佛典，其数颇繁。今之研究最初佛教者，尝取材焉。

二、聘得那及麻剌赛战争。聘得那（Pindaris）为一群罪大恶极之匪；其名称之原义，则醉酒也。其人起自弱小之土邦，深受麻剌赛之蹂躏，无以为生，乃铤而走险，相聚为盗，势稍张旺，奉其强者为长；其人毫无宗教国家观念。其共同之点，则以劫掠为生也。人数约二三万，其出而劫掠，则二三千人为群，骑兵驰行，每日四五十英里，既无帐篷，又无粮糈，故极轻便。凡其所到之地，无恶不作，掠取人民之牲畜、财产，其不能携归者，则尽毁之，苟不满其所欲，则以残毒不可思议之严刑，强迫人民，出其所有之金；其无以应者，则往往而死，其惨酷之状，闻之令人心悸。其人又得麻剌赛盼赛（Pantlian）之助，麻剌赛人前已述之，盼赛则回人之为盗贼者，出没无常，专以劫掠为业；其昭之以金者，则即助之。一八一二年，聘得那初扰于公司之领土；一八一六年复至，大掠十二日，共至三百三十九村，残杀一百八十二人，重伤五百五人，其受毒刑者，三千六百余人；妇女惧其受辱而自杀者，不知凡几。

事闻，哈士丁斯即欲遣军往剿；顾知其与麻剌赛关系之密切，而将引起大战也，不果，乃与麻剌赛之独立酋长议和；缔结承认加尔各答政府保获之条约，而多许之，同时预备出师。一八一七年，聚兵十二万人重炮三百；欧人之在军中者，一万三千，为大规模进攻合围之计。大总督分军为二：一剿印度斯坦之匪，一征德干，大军前进，于是信的那孤立，始不敢动。既而军中患霍乱病者极众，约占全数十分之一，斯疫也，盛行于印度，一日之间，加尔各答死者二百余人。哈士丁斯不顾，令军前进；聘得那之首领，或降或死，其祸乃止。当此之时，麻剌赛之次相，违背前约，举兵叛英，何刻等出兵助之。英军往攻麻剌赛，其酋次第败逃，迫而批准附英之条约。次相亦降，哈士丁斯谓其反复无常，废除次相之称，而禁其族人活动。一八一八年，麻剌赛酋，几皆附于公司，而英统治印度之权，确然巩固而莫之能抗矣！其不服者，明年亦定。

一八一八年英并印度 综观英并印度，经营二百余年；一六〇〇年，组织东印度公司，一七六一年，始败法人于南方，而无劲敌于印度，势力日强，并灭土邦，一八一八年，土邦屈服，而实统治全印。其能若是者，多由于大总督之野心侵略也；凡与以宣战之口实，则即起兵进攻其国。迨其战胜之后，许其缔约以和，其重要之条件，则割让土地，而受加尔各答政府之保获，岁出重金，以养其军队，政府遣人监其内政，所谓监督是也。监督之权，视其人之才能及环境而定；其目的，固谋英人之利益也！土邦之深受匪徒之蹂躏者，亦求保获于公司；公司受其岁金，结果则公司之领土扩张，财政充裕，军队数众，而势益强。土邦相形之下，则势愈衰弱，加尔各答政府遂得自由处置印度之一切问题矣！其侵略之甚，不顾一切，数起英国人士之反对，国会因而规定其不得自由宣战。顾印度远在东方，不易监察，而英人之热忱，往往动于一时之情感，殊无维持和平人道之决心也！政府乃不干涉加尔各答之政策，胜则赏其长官，败则撤其回国，未尝按其事实，而绳之以辟德法令也！当此之时，蒙古儿皇徒拥虚名，麻剌赛则除一二英主而外，犹未失其盗贼之性，聘得那继之而兴，其祸益烈。匪徒之为害于土邦有余，而与英人相拒，则形不足；且其酋长，多无远识，英人啗以一时之利，而即为其所用，此英人之所以成功也。自其统治孟加拉以来，初则贪婪污秽，不堪言状；后受法令之监视，较前廉洁。然除境内安宁人民乐业而外，未有大规模之建设，而印人殊未深受其赐也。苟以孟加拉大荒为证，而益信矣。盖其长官之精力，耗于战争，而公司又分府库之金为其红利也；尤有进者，英人之仕于印度者，不知其风俗、习惯，而欲采行英之法令，于环境迥异之印度，其弊尝或过于旧法，此其明显之弊也。然则公司之统治印度，其劣于麻剌赛耶？曰：麻剌赛乃盗国也，二者不能相较。其欲根据于此，而论其优劣者，则其见识之浅陋极矣。

第二十四篇

劳顿·哈士丁斯内政之建设　报纸发达之略史　缅甸战争　办铁刻　禁焚寡妇　铲除得䥶　一八三三年之法令

劳顿·哈士丁斯既平麻剌赛后，信的那、何刻之境内始安，农夫归乡，耕种，其已焚毁之镇，稍复旧观，何刻之收入，年约四万镑金，数年之后，增至三十五万镑。次相之领土，则直接统治于加尔各答政府；其西岸海盗颇众，遣军讨之，进而干涉开治（Cutch）之内政。开治濒临阿拉伯海，在刻赛瓦之北；其地尝有地震，数遇大荒疾疫，盖近于特尔沙漠也。特尔在其东北，古代之河流，则已圮灭，而其城镇之遗址尚存，观者辄叹昔日之繁盛，而今之荒凉也。于是公司之势力伸入其境。哈士丁斯乃不进贡于蒙古儿皇，先是，蒙古儿帝国虽衰，然未失其印度斯坦皇帝之称，公司常献礼物，盖认其为皇也。至是，大总督以加尔各答政府握有统治全印之实权，令废其例；但其所造之银币，犹有蒙古儿皇之名，苟就名义言之，皇固未失其统治权也。哈士丁斯又尝怂恿澳得之王。不待皇之诏敕，而自上尊号，时人非之，而哈士丁斯信为得计。其师澳得之故例者始多。

内政之建设 内政则哈士丁斯颇有改革，初，考瓦立斯不信印人，凡有责任之官吏，皆以英人充之。英人不知印度之习惯，颇感困难；其所设之法庭，数少而事繁，又改古制。税吏无司法判决之权，此皆不合于印度之环境，而人民不便者也。大总督改之，增设法庭，予税吏以折狱之权，任用印人而稍增其权。其于新得之领土，知其人民不便于英国法令也，乃不干涉其旧法。同时，加尔各答政府对于教育、公共事业，亦有建设。先时，公司采取愚民政策，意谓印人易于驯服也，力拒教士至印兴办学校。公共事业，则除威乃斯来整理加尔各答而外，未有工作，及其撤归，而工即止。至是，哈士丁斯公然谓政府利用印人之愚而鱼肉之，即为违背英国之舆论，尝自出款，建立学校，赞助印人创立之大学，其夫人亦有力焉；又与报纸相当之言论自由。公共事业，则成功威乃斯来原定之计划，疏浚特里之运河，修筑道路，改建桥梁，而人民称便。政府之工作既多，各需经费，而哈士丁斯善于理财，府库颇有赢余。当时政府之取于民也，殊为苛重，农夫不堪苛税，而叛者数起，此内政之大略也。海外之事功，则遣军占据新加坡也。其地在马来半岛之南端，为欧亚海上交通必经之港；自商业军事言之，皆极重要。

哈士丁斯之内政，虽非大规模之建设，而实建设之始也。其下多才能之士，其尤著名者，谟罗（Thomas Munro）也，政绩则为改革麻打拉萨之田税。初，考瓦立斯采行永久田税于孟加拉、澳得等；麻打拉萨则仍其旧制。其制无世袭之仲介人操纵其间，税吏则由政府委任，而予以俸金；其不胜任者，则免其职。其田曾丈量于古时，而簿记惜多不确耳，谟罗首即丈量田地，视其肥瘠而定其税额之多寡。农夫耕种其地者，先即注册，而直接受命于政府，岁纳其税，而政府不得收回其田。其愿增减亩数，或不愿耕种者听之。其买之者，则多纳面价百分之十五，其意盖视土地为国有者也。农夫改进田产，而增加其收入者，并无额外之税。孟买之田制，亦类于此；此制根据于旧制，而略改革者也，而伦敦之英人，谓其创于谟罗，斯见其不知印度之历史习惯矣！麻打拉萨税制之弊，则其税率苛重，而税吏往往强迫农夫出其所有；其不能如数应命者，则囚之于狱。孟买亦然。其后复有改革，不同之点，则农夫有绝对自由处置其地之权。政府减其税率，而除其不能纳税囚于狱中之罚，视前平允多矣。

报纸发达之略史　一八二一年，哈士丁斯亲戚之舞弊案发，公司疑之，乃请辞职，一八二三年一月一日去职。其在印也，自谓离印贫于东渡之时，私人固无求利舞弊之动机也。其后公司以其功绩，数予之金；哈士丁斯既去，令政务委员阿坦明（Adam）代之。阿坦明在职，其最著名之史事，则驱逐《加尔各答日报》之主笔泊近汗（James Silk Buckingham）出境也。吾人当述报纸之略史于此。一七八〇年，英人某创立报馆于印度，称曰《孟加拉公报》，是为印度报纸之始；其所刊者，英文也。一七八二年，执政忌其言论不逊，禁其出版，囚其主笔于狱，历时颇久。其因报纸畅销，而继之办报者渐多，尤以《印度公报》流通最广，而尝批评政府。一七九一年，考瓦立斯命逐其主笔；主笔控之于法院，法官判决大总督之命令有效，其人乃归。一七九九年，加尔各答政府患其攻击，设立报纸检查机关，公司极赞成之，追威乃斯来在职，监督报纸尤严。其后劳顿·哈士丁斯许其讨论规定之问题，而废除检查机关。且不反对公正、诚实之批评，报纸遂得相当之言论自由。泊近汗乃创《加尔各答日报》于此时，而常指摘政治官吏之失当。至是阿坦明恶而逐之，泊近汗所受之经济损失颇重，及抵伦敦，其友出款助之，后为国会议员，年得公司之偿金二百镑。自泊近汗离印而后，报纸仍受检查，一八三五年，暂摄大总督马哈夫（Charlas Metcalfe）取消检查法令。报之伦敦，经理大怒，罢免其职；然其继之者，亦颇遵其政策焉！一八七八年，政府始订印语报纸检查条例，印度初无印刷，其后西岸皆因教徒首先知之。一七七八年，孟加拉始有印刷之书籍；一八一八年，印人创立报馆，阅者颇众，势力日盛，故有此法，无何，废之。既而政府复以政治罪恶，往往由于报纸之鼓吹，一九〇八年，公布报纸法令；二年，法令稍严，追欧洲大战而尤盛，盖患其有于不利战事之宣传也。

缅甸战争 阿坦明在职七月，英任安黑斯德（Amherst）为大总督，一八二三年，抵印就职。其人殊无才能，颇不胜任，在职之重要史迹，则缅甸战争也，缅王波罗拿（Bodoahpra）自于一七八二年在位以来，训练精兵，征服邻国，兵势大张；其兵败之酋逃入印度西北者，数启争端。加尔各答政府屡遣使者入其国中，议订条约，而缅王弗许。一八一九年，王死；其孙嗣位，恃其兵力而将构难于印度，一八二四年，遣其能将统军进攻孟加拉。安黑斯德知其山道崎岖，攻取缅甸不易，初欲逐之于阿萨密外，令军拒之，不胜；乃变计划，遣海军运输军队，自孟加拉湾登岸，乘其不备往攻仰光（Rangoon）。仰光，在缅甸之南部，商业之要港也；其意则谓既取仰光，缅人势必屈服，固不知其代价之重大也。及其登岸，进陷仰光。会天雨不已，疾疫大作，而缅人皆起反英矣！英军备受困难，死者极众，无何，乃以轮船运输军往。轮船驶行于印度洋，而为战争之用者，始于此时；于是援军大至，攻陷名城古摆（Pegu）及地那悉林（Tenasserim）。缅王招其能将于阿萨密以御之，英军遂能得志于东北，而取阿萨密等地矣。能将统大军往，及战不胜，退而建筑极强固之守壕；英军前攻，不胜，顷之，再战，能将中弹而死，守军大恐，不战而逃。英军长驱直入，进迫首都阿瓦（Ava），王始大惧，遣使议和，缔结条约，出款一百万镑，割让阿萨密、地那悉林等；并许不得干涉其邻之内政，又订商约，战祸始止。斯役也，缅人战斗勇猛，顾其器械不良，炮为二百余年前之旧物，宜其败也。初，英军渡海，往攻仰光；印军驻近于加尔各答者，传言其将东渡，大恐，盖渡海则丧其阶级也，高呼宗教危险，不服命令，英军攻之，即平。既而战事不利之信息传至，土邦有拒加尔各答政府之命令者，不久亦服。

办铁刻　一八二八年三月，安黑斯德归英，令政务委员代理其职，公司委任威灵。办铁刻（Willam Bentinck）为大总督。办铁刻生于贵族之家，少年尝为麻打拉萨总督，会因兵变招归（其事见前），而自谓其不平，乃公然谋为大总督。追劳顿·哈士丁斯辞职，上书于公司以自荐，不成；至是，公司许之。方其未至印度也，政务委员草定改革计划，新大总督遂有所根据矣；迨其安抵加尔各答，就职之后，奉行经理训令，节省经费。盖自缅甸战争，军费大增，而经理惊其额数之巨，乃令停止将校文官之津贴，稍减陆军之人数，办铁刻又采专卖鸦片之政策；于是收入大增，府库充实；其怨之者亦众。大总督之改革颇多，其最著名者有二，试分言之于下：

一、禁焚寡妇。古代野蛮部落，酋长病死，往往杀其妻妾侍者，其意以为人死之后，起居生活，一如生时，而其妻妾当从之也。我国春秋之时，尚有此习。迨后其制，始稍进化，则尝得从死者之同意，而或出于其自愿也。此俗盛行于亚洲中部，而自西北传入印度；希腊学者远从亚列山大东征，记载太昔尔城，焚死寡妇之风。纪元前四世纪之旁加普已有此俗，则其传入之时期，自必甚早。顾未及于全印，印人且未公认所有之寡妇，皆有焚死之义务也。其自愿焚死，则家族视为至荣；寡妇亦多焚死。至于妃嫔，王死则多焚死，固不问其同意也。未介兰格之妃嫔死者，尝至二三千人，亦云惨矣！孟加拉自一八一五年而后，恶风大盛，仁人见之，往往寒心，土邦之王，及公司官吏，尝认其为罪恶，而令禁之，麻剌赛次相亦然；此固一二例外，所可惜者，未尝定为法令而严禁之也。及办铁刻初至印度，谓其违背人道，即欲禁之，惧其干涉印度教之习惯，而将引起印兵之反动，乃先商于各界要人，莫不赞同。一八二九年，公布永禁寡妇焚死之法令；此法也，初行于孟加拉，既而孟买、麻打拉萨相继采行；其后一八三二年，孟加拉人上控法令之失当于英国枢密院。法官判决法令有效，恶俗乃渐绝于英属印度。

二、铲除得畿（Thuggee）。得畿者，半宗教之秘密会，而专杀人以亲媚于神者也。印度教徒、回教徒，皆得入会。其杀人也，不问其残酷卑劣之手段，而自信其献祭于神，则可得其愉悦，而免灵魂于痛苦也。其人遍于全印，而有暗号、隐语，传递信息；其初入会者，礼仪繁盛，借示其服从会章，而奉行命令也；既入会后，则有一定之职务。其实力则视各地而异，其最大之会，凡三百六十人；其所在之地，常得一部分人民之同情，其人或已入会矣。得畿之组织，始于何时，虽难确于指定，时间固甚早也。十三世纪之记录，始明言之，相传阿刻巴杀其党员五百，夏介汗亦大杀之。及十九世纪之初，其势大盛，每年所杀之旅客，数以千计；一人曾杀七百十九人。其所以然者，盖印度之交通不便，警察不良，而与以活动之时机，且其会员不易辨识也。其人诈为香客、乞丐，或苦行者，欲杀其人，则阳与之相亲，渐乃得其信心，及抵目的之地，杀而葬诸墓中；其墓则先已掘成，而专俟其尸者也。一八二九年，政府决计大举除之，捕获其党员某氏。许赦其罪，而令供其会中之一切秘密；得其供后，发死者之墓，及他人之供，以验其言，乃搜捕得畿社员，而铲除其会社。其专司其事者，斯利问（WilliaIm Sleeman）也。其所遇之困难极多，而所耗之精力如之，共历数年，其祸始止。其能竟其功者，亦赖大总督之赞助焉。

除上二者而外，办铁刻之政绩尚多。其治印度也，为其明知风俗人情及民间疾苦之计，出巡于其统辖之地，尝以轮船便于交通，上计划书于经理。其建议共二：一、建设轮船，航行恒河。二、疏浚苏伊士运河，以利英印之交通。公司赞成前议，而否决后者。办铁刻之用人也，视其功绩，而定其黜陟；长官必须按时报告其属吏之勤惰，又改考瓦立斯之政策，而多用印人；印人之生活程度，低于英人，其薪金数微，大总督且借之节省经费也。印人服务殊勤，生于其地，而仕于其国，其印度知识，远过英人，其效率尝非英人之所能及，于是政治颇有进步，而印人亦有相当之机会服务其国矣！军队，则办铁刻为其长官，公布重要之命令凡二：一、增加服务年久印兵之饷。二、废除印兵鞭挞之罚。后者常为人所非议，盖时英军未废此刑，而印军去之，往往引起歧视之点；就其本身言之，固善政也。其对土邦也，公司则以战祸一启，军费浩繁，常训其勿干涉土邦之内政，而办铁刻则以加尔各答政府为印度最高之机关，不能容忍土邦之纷扰战争也；尝并米索尔等，其后一八八一年，政府复立印人为米索尔王。

一八三三年之法令 一八三三年，公司特许权之期告终，初其委办铁刻大总督者，欲其改革而辩胜于国会也。国会亦推委员研究印度事务，一八三二年，委员上其卷帙浩繁之报告书。舆论则商人、实业家，宣传取消公司垄断中英商业，而许欧人购地于印度等。一八三四年，国会通过公司之特许权二十年，而许商人自由经商于中国，购地于印度，公司乃失其商业专利之权，其保存者，则政治实权而治理印度也。其股东共得规定之利息四十年，经理犹得撤归长官。法令规定印度政府之组织，改孟加拉大总督为印度大总督，其政务委员会增加法律委员一人，苟非关于立法问题，则不得与会；又去孟买、麻打拉萨政府立法之权（后感困难，乃复予之）。法令之重要条文，则废除人种之偏见也，载明印人于公司统治之下，无论何地、何职，不得因其宗教、生地、后胤、颜色之异而排斥之！此乃公布印人得为官吏于印度矣！其资格则为才能！而发长英才者，则教育也。苟无教育，则法令犹具文耳。英人统治印度，其记录英文也，印度教育不能应当时之需要。教育局长力劝大总督补助英人设立学校之经费，而不稍顾印人之学校，其偏见之甚，愚不可及，幸其终未采行于后也。一八三五年，加尔各答医科大学成立。

一八三五年，办铁刻在职七年，亟于回英，而令马哈夫（Metcalfe）暂摄其职。其治印也，政绩昭著，印人为立铜像，以纪其功。马哈夫尝为西北长官，负有盛名。至是，在职十二月，将改摄为署矣，会废除检查报纸条例，经理素以钳制舆论为得计者，闻之大怒，另委他人，马哈夫于是归国。其在印度也，公平爱人、勤于政事，为印度极著名之能吏。及其归英，闻者惜之。后为加拿大总督，死于一八四六年。

第二十五篇

安刻兰之初政　阿富汗之役　英取信德　昔刻战争　达娄哈昔之侵略政策　印度之叛乱　一八五八年英王直接统治印度

安刻兰之初政 初，办铁刻辞职，适保守党执政，公司经理拟推其党员继之；无何，自由党组阁，否认前议，而另委安刻兰（Anckland）。安刻兰为自由党员；其为人也，无坚决之主张，往往为他人所利用；其得东渡者，非其才能昭著于时，而因其党友相助也；印度政治始牵入于英国政党争权之秽史。一八三六年，新大总督抵印，初遵前定之计划，提倡实业，振兴教育，改订政府津贴勤读学生之费，不限于教授英文之大学，宗教则实行经理之命，取消进香圣地之税，而停止官吏管理寺院之财产，又为灌溉之利，兴工开河，人民称便。会一八三七——一八三八年，北印度大旱，农民无食，政府虽出款救济，而其死者至少之数，约八十万人，此其内政之大略也。苟其继续进行，不受英国内阁及其顾问之怂恿，而侵犯西北邻国，则人民将必深受其赐。其对土邦也，则维持现状；其谋叛英者，即废其王而另立其族人代之。

阿富汗之役 安刻兰之侵略西北者，受命于英之外相泊米斯坦（Palmerston），以防俄也。俄自彼得大帝以来，蚕食中亚细亚、土耳其斯坦，不遗余力，英人患其势力及于印度。至是，俄遣使入波斯、阿富汗，而欲与其王相结。泊米斯坦闻之，大惧，有说其用详大地图，而证阿富汗与英属印度无直接关系者，外相弗听；盖就地理言之，英属印度，与阿富汗边界之间，中隔旁加普、信德等地，而泊米斯坦之防俄，实过虑也。安刻兰既奉命后，经营西北，其地之酋长颇众，欧人统称之曰阿富汗。初，介不娄内乱，其王逃入印度；既而酋长铎斯德（Dost Muhammad Khan）自立称王。一八二七年，安刻兰遣使谒王，其使命虽谓缔结商约，而实讨论政治问题也。铎斯德请英许其攻取白沙瓦，英使以昔刻王兰结德信（Ranjit Singh）统治其城，弗应；铎斯德转而亲俄。使者归印，明年七月，大总督与兰结德信及介不娄前王订成三角同盟。其目的，则恢复前王之位于介不娄也。安刻兰听其顾问之说，遣孟加拉、孟买二军往攻介不娄地；其王固未扰及英之疆邑也。孟买军队登轮而往，乃为军事便利之计，公然违背条约，破坏信

图 25-1　建于阿富汗边境的英国堡垒

德之主权，而自其港登岸。先是，信德三分其国，内有三王；一八〇九年，公司与之缔约，借以维持永久之和平；一八三二年，又订新约，载明互相尊重领土之独立，并许不得于印得斯河，运输军需。至是，英军入其国中，其王迫而签字于其所谓条约之上，而自取消独立，岁出重金以养公司之军队，并认公司所铸之卢比为通行合法之货币。

无何，英军前往堪得哈。途中逾越山道，备受困苦，且又无水，橐驼死者，数约二万，军中颇有怨言，会陷介不娄之名城。铎斯德大惧，出都北逃；英军入都，前王归国复位，俄而铎斯德亦降。安刻兰遣将留兵戍之；其将昏庸无能，而英人信其无事矣，携其妻子而往，长官互相争权，军队则住于无险可守之平原，时适阿富汗之土酋，群起反英。一八四一年，英军有绝粮之虞，大将迁延不退，而大雪深积。明年正月，英军四千五百人，及其家属一万二千，东退不得，仅一人重伤而回耳！阿富汗人乘势前进，东攻要塞不下，乃退。败闻，安刻兰惊悸成疾，不知所为，而新任大总督爱伦保（Ellenborough）已登轮东渡矣，一八四二年二月抵印就职。爱伦保颇主慎重，令军放弃阿富汗而退，置俘虏于不顾矣。于是英国、印度皆有示威反对之举动，爱伦保迫而改其训令，许将负责自由行动。大军前进，再入介不娄，救出少数英人，余众不知所往，出款赎之。英将深恶阿富汗人，毁其首都繁华之市场以为报复，并许军士纵火劫掠；顷之，凯旋而归。政府许铎斯德回国称王，战祸始已。

英取信德　阿富汗之战既终，爱伦保乃得暇时，处置土邦，而尤亟于兼并信德，盖因其地在印得斯河下流，足以阻碍英之航行，而大总督欲取其地，固不问何所谓条约也；遣来普（Charles Napir）为其代表，予以军政政治之全权。来普之心雄甚，决心兼并，而不稍顾其手段之卑劣。一八四三年，其威胁之甚，而使信德之王，不堪其辱，嗾人攻击英国委员之住宅。来普视为宣战之理由，即统军往；其王率军御之，不胜，复战，又败，信德遂亡。来普得赂七万镑金；其下有拒绝不受者，回英宣传加尔各答政府处置之失当，请其恢复固有之王，惜已迟矣。爱伦保以来普之功，委为信德总督，来普治理其地，刚强严明，极专制之总督也；但其疏通河流，颇著政绩，信德遂渐富庶。同时，土邦有内乱者，大总督以其军队颇强，借为口实，讨而平之，令其解散军队，顾未并取其地耳，此其侵略政策之大略也。其内政则于一八四三年公布法令，禁止蓄奴。初纪元前四世纪，美葛生斯谓印度无奴；斯言也，殆不可信。奴隶自古存在，但其各地之形式不同，至是，凡数百万人；法令之禁奴也，非直接解放，而乃认其违法耳。政府又改孟加拉巡捕厅之组织，其效大著；复禁地方政府发行彩票为其建设之经费，因其流弊甚多也。

一八四四年，公司经理议决招归爱伦保，女王威刻道那（Victoria）知之，意殊不悦。其撤归之原因，则经理恶其性情傲慢夸大，言辞不逊，而好逞其侵略之野心也！哈丁畿（Henry Hardinge）继之，新大总督少年从戎，数至欧洲大陆，与拿破仑军战，颇立军功；其身被重伤者凡四，并丧其右手；其后被选下院议员者二十年，尝服务于陆军部及爱尔兰；及其东渡就职，年五十有九，但其精神，一如少时。其在印也，时间虽多耗于昔刻战争，然能整理内政，草定铁路之计划，疏通运河，维持教育，禁焚寡妇及溺婴孩于土邦，又公布法令除杀人祭神之恶俗。斯俗也，行于澳立赛之山地，其人知识浅陋，迷信极深，年求收获之丰穰，而以生人为牲，出刀生剜其肉，取之以归，迄于牲人之气绝。其残酷不仁，可谓至矣，故令禁之；其奉行者，玩视法令，殊无效果，后乃禁绝。

昔刻战争 哈丁畿在职之精力，已如上述，耗于昔刻战争；先是，一八〇九年，大总督明多与兰结德信缔约，各不相侵。昔刻乃并旁加普全境，征服白沙瓦，并取克什米亚；其所以然者，皆其编制新军之力也；初昔刻军队为非正式之骑兵，而无炮队，兰结德信始练步卒，而助以炮队骑兵，其上级军官，则多欧人，故其军队能战，声势大张，然于英人则相处甚善。迨其季年，好酒放恣，国中纷扰，一八三九年，病死。其假子嗣位，年仅五岁，政权归于武人，乃欲劫掠特里而东出兵矣。报闻，哈丁畿大怒，公布对其宣战，亲率兵往，大战二日，英军垂败；会稍振作，敌军始退，英军死伤二千余人，而大总督之传令兵，颇多丧亡，斯见其恶战之烈矣。既而复有数战，英军皆胜，而昔刻之精悍陆军不能为力矣，报之英国。内阁大喜，厚赏其立功之将校；要之，昔刻军队固英军极强之劲敌也。英军乘势进据那何尔，昔刻人无奈，迫而议和，其条件则偿军费，交出重炮，割让克什米亚等，且限其步兵二万、骑兵一万二千，英遣监督驻于其都。英人批评条约而谓其何不即并其地也！哈士丁斯则以其地狭小，不足有为，且当恶战之后，英军死亡颇多，而印兵则难于相信也。加尔各答政府既得克什米亚，赐之土酋，土酋与以七十五万磅金，于是近代之克什米亚土邦成立！

达娄哈昔之侵略政策 一八四八年一月，哈丁巇返英，仕于祖国，改革陆军，创立军官学校，升为元帅。其继为大总督者，苏格兰之少年贵族，达娄哈昔（Dalhousie）也，初为印度事务管理局长，勤于政事，颇以才称，及其东渡，身患疾病，在印八年，未尝痊愈，其身体虽弱，而精神颇旺；其计划之成功，身体健康之政治家，或不能过之也。其在职之初年，从事于第二昔刻及缅甸战争，一八四八年，驻于昔刻首都之英监督，处置木里坦之总督颇严，而遣人管其要塞。既而使者被杀，木里坦叛；大总督因欲解决昔刻民族，命大军前进，昔刻御之。二军夹河而战，未有胜负，而死亡者极众，传之印度、英国，闻者大惊，盖人不信昔刻尚能力战若此也。会木里坦陷，英之重炮队来援，而昔刻大将则以军火不足，退于歌甲来得城（Gujarat）。其地近于钱不河，英将认为作战之时机至矣，追之，次于歌甲来得。一八四九年二月二十一日，两军会战，英之炮火猛烈，昔刻不能御之，大败而退，英军尽取其地。政府委任官吏治之，其人皆以才能显于当时，旁加普政府，乃以模范省见称。其长官之政策，则解散军队，减少田税，而使农夫回乡安耕，又兴交通事业，法令则仍其旧，人民称便，而渐富庶矣。缅甸战争之起，则英人谓其受辱，商业损失；大总督特令使者要求赔偿，使者违其训令，擅捕缅王之船。缅人开枪，英船回击，战争遂起。英军陷其名城，缅王迫而求和，割让海岸，于是英国握有孟加拉湾之航权！

达娄哈昔之对土邦，则施其兼并之政策，而采其所谓过产主义；过产主义者，土邦之王无子，养其族人之子为子者，迨其死后，养子不得为君，而公司并其领土，直接治理其民也。其主张自法律言之，殊欠平允，盖人老而无子，法律许其养子，承受财产；而乃于王独持异议何耶？一八三四年，经理尝禁养子为储，但其目的则防土邦相结，固难适用于此也。一八四八年，政府首并西高止山之小邦，公司以其不劳军队而拓领土，深赞许之；于是乎达娄哈昔进行益力，其所兼并者颇多。其尤越于常轨者，则并澳得也。其理由则谓其政府腐败，人民困苦；大总督草定条约，而令其王签字，其重要条件，则王交出政权，而公司不废其尊称，予以一百五十万镑金，并保护其王宫财产；其王拒绝签字，加尔各答政府遂宣布兼并，而置王之同意不问焉！内政，则达娄哈昔之建设者颇多，大总督监察行政各部，而使其进行便利，一八五四年，改订大总督离职告假之时，而以代理总督暂摄其职，又改工程部之组织，而大增其经费，乃浚河道，大兴水利，建设电报局，减收邮费，而划定其为一律。先于此时，自孟买寄信于加尔各答，邮费凡一罗比（约今华币九角）；一八五三年，又筑铁道，交通称便。大总督复改监狱制度，提倡教育，采行伍德（Charles Wood）之计划；今日印语学校之组织，犹本于此，斯见其规模之远大矣。

一八五三年，公司二十年特许权之时期告终，国会通过议案，予以特权，惟未载明一定之年限，盖无论何时，皆可取消之也。议案改组公司之经理会，规定立有合同之官吏，亦须经过公开之考试，由是文官服务法渐备矣，又以大总督治理全印，事务繁杂，增设孟加拉总督，统辖其地。斯法也，为公司最后统治印度之法令。

印度之叛乱　一八五六年二月，达娄哈昔离印，深信其继之者，将无战祸；堪灵（Canning）继之，亦信其说，而不知印度叛于明年五月也，故无防御。吾人当略言公司之军力于此，公司军队共二十三万八千余人，其中欧人凡三万八千，约当全数百分之十九，印人二十万余；推孟加拉之额数最多，共十五万余——欧人二万二千，印人十二万八千。其驻防之地，英人多在西北旁加普，而阿格、澳得之数极少，要塞重炮，归于印军管理。孟加拉，除首都加尔各答数城而外，亦无英军；当此之时，印军之战斗力，殊为低微，尤以孟加拉为甚。其将校之升迁，视其服务之年龄而定，从军四五十年，始为大将，而已老矣。其入伍者，婆罗门颇多，阶级制度，往往为梗。至是，堪灵令孟加拉军士，各立志愿书一，承认无论何地，皆愿服务；印人疑其遣之渡海，而破除其阶级也，意殊怏怏；且印度自英人统治

图 25-2　一八五七年印度叛乱中被印军炸毁的皇室宫殿废墟

以来，牧师日渐活动，印人不知基督教之教义，而保守其阶级；其心目之中，所谓基督徒者，则食牛肉、饮酒，而违反印度习惯之人也。回人，葡人强迫印人改奉宗教，其影响之深，常令印人疑虑英人将遵其故智，而一旦强其信奉基督教也。土邦之王，则以加尔各答政府，借端兼并土地，惴惴然不敢稍安，其因兼并之后，而无职业者，不知凡几，皆怀怨望，而欲一逞，此乱前不安之环境也。

于此不安现状之中，其直接之导火线，则改用新枪也；其发弹之机，涂之以油，而命兵士口咬其端，印兵谓其为牛豕之油，而将破坏其阶级，使之为基督徒者也，莫不大惊；长官言其毫无根据，迨后调查，实用牛豕之油于某地；乃改前令，军队皆不之信。营中传递荷花，迨全军遍观之后，其最后一人，则往递于他军；民间则各村以六馒相递。其事起于何地，及其真确之义意，皆不可考；要之，表示其不满意于政府也。英人时无密探于外，多不之知，军士不服命令者渐多；长官罚之，囚于狱中，一八五七年五月十日晚间，特里左近之军士，攻破狱门，释其同志，火焚长官之宅邸，而尽杀之，即往特里，明日进据其城，搜杀欧人，男女老少，无得免者。军队宣言，恢复蒙古儿帝国，而奉皇帝为主，变乱蔓延于阿格、澳得等地。方印军之入特里也，电报员某，报于旁加普之长官；当是时也，英军攻击波斯，驻重军于西北边境，及得电告，从容防御，遣军回攻特里，佐以重炮，陷之，印军败逃，是为英军战胜之转机。其反英于内地者，势犹未衰，皆孟加拉之军队也，共十二万人，人民助之者，不知凡几，尤以澳得为甚，英所幸者，援土防俄之克里米亚战争（Crimean War）告终，又值构衅于中国、波斯，而驻大军于东方，乃召其至印，征服其所谓叛军，且时土邦怵于公司之威，不敢稍动，而反出兵助英，英有余力攻击印人矣。历二年而乱始平，孟加拉十余万兵，生者无几，斯见其战斗之烈矣！斯变也，军队虽为主动，而人民极表同情，不啻群众之叛乱也；其目的则不相同，特里虽扬言拥护蒙古儿帝国，而王实无权也。就其全体言之，印度教之色彩殊浓，而两军之忠勇可嘉；其不幸之点，则印人英人不忘报复之心，而残忍好杀也。

初，英将攻陷特里；捕获蒙古儿皇，许免其死，皇虽曾受武人之推戴，但无实权，功罪自当无所负责也。一八五八年正月，法庭审查其案，侦考其罪，共历二月，判决放逐之罪，先至加尔各答，后往仰光，数年而死，时年八十有七。方其就捕也，英将并执其二子、一孙，未受审判而即杀之，于是蒙古儿之皇统遂绝，而公司之寿命亦随之告终矣。先是，印度叛乱之信息报于伦敦，国人大哗，主张直接治理其地，而公司辩护甚力，但舆论固未受其影响也。一八五八年八月，国会通过改革印度政府之法令，改印度事务局之局长曰印度事务大臣。大臣为英国内阁阁员之一，出席国院，而并对其负责，其下有会议佐之。会员多为印度退辞之长官，任期十年。九月一日，东印度公司召集末次大会，经理颁发最后之训令于职员，而申明其归政于英王。一八七四年，公司始废，盖遵照一八三三年之法令，而清理股份也。

一八五八年英王直接统治印度 同年十一月一日，印度政府公布英王统辖印度之诏书，其文首述英王直接治理印度。次认公司所订之一切条约，皆为有效，申明政府毫无扩张领土之意愿，并尊重土邦之权利、威严、荣誉。中言信教自由，政府无强改人民宗教之政策，而保护其权利，予以法律上平等之保障，其久居于一地，而安于旧俗者，政府将必重视其习惯、风俗，且其所用之人才，不问其种族、信仰之同异，而惟视其教育、资格、才能、道德为取舍。继言英王悲伤印度所受之痛苦，而由于野心政治家所造成，并作虚伪之报告，欺其国人，竟乃酿成此变，政府今已遏止暴乱，除杀害英人之凶犯而外，皆赦其罪，盖公平不得慈悲也。末述乱定之后，则励进工业，进行公共事业，监督印度政府，而谋全体人民之幸福。此诏文内容之大概也。同日，堪灵亦发训令，其要旨则遵行女王威刻道那之敕文也。自此而后，法令承认大总督，兼有副王（Viceroy）之称。一八五九年，印度大定。

第二十六篇

印军叛后之结果　印度政府　英国印度之关系　大学之影响　救荒　重要之政绩　印人之不安侵略之外交政策

印军叛后之结果 当印军叛乱之时，加尔各答政府之事务繁杂，困难丛生，英人之在印度者，逞其意气，主张报复，乃谓大总督堪灵左袒印人，上书女王威刻道那恳求撤其归国，盖堪灵不欲多杀无辜，而非其所愿也。女王弗许其请，而赞堪灵之处置得宜；迨堪灵离印，而在印之英人始变论调。叛乱之影响，前已言及蒙古儿皇统之灭绝，东印度公司之废除，英王之直接统治印度，与夫大总督并得副王（Viceroy）之尊称也。副王之名，起于西北，而代表君主统治一地，总摄政权之总督也；印人习于此名，而故称之。其他重要之结果凡五，兹分述之如下：

一、澳得田地之充公。澳得初并于加尔各答政府，而非其民之所愿也；逮及叛变之时，凡其所有之地主人民，几皆起而反英。其后乱定，堪灵草定收没田主之耕田作为惩罚之宣言；其措辞殊极严厉，而印度管理局长反对甚力，局长于其通告书至印之先，而竟公布宣言之全文，加以批评。于是舆论大哗，内阁纷扰，局长乃自辞职，而宣言终未取消，惟原文修正而辞句和平耳。所幸者，其事归于澳得之委员全权办理，委员颇主慎重，予夺公平；地主于无奈之中，而亦认其满意焉！

二、军队之改组。孟加拉之叛乱，军队凡十二万人，战争共历二年，生者无几。印度政府既无主要军队，而英人又不敢信印兵；且在向时，军队属于公司，而今公司失其政权，乃决改组公司之军队，而采行与英军混合之议，直接受命于王。公司军队中之英人不服，多辞职去，甚有欲叛者；盖公司之待遇较优，而军士固不问政府之政策也。至于孟加拉改组之印军，则采英一印一之比例；孟买、麻打拉萨则取英一印二之比例。炮队则由英人组织成之，其上级军官，皆以英人充之；其后常因环境之变迁，而改革焉。

三、财政。当军事行动之时，所在需款，且战争妨碍工商，而大减其收入也。于是府库空匮，迨乱定后，堪灵为救济财政破产之计，商于英国政府，聘请专家至印，整理财政。专家谓旧税本于印度之古制，不免失于粗陋，乃大改革税则，兼采英国所得税等于印度；又力节省军费，由是财政日渐巩固。专家又请建筑铁路，疏浚运河，以兴实业，而裕收入。所可惜者，行政长官初不采行此种计划也。

四、过产主义之废除。加尔各答政府，曾借过产主义，强并土邦，直接治理其地；英人尝轻印人之习惯，而误会之点因之增加。土邦之未见并者，君臣亦不自安，及印军叛变，而土邦怵于英国之兵威，不敢稍动。迨乱稍定，英王宣言无扩张领土之心。大总督乃欲借之以安土邦君臣之心，而废过产主义，商于重要长官，一致赞成。一八五九年，堪灵通告土邦，略谓王之养子，可得继其养父，王于国中。

五、和平。印度之叛变，一部分之印人，欲凭武力以求独立，乃竟败于武力；于是印人知其武力，不能战胜英国，而不敢有所轻举矣！自此而后，土邦不敢抗命；境内除用兵于邻国而外，未有战争。人民之生命财产，毫无危险，而乃安居乐业，工商因之发达，而生活状况优于前矣。

印度政府 政府土邦之关系，一八五八年之诏书载明其要点凡三：一、承认公司与土邦所订之一切条约，而共同遵守。二、政府维持领土之现状，而无扩张疆域之心，且不赞成侵夺之行动。三、尊重土邦君王之权力与荣誉，而愿其享受安乐及社会之进步。此固未尝强迫土邦之君臣，而属于英王之下也。就其理论而言，土邦君王之地位与英王相等，不过实力不及，而加尔各答政府为事实上最高之统治机关耳！其长官大总督则由英王委任；其握大权者，则印度事务大臣及其会议也。事务大臣推荐大总督于英王，决定统治印度之政策。其所以然者，盖大臣为阁员之一，而为政府党之议员，出席国会，对之负责，且印度政府组织之法令，及其职权之规定，皆由国会议决；而建议者，则事务大臣也。国会虽有统治印度之名，而使用其实权者，则印度事务大臣也。一八七六年，女王威刻道那宣布自一八七七年一月一日对于印度之尊称，改为皇帝；于是印度所有土邦之王，皆属于英王之下，而必服从其命令，且其统治之地，亦属于英，其人进而为英之臣民矣。土邦君臣之治其境内也，多采加尔各答政府之政策，而长官亦不干涉其内政。大总督迈岳（Miyo）尝欲创立大学，教养土邦贵族之子弟，意谓其受教育之后，而他日改革其内政也。一八八五年，大学开办，名曰迈岳大学，颇著成效；其办此类同等之大学者渐多，今日土邦政治之清明，人民之安乐，固不下于英人直辖地也！

印度最高之长官，为在伦敦之事务大臣，其下有会议佐之，一八五八年之法令，规定其会员最短之任期为十年，一八九三年，改为十五年。考其原因，则大臣之在职，视其政党之强弱而定，不必深知印度之情形，而惟赖其会议助之耳。会员多为印度告退之长官，其任期既久，则富于经验，而益易于进行事务也。其住于印度之长官，则大总督也；其下亦有行政会佐之，乃自一九〇五年而后，长官渐有独行其意，而置会议于不顾之倾向，故识者忧之。孟买，麻打拉萨之总督，亦有行政会助之，其关于印度立法者，则有立法会议。其会成于一八五三年，会员则由长官委任，盖其性质，徒为顾问而已。其关于财政、宗教、军事、外交者，苟得大总督之同意，亦可讨论焉。孟买、麻打拉萨政府亦有立法之权，一八九二年之法令，增加议员之人数，而商会及其他团体，亦得推举代表，其权且可批评政府之预算。一九〇六年，大总督明多第二（前大总督明多之后）建议改革行政与立法会议。一九〇九年，英国国会通过，是谓会议法令。法令增加孟买、麻打拉萨之行政会员二人为四人，印度事务大臣委任印人一名充之，又委印人为会员于大总督之行政会，于是印人进为印度事务大臣会议之会员矣。印人参与最高行政会议者，始于此时。法令又大增加印度政府及省政府之立法会之议员；其无立法会之各省，则令其组织。其议员或由长官委任，或因团体推举。其推举者，则代表其宗教团体，或职业组织也。其意则谓印度之宗教、阶级、人种、言语，至为复杂，而政府殊患印人占据多数，而垄断政权也。但其弊害，则印度之阶级已多，而推举制度复煽其势，且团体之推举，则代表少数人之意见，而或不顾全体人民之利益，宜印人之反对甚力也！

英国印度之关系　英王自其直辖印度以来，即欲增进王室印人之关系。一八六九年，女王威刻道那之次子来游，颇受印人之欢迎。一八七五年，英国太子至印游历，凡其所至之地，备受欢迎；明年，离印而归。一九一一年，印度皇帝（即英王乔治第五）偕妃至印，土邦之王、政府之长官、社会之领袖，远来觐见。皇帝则坐于殿上，礼极尊严。其后民间传说谓其太子将婚于土邦之王女，其事虽未实现，而欲促进二地之关系，固事实也。英人之仕于印度者，则常遣其子女回英读书，其妻虽在印度，而与印度之贵妇，亦无往来。英人印人故无血统之关系，而种族优劣之心理，往往为梗；例如，英人将率印军，而印人则不能调遣英兵也。其尤甚者，则益娄泊法令（Ilhert）之争执也；法令草于政府法律长官益娄泊氏也；一八八三年，

图 26-1　在孟买为英王乔治五世建立的纪念碑

政事公布法令。其内容则取消法律种族歧视之点，而予印人知事处置欧人之权；先时，英人之犯罪者，不受审于印人知事，而法令乃去其不平等之待遇也。令下，英人之在印度者，除官吏而外，皆力反对，尤以经营颜料、茶叶者为最甚，盖为官吏之英人动于种族之意气，而或左袒国人，商人乃借为压迫印人之工具，今则失其为恶之保障，而自公然反对也。同时，凡受教育之印人，皆非英人之举动，而亦奔走宣传，游行示威。于是二方面皆坚持其主张，而种族之恨恶益深，政府患之，乃改前令，保留英人之要求陪审员之权，其事始已；但其种族之恨，辄未泯除！

大学之影响　教育，则自一八五四年伍德草定计划之后，进行颇力，其拟订之计划：一、各省当设教育机关，提倡公共教育。二、设立大学于孟加拉、孟买、麻打拉萨之都会。三、提高国立大学之程度。四、注重师范教育。五、补助私立学校之经费。六、赞助印语学校以及女子教育。于是教育之方针始定。一八五七年，加尔各答、孟买、麻打拉萨三大学成立。其组织、课程，则模仿英国牛津大学也；初则只为考试机关，而政府改为大学，其课程后渐完备，乃为印度著名之大学。土邦亦知教育之重要，而设大学；其最著名者，则害得办德大学（Hyderrabad University）也（害得办德即为赖散土邦）。大学采用又刘方言，教授学生之课程；又刘之字丰富，文法精详，辞句优美；大学乃从事于翻译西方之教科书，以供印度学生之用，其工作颇著成效。其他之大学亦多，其目的则应一地之需要也。就其最初之行政、组织、课程、学生而言，其可指摘者虽多，然其职务，则极重大，盖既求得知识，而又刺激思想；且将沟通东西文化，而可了解其不同之点，以为取舍之鉴也！其卒业于大学之青年，或服务于政府，或工作于社会，或经营于工商，或从事于著作，莫不深知西方之思想。同时，学者又以科学方法，整理其国故学，而公布其结论。其影响于欧美者，亦颇重要。二十世纪之初年，大总督歌伦（Curzon）尝因大学之重要，而主张改革。一九〇四年，公布大学法令；其内容则减少董事会之会员，改组学校之行政组织，且政府之管理监督殊严。于是印人谓其摧残大学，肆力反对，尤以孟加拉为甚；盖其土地肥美，人民富庶，而教育最为发达；其受教育之人数，亦最多也。

救荒 政府最大政绩之一，则其救荒也。印度以农立国，而人口滋众，一家每年之收入，仅能供其所需，而无所余。岁荒，则家无储粮，乃多死散。但其列朝政府，视大荒死亡为固然，而无大规模之救济也；甚者征收田税，一如平时；英属印度政府初亦未认救灾之为政府之天职也。一八五七年之变，境内扰乱，农民不得安耕，而田禾颇有损伤，乱平，雨量不足，一八六一年，遂成大荒；尤以阿格、特里之间为甚。政府虽稍救济，而农夫之饿死者，约占百分之八点五焉！一八六五年，东岸少雨，明年大荒，麻打拉萨长官救济灾民，处置得宜；孟加拉则大总督劳伦斯（Lawrence）主张先购粮食以备不虞，而行政会指为私人事业，乃止；及农民无食，而已迟矣。故其地之灾情颇重，而尤以澳立赛为最，死者数逾百万，而其原因，则交通不便也。盖救荒政策，当视其地之交通为转移，其交通便利者，则商人运输粮食，可获厚利；但其价值昂贵，而政府应有相当办法也。其办法则奖进输出，流通货币，而政府又当运输大宗食品以平价也！其于交通不便，及商业不甚发达之区域，则当暂禁现金出口，此灾后之救济政策也。灾前则宜大兴水利，以资灌溉，建筑铁路，以利交通。二者相较，则灾前之预防，尤为重要；其原因则收成之丰歉，难于预言，而灾后之救济，往往发生困难也。一八七三年，巴哈大旱，政府鉴于前事，努力救济，约费七百万镑金；其数目之巨，而尝为人指摘；然固政府大规模救济之始也。一八七六——一八七八年，南方大旱，灾区凡二十五万方英里，灾民共五千八百万人；其死亡者，除土邦不计而外，约逾五百万人。救济灾民，则麻打拉萨政府处置失当，而死亡者极众。一八九六——一八九七年，印度复有大旱，灾情之重，识者谓为印度极大之灾。灾民之待急赈者，凡七千万人。而政府之救济灾民，亦颇努力。同年，疾疫大作，而渐传染于各地，死者因之大增。一九〇〇年，西部歌甲来得大荒，歌伦进行其救荒政策，又得富于服务性之青年助之，颇著功效。近者政府从事于预防旱灾，而交通日渐便易，旱灾之为虐，减少于前矣。

重要之政绩　自一八五九年而后，印度之境内安宁，而政府颇有建设，除上述而外，再略举其荦荦大者如下：

一、法律。印度之法典繁杂，或不宜于近代思想，政府乃聘法律专家编纂法典。一八六〇年，政府公布刑法；斯法也，竭专家之心力而成。自其公布之后，迄今尚未大改，斯见其价值矣！明年，刑事法始成，法庭之组织，亦稍有变。

二、交通。政府建筑铁路，而与英商投资之机，进行颇速，一八五七年，全印铁路，不足二百英里，电报四千五百英里。一九一六——一九一七年，铁路则三万六千英里，电报则八万英里。河流之开浚者亦多，政府又修道路，改建桥梁。于是交通称便。

三、农民之待遇。孟加拉田税自考瓦立斯改革以来，未尝稍变。一八八五年，大总督德佛林（Dufferin）改订租地之年限与租率；澳得、旁加普之状况，则异于孟加拉。政府许澳得之佃户耕种田地七年，并得要求改良田地之费，旁加普则亦改良佃户之待遇。至于田税之税额，视前亦减轻矣。政府又以旁加普之农夫负债，出售田产，一九〇〇年，公布法令，严禁债户、商人及有职业者，购买田地等；又仿德国制度，设立乡村合作银行，借款农民，轻其利率，借以减其担负。

四、人口。自东印度公司统治印度以来，人口颇有增加，但未调查而无确数耳。一八八一年，印度政府调查人口，于是始有统计；其增加之数甚速，试以事实证之。一九〇一年，凡二万九千四百万；一九一一年，则增至三万一千五百万。其所以然者，则境内安宁，工商渐盛，而食料较足也。

五、古物之保存。英人之为长官于印度者，虽尝保护古物，然多偶尔及之，而非大规模之建设也。及大总督歌伦在职（一八九九——一九〇四年），始认保存古物以及掘发废址，为文明国家职务之一，乃努力于此，而使其为有统系之工作。凡国中所有之建筑、碑碣、雕刻、图画，皆遣专家一一调查，论其价值，而妥为保存；其腐坏者，则亦设法保全；其尚埋于地中者，则掘其废址。土邦受其影响，亦认古物为印度古代文化史之重要材料，米索尔、害得办德等之政府，设有古物部焉。其工作皆由学者指导，或专家主持，故其成效昭著；所可惜者，印度政府主张节省。而谓搜查古物之经费，不切于实用也。一九一一年，政府且谓古物部之工作已完；斯说也，学者认其自欺，而为不足辩论之点。

六、鸦片。鸦片之产于印度者，额数颇巨，迨东印度公司得势于印度，而大输入于中国，且为鸦片战争原因之一。英属印度政府，视其利益为大宗之收入，而为害于我国，固不计也。其稍顾荣誉道德者，莫不非之。一九〇七年，中英二国政府议订条约，而禁其输入我国。由是产额减少，而印度政府经济之损失颇巨，然固道德之胜利也。

印人之不安　上就印度状况而言，其建设、改革者颇多，但为印人所不满者，而亦不少。先是，英人经营蓝靛之树艺于孟加拉，而强迫农民舍其五谷，改植蓝靛。一八五九——一八六〇年，其威迫之甚，酿成暴动。孟加拉之戏剧名家，著成《蓝靛树艺之镜》，叙写农民之惨状，实业家之罪恶；英人恶之，其译为英文者，则重惩之。政府遣人调查其事，印度事务大臣，不肯强压农民，其事始已。其后孟加拉之教育发达，而知识界人日多；其人深受十九世纪国家主义之影响，而不愿其统治于英也，会因益娄泊法令之争辩，而种族优劣之偏见复起。一九〇四年，政府公布大学法令，印人认其摧残教育，而反对颇力。明年，政府改分孟加拉之省界，初，政府以其土地广阔，事务繁杂，不易统治；至是，另立新省，曰东孟加拉与阿萨密。孟加拉人谓政府分其省界，而散离孟加拉民族，莫不大怒；于是群众反对，慷慨激昂。同年，日俄战争告终，而欧洲领土广大之强国，竟败于向受白人威胁之日本；印度民族为之气壮，青年之不满于英人而无所泄其愤者，乃

图 26-2　英国东印度公司孟加拉邦鸦片制造厂仓库

益趋于极端，而以威吓暗杀为手段，并得欧美之社会党、虚无党助之：其于印度，则设机关于孟加拉、补来，印语报纸，时或为之鼓吹。暗杀党人之数大增，长官为其所杀者甚多；一九〇九年，为其势力极盛之时。政府因而大惧，乃严戒备，大捕党人，其势稍衰。一九一一年，英王至印，宣布改分孟加拉之省界与夫迁都特里。前者所以安慰孟加拉之人心，而后者则为其所反对矣；其迁都之原因，殊不可知也。

侵略之外交政策 于此和平期内，对外则加尔各答政府，终未改其侵略政策也。印度北部之邻国，为缅甸、不丹、尼泊尔、中国、阿富汗、俾路支，兹分述其交涉如下。

一、东北。尼泊尔自其属英以来，境内安宁。其邻近之小国曰不丹，在孟加拉之北，而向臣属于中国者也。孟加拉政府，遣使入其国中，而使者受辱；政府得报，一八六五年，遣军迫其割让土地，缔订条约；由是不丹遂属于英。东部缅甸亦于一八八六年见并于英。初，一八八五年，缅王与法国缔结条约，而予以特殊权利，印度政府闻之，即欲问罪，会缅王重税英商，乃致哀的美敦书于缅甸。其年十一月十四日，印军往攻，大败缅军。二十七日，其王请降；明日，首都即陷。斯役也，共历十四日耳！政府借口法人经营东方，而欲并之。明年，宣布兼并缅甸，令下，缅人不服。散兵与盗相结，而奉其首领为王，以抗英军。印度尝出大军三万人以防御之，共历五年始平。其浩然不屈之生气，有足多者！

二、中国。印度北部邻近我国西藏，瓦仁·哈士丁斯尝与西藏发生交涉，其后遂无往来，而西藏喇嘛严守闭关政策，以拒英人。印度政府，数欲与之缔结条约，而皆不得。一九〇三年，大总督歌伦劝说英国政府用兵于西藏；内阁许之，遂遣军往，明年，进据省会拉萨。西藏本属我国，歌伦无故出兵，我国乃提严重抗议于英。英国知其理屈，而与印度政府之意见相左，印军稍得西藏之赔款，而退归于边境。于是英国正式承认中国对于西藏之宗权，其事始已。及民国初年，西藏忽叛，而印度政府，又助叛党。

一九一三年，中英藏各遣代表会议，商订条约，而我国政府，认其丧失权利，不肯批准，乃为悬案；西藏之问题，迄今犹未解决也！

三、西北。阿富汗王铎斯德死于一八六三年，其子及族人起兵争位，而印度政府任其自然，并不援其王子。一八六八年，王之幼子得立。印度认其为王，而王心中固不慊于英也，其后转而仇英亲俄矣。一八七六年，英国政府采取侵略之政策，而欲知其亲英或亲俄之态度，乃遣印军，进据基达（Quetta）。基达在堪得哈之东南，军事之重镇也。又二年，阿富汗王礼遇俄使，拒见大总督之代表，于是战争遂起。印军分道前进，皆大胜利，其王出奔俄境，大总督拟分其国为二，而管理其外交，并遣监督住于介不娄。时值英国内阁改易，而对于阿富汗亦变其政策矣，第二阿富汗战争始已。一八八五年，英俄以阿富汗边界问题，势将宣战。初，俄国经营中亚细亚，不遗余力，至是，侵入阿富汗边境。英人闻之，大怒；二国大修战备。会俄让步，而阿富汗王主张和平解决，请英助其军械金钱，而不许其遣军助战。英国许之，于是阿富汗、俄罗斯乃遣代表议订边界，始免于战。其后印度政府又得权利于阿富汗、俾路支，乃谓其西北边防巩固；而印人则谓其野心侵略，徒耗金钱也！

第二十七篇

欧战期内印度之概状　一九一九年之法令　自治运动之背景　甘地之不合作运动　印度问题为世界之问题

欧战期内印度之概状 方印度内部不安，对外侵略之际，而一九一四年之大战开始于欧洲；英国援助俄法，攻击德奥。初英人惊于德国工商业之发达，而将驾凌其上，内阁监于德皇海军之政策，而欲破坏其海上之霸权，又以德国经营直达小亚细亚之伯达铁路，而将扰及东方，患之，数遣使者商于德皇，解决二国之问题，缔订同盟条约。德皇谓其妨碍海军之发展，弗许；英国政府，无奈，转而亲法。时法久欲报复德国，而患其孤立无援，亲近俄国；凡俄之所要求者，无不许之，然犹患其兵力，不足以拒德也；英法遂日亲近。英更进而联俄，聚其海军于北海之上，以备万一。至是，塞人枪杀奥皇太子，俄而奥、塞宣战；奥为德国同盟，而塞人则属于斯拉夫族，俄国助之，且愿引起大战，而攻取君士但丁堡也。其陆军大臣不待俄皇之命，擅发全国动员之令。及其报于柏林，德皇以为对德宣战也，大惊，致哀的美敦书于俄，要求其停止动员，俄国不答，二国宣战，法国继之。时英尚未加入战争，但其海军大臣与法缔定密约，许其防御德舰攻击海岸；会闻德军侵入比境，乃因时机，对德宣战。英既出兵攻德，印度政府受命于英，而亦遣兵助战。

英国之对德作战也，世人不知其久有宣战之决心，而认其保障比利时之中立也；既出兵后，报纸受政府之指导，则皆指摘德国之罪恶，鼓舞人民之勇气，其于印度亦然。印人甘地（Gandhi）尝谓英国之宣战，乃拯救西方之物质文明，而欧洲武力之解放也。其受教育之青年，以及地主、农、商，莫不助英反德，土邦之王，表其忠心于英，或出兵队，或输卢比。印人之从军者，凡一百四十余万人，或作战于法国，或远征小亚细亚；其在战场者，则同英人立于战壕之中，而勇敢之气，固不下于英军也。当战事正酣之际，欧洲诸国，皆努力于战争，而无余暇顾及工艺，乃吸受货物于外国；印度之输出，遂远超过于输入，而工商各业，受其刺激，人民之生活，因之反易，印度政府出款一万万镑，援助英国，而立法会之议员，并无异论；英国首相爱斯葵（Asquith）曰：“吾人之于印度，当另眼待之。”印人信其忠勇于英，当得其同情，而许印度自治也。

印度之青年，深受十九世纪国家主义之影响，而谋印度之独立；迨及二十世纪之初年，日本战败强俄，而亚洲之民族，为之伸气。其少数激烈分子，乃以恫吓、暗杀为手段，然徒扰乱治安，而无所成也；其稳健分子，则忠于英皇，而认合作为其自治之途径；且念其努力战争于大不列颠危急之际，而英人自当许其自治也。会英国否决联省之行政会议，稽延政府之改革；于是印人大失所望，稳健分子渐为人民所指摘；其觉悟者，则认英人毫无诚意，而渐趋于激烈；自治运动，因之势盛，而主其事者，则印民大会也。兹略述其历史。

初英人统治印度，实一专制政府也。迨后印人之受教育者渐多，谓其当有参政之权，一八八五年，组织印民大会（National Congress）。第一届之大会代表，来自孟加拉、孟买、麻打拉萨三大行政区域及联省等地；其人或为律师、教育家，或为商人、田主，所谓代表中等阶级；其中且有少数欧人，表同情于印度利益者也。其议决要案，则要求印度立法会之成立及减少军费等。斯会也，印度政府，虽未公然反对，然亦未尝助之，其政策实立于反对之地位。大会尝请总督为主席，而加尔各答政府，训令总督不得前往。大会成立之初，宣誓忠于英王；其职务则连合印民而为有组织之政治运动，借以表示其意见，而要求改革也。一八八六年，大会开于首都加尔各答，回人谓印人将欲垄断政治，拒绝合作。其所幸者，重要之领袖阿谟得汗（Syed Ahmed Khan）坚持不可，且曰："印人回人，自当同一心志、灵魂，苟其合作，则一国之幸福，必大进步。"其受教育，或主张激进之回人，受其影响，加入大会；及第三次开会，回人被举为大会之主席。

自回人印人合作以来，印民大会之势颇振，然其通过之议案，而政府皆置之不问也；代表乃渐改其方针。一九〇六年，大会通过印度自治，抵制外货，改良教育及振兴实业之议案，借以唤起民众，而与政府奋斗。明年，和平分子攻击激烈代表；二派相抗不下，引起暴动，而激烈分子失其势力于印民大会，爱国运动，颇受打击。激烈分子，乃从事于民间宣传，其影响之所及，则反英之思想，深伏于人民脑海之中。一九一五年，印民大会中之和平派之重要领袖，相继病死；其反对派之势复盛，领袖则贝散德夫人（Mrs. Beasant）也。夫人办理新印度报馆，鼓吹自治，风行一时；明年，被推为大会之主席。当斯时也，印人监于英国无许其自治之诚意，而生怨望，趋于极端；大会之声望大振。一九一七年，印度事务大臣蒙太格（Montagu）宣布印度政府，多雇印人，及逐渐自治之政策。

一九一九年之法令　英既宣布政策而后，蒙太格乘轮抵印，会同大总督涧明斯福（Chelmsford）调查印度之政治情形，采访人民之意见，共历年余，草成精详之报告，交与国会。国会作为讨论之根据，一九一九年通过，是为蒙太格、涧明斯福之法令。斯法也，规定今日印度政府之组织，而为印度宪法史上之新纪元。法令分明中央政府省政府之职权。省政府统治之范围，共分为二：一曰保留事务，二曰移交事务。前者专指总督及其行政会直置接处置之事务，而后者则归于阁员负责办理也。法令载明孟加拉、麻打拉萨、孟买，联省旁加普、巴哈、澳立赛、中央省、阿萨密八省，采行此制。兹分言印度政府如下。

英王名虽统治印度，而握大权者，则印度事务大臣也。大臣为阁员之一，出席国会，而并对其负责；负责云者，大臣之政策，须得多数议员之赞同，苟或认为不满其意，通过不信任案后，而即辞职之谓也。大臣之职权，推举印度之长官，监督行政官吏，执行最高统治之权，增减府库之收入，及额定官宦之薪金等。其下有会议助之；其法定人数，自八至十二之间，而半数必须服务或住于印度十年。其人皆因英王委任，期共五年；每一星期，则有常会一次；凡关于战争、和平或土邦之重要问题者，事务大臣当得多数会员之同意。大臣及其会议之议员，远住伦敦，而在印度之行政长官，则大总督也。大总督由大臣推荐之后，而经国王委任者也；就其地位而言，则代表英王；就其职权而言，则依据大臣之政策，而治印度。一九一九年之法令，予以否决印度国会通过之议案，或退回原案，而促其审思之权；又得将其解散，及延长其会期；关于执行重要之职权，则有行政会佐之。其会员凡二：一、普通会员，其数凡八，中央政府之各部长也。二、非常会员，陆军司令与秘书也。会议则由大总督主席，议案经其签字，方为有效。

印度政府之组织，其迥异于前者，则国会之成立也。国会分上下二院，上院之议员任期五年，其数不及六十。其中由官吏委任者，不足二十，而三十三人，则规定由民选举。其选民之重要资格，则为财产；其额数颇巨，而有选举权者，于全印人民之中，数实无几。下院之议员，凡一百四十四人；其中一百三人为民选，而四十一人，则由长官遴选；且于四十一人之中，法令载明二十六人，必为官吏，其任期皆为三年，每值国会召集之时，大总督可得自由出席于上下二院，演说一切，并得解散二院，或延长其会期；又得否决其议案。由此言之，国会殊无实权也；其讨论之范围虽广，然大总督认为妨碍印度治安者，则可令其停止。尤有进者，国会既无不信任内阁之权，又无决定预算之权，自难指导政府，而决定政策也。盖政府之计划，非款不行，而各部预算之多寡，常能定其功效焉！一九一九年之法令，固未许印人享受此权也。

省政府之长官，则为总督；总督由事务大臣推荐，而经英王委任，其行政会员，亦由英王委任；但数不得超过四人，此重要之行政长官也。其省议会之组织，议员可分为二：一、由长官推举。一、由人民公选。一九一九年之法令，规定前者不得超过百分之二十，而后者必须占百分之七十。其选举之资格，亦以财产为根据；其额数虽少，而大多数印民，已无选举权矣！近者女子亦有投票之权。省议会之召集也，会址、时间，皆由总督决定。其第一届之议长，亦由其委任，议长之任期四年，迨其及期，则议会始得选举，其人并须总督承认。当议会开会之时，总督可得出席演说政策，且于必要之时，并得停止其讨论之议案；且议决预算，其权亦不操诸议会也。然苟比较国会，则省议会之权较重，盖省政府之阁员，就广义言之，当对议会负责也。省政府之下，市乡政府，则仍本于前制，而为自治之区焉。

以上所言之政府，根据于一九一九年之法令而组织；印人对于法令，仍怀不满。其原因则非责任内阁，而议会之权太小也。且选民之资格，定于财产，而不问其教育程度。当第一届选举投票之时，选民不能书人姓名，而票上尝有马、牛等物之像，皆所以代表人名，而便于投票者之记识也。夫此未受教育之地主，自易安于现状，而对于政治，无激烈之主张，立法会仅足以副谘询会之名耳。报告书建议土邦之王，应有会议；其意专指其王，遇有重大问题，而可表示其意见于印度政府也。兹并略言土邦之状况，以助读者明了印度之情形。土邦占据印度全境三分之一，人口则当四分之一。其领土之大小不等，而分散于全印，不受外寇之侵扰，凡印度政府，铁路、邮局之利益，皆得享受。其民虽归其王统治，而于商业、旅行，则可自由往来于全印。英国之待土邦也，尊敬其王之权力，但不许其扩张领土，而与他国发生交涉，且遣监督驻于首都。至于境内，必须维持和平而与印度政府合作。当今二十世纪，交通发达，经济之关系日益密切，中央政府之势力，遂得侵入土邦。英之未并其地者，盖宣言在前，而今相处甚安，且无口实也。

自治运动之背景　一九一九年之法令，借以和缓民情，而印度不安之情状，业已呈于极端，终有甘地不合作之运动，兹分言其重要原因于下：

一、印度大学之教育，殊为发达，尤以孟加拉为最。全印大学，共有十一，包有一百五十专科学校。据学者之统计，孟加拉学生之专心读书于大学者，约十倍于英国（England）；其受中学教育者，亦多于英国，而求学于英美者犹不计焉。其私立大学，则脱离政府之管理；宗旨则研究印度学艺，而使青年之心理、生活，符合国家原有之精神。其著名者则格刘专科学校（Gurnkul College）也。方其成立，经费困难，其教授之薪金极微。甚者或无酬劳，然其成效颇著；今则类于此者数增。于是学者深究《吠陀》神典，旁及宗教哲学；及欧洲战起，乃认东方精神文明，远非西方物质文明之所能及。既受教育之青年，鉴于加拿大、澳洲等地之自治政府，而殊不愿其国人之统治于“非我族类”之英人也；且其卒业之后，思想纯洁，勇于进取，方拟服务社会，有所建设，乃因工商尚未发达，或无职业，自不免于失望，而努力于政治运动矣！

二、欧战后之经济问题，亦为印度政治不安之动力。先是，政府之收入，则赖田税为大宗；支出则以政费、军费为最多。印度事务大臣，行政会员，及在印英兵之薪金费用，皆由印度支出。印度学者兰益（Lajpat Rai）尝比较印度、日本、美国官吏之俸金，而指出印度为最高；其结论则谓贫民之担负过重，而救济之方法，则印人当代英人为官吏也。迨至欧战期内，印度之经济状况，大优于先；盖于战前，货物多自英国输入；战时，英国工业停顿，反而吸收外货，印度工业，受其刺激，颇为发达；故政府出款补助帝国，增加军费，募集公债，殊形便利；及至战后，英国工厂，恢复前状，输出之货物，激进于印度，而土货不能与之竞争于市场；于是出品大减，工人失业，政府无所救济。盖印人谓其工业适当幼稚时代，必当增加输入税率，而政府终未采行保护贸易之政策也。政府又因西北边防之计划，不肯减少军费，且加火车票价及食盐等税，以补不足，甘地乃认家庭工业，为其经济自救之路。激烈分子于此无可奈何之际，惟有抵制外货，提倡土布而已。其心中固极不满意于政府也！

三、宗教为印人之第二生命。其信仰有印度教、回教、皆因教、基督教之别；信徒则印度教二万万余人，回教七千万，基督教四百万，皆因教百余万，因其教义礼节之分，互相忌嫉。迨十九世纪之末，曾受教育之印度教徒、回教徒，始相让步，以求合作；及欧战时，皆忠于英国，而回人从军者尤多。战后，回人刺激于近东土耳其问题，咸抱不安。盖土耳其王，时为回教教主，回人服从其命，俨若神明。教主亲近德国，后对协约国宣战，及德奥兵败，英美诸国，欲逐土人出于欧洲。土人不服，乃复用兵；希腊出兵攻土，英国助之。印度之回人大惧，乃认英国反对回教，侵夺其教主之领土，而使其不能执行职权也；遣其代表往见大总督，而请其赞助回教徒之要求，又遣代表请愿于印度事务大臣；但其皆无结果。回人转而大怒，其居于信德西北边省之农民，虽极贫乏，而因虔奉宗教，不惜卖其房产、田地，携其家人老少，而去印度，入于回国阿富汗；及抵其境，而多死于饥饿劳碌！想其当时之惨剧，而可知其痛心疾首于英国矣！

甘地之不合作运动 印度之背景若是，终有甘地不合作之运动，其导火线，则一九一九年，政府根据谢的兴委员会（Sedition Committee）之报告，而订法令也。先是，印度青年深受无政府主义之影响，暗杀长官。迨及欧战期内，政府之权大增，因其便于军事行动也；人民之自由，受其限制，而激烈分子，亦颇不易于活动。至是，政府根据于调查暗杀委员会之报告，草定法令，借以钳制言论，并得自由捕人之权。印人闻之，莫不反对；立法会之印人亦然，而政府终不之顾。三月，甘地宣布哈打（Hartal）。哈打者，停止营业，为人祈祷，借以求其悔改，而表示反对之意也。回人助之，及期，首都特里罢工、罢市，群众间有暴动；军警乃以武力维持治安，枪杀五人。印人谓其由于爱国而死，定期追悼，及期，又有暴动，于是扰乱及于他省，甘地乃说其徒，维持治安，而与政府合作，政府亦殊赖其力焉！旁加普则异于此，其城阿立特（Amritsar）之残杀，为英属印度史中，未有之惨剧。初，甘地哈打之消息，传至旁加普，阿立特宣布戒严，农民不知政府之命令，集会于花园。将军打尔（Dyer）闻报，率兵而往，及至，并未发出警告，而下对于群众开枪之令。会众不能出逃，听命于天，而死伤千余，会军士之子弹告罄，乃始回营。报闻，英国上院，且赞美之，印人愤怒，不可稍遏。其后英王宣布打尔处置之失当，而已晚矣！甘地乃认政府容忍若此之罪恶，即为魔鬼之政府！其代表之西方文化，即为魔鬼之文化！苟英人犹不全改其心，而印人与之合作者，即为极大之罪孽！明年，不合作之运动开始于印度，兹略叙述甘地之为人如下：

甘地生于一八六八年，其地在孟买之歌甲来得，父为土邦行政长官，母则虔奉印度教义；甘地自幼受其影响，及长，其父遣之至英游学。其母为之立有三誓，一不饮酒，二不剪发，三不近妇人。甘地在英，专攻法律，未尝稍违母训，及回孟买，出席法庭，著有声籍，后往非洲南部，保护印人。初，印人远至非洲，工作甚勤，而其生活简单，渐有积蓄；后至者日多，英人忌之，改订法律，故虐待之。甘地因此而往，及至，与总督相善；其后法令益严，甘地反对，未生效力。会非洲有乱，甘地信其助英，当得英人之同情，而可享受平等之权利，乃率印人以助战。事平，英人终未改其态度；甘地反而受辱，然未稍改其志。既而非洲复乱，甘地练印人以助英；及平，英人益以不平等法律待之。甘地抗言无效，乃率印人罢工游行，为大规模之运动，政府拘而囚之。事闻，印度抗议，英国政府亦不直其属地政府之行为。南非洲之政府，始许让步。当是时也，甘地反抗西方文化之劣点，而益坚其信仰东方文化之心理；其坚忍耐劳，思想纯洁，人格高尚，固世人惊叹而钦服者也！

一九一四年，甘地自非洲归国，英人尊为上宾，其工作则努力于社会改革，后亦未尝反对一九一九年之法令。及政府采行谢的兴委员会之报告，始认其为暴虐之政策，而宣布哈打，终有旁加普之惨案；又谓回人拥护教主之运动，而为其宗教之觉悟，印人自应助之；一九二〇年，提倡不合作主义。其办法凡八：一、退还英政府所颁发之官衔，爵位。二、文官辞职。三、不读书于政府设立或补助经费之学校。四、抵制法庭，律师停止出席。五、拒绝参加国会之选举。六、抵制外国棉布。七、军警罢工。八、不纳租税（专指田税）。十二月，印民大会召集，甘地时为主席，而各地之代表受其影响，通过其所有之议案。其进行之程序，则先行前六者以促英人悔改，而保留后二条于最后之时期执行。其奉行最力者，首推学生，以致国立学校，阒然无人。官吏，律师且或暂停工作；北方自好之士，亦未参与选举。印度政府因之感受困难，甘地又不稍辞劳苦，四出演说。其要旨则劝说印人拒绝合作也！其意印人既不合作，则英人统治印度之弱点暴于世界，

图 27-1　甘地（右）和他的哥哥

图 27-2　甘地（居中）在南非

图 27-3　从非洲归国后，一九一五年，甘地与妻子合影

而终可许印度自治。印人之所恃者，非其武力，乃其宗教之觉悟，灵魂之势力（Soul Force）也！故其主张和平运动，而极反对暴动！其徒偶尔暴动，则甘地绝食，为之祈祷，其期最长者，尝至三星期之久。回教徒之领袖爱理（Shankat Ali）初为激烈分子，及与甘地合作，而亦改变主张，演说不合作及无抵抗主义焉。斯见甘地影响入人之深矣，群众奉之若神，或视为先知；印人之所以爱戴者，盖其性情温厚，处人谦和，本于至诚之心，富于服务之精神，而勇往直行也。其所倡之主义，英人谓为破坏，但于今日竞争之世界，苟或万众一心，既不合作，而又无所抵抗，自能战胜武力也。学者尝认其为极大贡献焉。

不合作运动之开始，政府以其有无暴动之义意，漠然置之，及其风动全印，孟买之商人，出其运自英国之棉布于海岸，聚之若山，纵火焚之，而不稍惜；世人莫不惊叹甘地运动之为神迹也。政府则以政务，难于进行。一九二一年，不合作之势大盛，工人罢工，或违甘地之训，不免时有暴动，而勇敢之昔刻教徒，且将起而助之。政府患之，始采强制之政策；大总督雷丁（Reading）新自英国东渡，会商甘地，但无结果；既而英太子游印，借欲和缓群众之反英也，而甘地宣言反对。及其登岸，群众示威，致于流血，死者五十九人，伤者四百人；凡太子所至之地，则宣布哈打，街中或无一人。政府乃益严其处置之手段，而捕其重要之领袖，爱理兄弟及甘地之子与焉。甘地则不稍顾，努力进行，一九二二年，实行其最后之办法，而向孟买之农民，宣传抗纳田税。政府捕之，三月，法庭判决甘地徒刑六年。其受审也，法官亦表同情，但认其违法耳。其受审之程序，证据之确实，虽甘地而亦认其公平焉。一九二四年，甘地患重病于狱中；二月，政府释其出狱就医，既而痊愈，及冬，甘地辞退政治领袖；其不合作之运动，始告终结。

方不合作运动之进行也；一九二〇年，政府举行选举，北方时为甘地势力最盛之地，而参与选举者甚少；南方则无重要之影响，而投票者颇多。一九二一年二月，国会召集，开会于首都特里，康脑德公爵（Duke of Connaught）代表英王，莅会致辞。议员则因旁加普之惨杀，提出责问；政府承认旁加普戒严法令之失当，而担认死者家族之恤金，其事始已。国会中之困难问题，则预算案也；盖时印度经济状况，不如欧战期内；政府则以边防重要，而反增加军费，议员反对。于是政府报告详情，并许让步，始得安然无事。其第二届及第三届会期，亦与政府合作。一九二三年，下院议员之任期将届，政府另行选举。其为不合作主义之信徒，改变方针，竞争选举之胜争，凡其投票之区，多占胜利。其领袖日达斯（C. R. Das），甘地重要信徒之一也；其党曰自治党（Searaj Party）。一九二四年春，国会开会，自治党员，仍取不合作主义，否决政府之提案，各省之议会亦然。省政府之阁员，因其议案否决，相继辞职。总督商请自治党之党员组阁，皆不之许；总督遂得使用职权，进行政务，议员无如之何。一九二五年，达斯病死。赖罗（Pandit Motilal Nehru）代为党魁。明年，党员分裂，第三届选举乃稍失势。

印度问题为世界之问题　自印人回人共同联合以来，始有不合作运动之可能。一九二四年，回人脱离印人，而自组织大会，名曰全印回教徒大会。盖回人居于印度，实占少数，深患印度自治之后，印人掌握政权，而可鱼肉回人也。且其礼节，异于印人，常因一时之误会，发生重大之事变；近数年来，印人回人之争斗而死者，不知凡几，尤以一九二六年大规模之暴动残杀为最惨。考其原因，则杀牛为印度教之大禁；作乐于祈祷之时，则为回教徒之大戒；乃回人好食牛肉，且杀牛为其节期中之大典，印人则祈祷作乐。彼此殊无谅解之心，往往冲突；冲突之后，积愤日深，互相寻衅。回人乃杀牛于印人居处之所，而印人则作乐于回人祈祷之时，展转报复，纷扰无已。于是爱国运动，颇受打击，深虑之士，固谋二教之信徒，联合以进行也！

印度要求自治，英人其何辞以应耶？曰："前相乔治（Lloyd George）尝谓印度有无数之势力；苟英国许其自治，则将分裂，战争，而入于混乱之

图 27-4　一九二四年，甘地出狱后，在孟买的住处工作

图 27-5　甘地在祈祷

状。”斯言也，虽似猜测，而英人固深信之。其根据则其人种复杂，容貌、颜色、身材各不相同，而言语又不相通，最近调查，其方言凡一百五十种。其人所信之宗教，有印度教、皆因教、回教、基督教之别，时相倾轧。社会则有数千阶级之分，毫无团结之力，英人指摘印度之青年，谓其努力于政治运动，而未改革阶级制度，提高无阶级人之人格，破除女儿寡妇不得再嫁之恶习，及废去终身欠债婚葬之奢费。此皆不满意于青年，而推论其难于负责，或不免于过甚。英人之欲统治印度，抑别有故焉。一、初印度建筑铁路，缺少资本，英人乃投资于印度，额数颇巨。资本家之心理，既不深信印人，而更不愿其自治也。尤有进者，英国之货物，以销售于印度者为最多，印人主张保护贸易之政策，而非英之资本家之所乐闻也。二、英俄二国之交恶已久，印度边境，邻近俄属中亚细亚。印度政府秉承英国内阁之旨意，专以防俄为事，不惜扩充军备，以加印人之担负。英人之普通心理，盖恐印度自治之后，而共产党之势力侵入也。

然则印度无自治之望乎？曰：否。英国之治印政策，常因环境之变迁而定，今日印度之地位，已迥异于前矣。一九一七年，印度代表始得参与帝国政事。一九二一年，大不列颠召集帝国会议，印度之代表四人出席；其地位与加拿大、澳洲相同。自此而后，皆得与会；其代表中之一人，则保留以与土邦之王。至于国际会议，印度代表，亦出席于国际联盟华盛顿会议。内政之足以促进自治者，则军政之改革也。初，印军之将校，多为英人，而印人且无受军事教育之机会；至是，年得派遣十人训练于英国陆军大学。一九二二年，英太子设立军事专科，教育印人，以入大学。其政策则印人可代英人之为将校于印军也。尤有进者，英人初无立法行政之权；现在政府，虽非责任内阁，但其较之于前，已大进步，他日英人终必许其自治也。自治云者，非其脱离英国独立，乃指大总督代表英王，名虽统治印度，而政权归于内阁；阁员为国会中之政党领袖，而对于人民直接选举之国会负责之谓也。学者号音（Horne）尝谓代表政府，实为英国属地责任内阁必经之阶，而加拿大、澳洲，莫不皆然。号音虽为英人，而为祖国辩护，英人政府固主张如此也。一九一九年之法令，试行之期，定为十年。一九二七年，政府推举委员调查印度之情况，以为新宪法之根据，其中并无印人，而识者为之惜焉！印人、回人，莫不愤怒；印民大会、全印回教徒大会皆通过反对之议案，其调查之结果尚不可知。要之，印度自治之时间，视其群众之进行何如而已！

于此问题之中，其最难解决者，则印人之要求种族之平等待遇也。印度地在亚洲之南，英国远在欧洲之东，而印度乃统治于相去万里、地隔重洋之英国；自其文化言之，殊少相同之点，而进化颇早之印度，反居于治于人者之阶级；其人深受种族不平等待遇之刺激，心目之中，谓其排挤于劣弱之地位，丧失国家之主权，而乞怜于英国。其上级社会之子弟，远读书于英国学校者，机会权利，多与英人相同，而同学相处，亦无歧视之点；迨其卒业归国，而所处之环境，则迥异矣！其知识才能，高于普通在印之英人，而英人组织之社会，反不许其加入，享受权利；其根本原因，则种族之不同，而歧视之耳！英人自成特殊阶级，鲜与印人交际，其为教师者，除教授学生于课室而外，亦不与之接触，其家庭中之妇女，更无论矣。英人之有儿童者，反而遣之回国就学。印人英人，固二民族，而难免除误会也！尤有进者，印度之人口，数逾三万万，而大多数则以农业为生；其所耕种之地，一岁之收入，不足以维持其相当娱乐之生活。吾师贝德士尝在印度，前告予曰："穷乡僻壤之农民，每日仅得二餐。"其生活之劣恶，近于我国北部之贫民，凡有改良其生活状况之机会，莫不趋之若鹜，是故英属之海岛及非洲等地，皆有其人。印人本其简单之生活，勤俭之习惯，所至之地，白人往往不能与之竞争，而渐引起种族之恨恶！方其初至也，地未开辟，工作繁多，白人欢迎之往；及其市场发达，遂转恶之，乃拒印人入境，订立法令，虐待其境内之印人而予以难堪。印人谓其同为英国属地之臣民，而属地政府，虐待国内之同胞，认为印度民族之奇辱，示威反对；印民大会之代表，主张尤为激烈，印度政府，亦发抗议书焉。

取消种族不平等之待遇，实亚洲民族之正当要求也！英国深思之士，皆表同情于印度，政府亦不直其属地政府之政策；顾除直辖殖民地而外，无能为力。盖英属地，可分为二：一曰直辖殖民地，二曰自治属地。前者之长官，由英王委任，而其政府之政策，则秉承英国属地大臣之意旨，而并受其指导监督。后者内政之进行，决于民选之国会，而由责任内阁执行，宗国惟有劝导协商而已。是故英属海岛之政府，虐待印人；英国令其修正法律，而即无事。南非洲之自治政府，污辱印度民族，而英国殆无干涉之可能。吾人筹划解决之方法，则当知其症结之所在；今日之世界，以白种之势力为强，其排斥亚洲民族之最力者，首推美国及英属澳洲、南非洲等地；其所持之理由，则谓其生活简单，工价低廉，而将破坏其国内工人生活状况也。斯言也，苟以事实证之，殊不尽然！根本原因，则普通白人，信其优秀民族，而常轻视他族，脑海之中，潜伏种族之恨恶也！其解决之办法凡二：一、白人中之领袖，指摘优秀种族之谬见，纠正蒙蔽群众之心理，教育青年世界民族之关系，灌输人类平等之思想，庶能使其国人觉悟，而视四海之内，皆其兄弟，自无排斥所谓劣弱民族矣！二、亚洲之人口多，工商犹未发达，人民因之不能维持其最低娱乐之生活！天下固无广大之余地，而容此无数过剩之人口也！亚洲民族，为其自救之计，则当实行节制生育（欧美中等阶级久已采行）！庶可减少人口，而促进生活之改良也！要之，种族之平等，乃为今日世界重要问题之一；其性质虽极复杂，而非旦夕之所能成功，然其解决与否，关系于亚洲全体民族之人格！凡我亚洲民族，固当合力进行，以促其圆满解决也！印度现为大不列颠帝国领土之一，其关系尤为密切，英国、印度当求先有所解决也！一九二六年，印度南非洲政府，本于亲善协妥之政策，召集会议，明年一月，共同议决印人侨居南非洲之待遇，二月，公布协约。印度政府深为满意，甘地表示同意，而固亚洲民族平等待遇之先声也！

印度大事年表

公元前六四二年（约）[①]	昔顺乃格创立摩揭陀国
五八二—五五四年（约）	必昔赛那王
五六〇—四八〇年（约）	释迦牟尼
五五四年（约）	阿介他赛嗣位
五四〇—四六八年（约）	麻哈未拿
四一三—三二二年（约）	南德朝
三二六年	亚列山大东征印度
三二二年（约）	张嘉歌那创立刘尔安朝
三〇五年	谢流哥斯东侵印度
二九八年（约）	秉德苏亚嗣位
二七三年（约）	阿育王嗣位
二六一年（约）	盖林格战争
二五九年（约）	阿育王遣僧宣传佛教
二五一年或二五〇年（约）	高僧麻汉嘉南渡锡兰
二五〇—二四八年（约）	大夏安息独立
二三二年（约）	阿育王崩，其二孙嗣位
二三〇年（约）	安哈亚朝成立
二〇〇—一九〇年（约）	大夏第四王地米出斯
一八五年	刘尔安朝亡　苏嘉朝兴　婆罗门教反动之始
一七四—一六〇年（约）	大月氏自敦煌西徙

续 表

一五五年（约）	米南德东侵
一四〇——一三〇年（约）	大夏亡
七三年	苏嘉朝亡
七三—二八年	堪外朝
公元后四〇年（约）②	丘就却（即该飞赛斯第一）统一大月氏
七七或七八年（约）	丘就却死 阎膏珍（即该飞赛斯第二）嗣位
一一〇年（约）	阎膏珍死
一二〇年（约）	迦腻色迦王嗣位
一六二年（约）	迦腻色迦王死 胡昔迦嗣位
二二五年（约）	安哈亚朝亡
三二〇年（约）	张嘉歌那第一创立歌泊那朝
三三〇年（约）	散流嘉歌那嗣位
三六〇年	锡兰王使人来聘
三七五年（约）	张嘉歌那第二嗣位
三九九—四一四年	法显西行求经
四一三年（约）	堪麻歌那嗣位
四四八年	白匈奴进据阿格斯河流域
四五五年	白匈奴侵入印度战败退去
四八〇—四九〇年	歌泊那朝一部分领土之分裂
五二八年	白匈奴逐于印度
六〇六年	戒日王嗣位
六二〇年（约）	补赖刻兴第二战败戒日王兵
六二九—六四五年	玄奘求经
六四二年	派赖外王败杀补赖刻兴第二
六四三年	泊来亚格之无遮大会
六四七年	戒日王死，其大臣篡位

续 表

七一二年	阿拉伯人攻据信德
七二〇—七三三年	克什米亚遣人朝贡于唐
七三一年	曲女城遣使朝贡中国
七五〇年（约）	裴赖朝成立于孟加拉
七五三年	土酋篡夺嘉流刻亚之王位
九三三—九三四年（约）	特里城之建筑
九七三年	第二嘉流刻亚复兴
九七三——〇四八年	学者阿本立那
九八五年	南方求赖王来嘉那介嗣位
九八六—九八七年	回人赛不刻铁金侵入旁加普
一〇〇一年	麻牛得大败皆泊娄王
一一九二年	谟汗抹德·哥立大败印度联军
一一九三——二〇〇年	回人次第攻取特里、孟加拉等
一二〇六年	求泊德丁称王　奴朝兴
一二二一，一二二二年	蒙古入寇
一二六六——二八六年	包娄奔之淫威
一二九〇年	奴朝亡　赖流德丁嗣位
一二九四年	回人攻入德干
一二九六年	赖流德丁被弑　阿刘德丁嗣位
一二九七——三〇五年	蒙古入寇
一三〇二——三一一年	刻开富南征德干
一三二一年	土纳刻夏称王
一三二五年	土纳刻夏惨死　久那嗣位
一三二六——三二七年	久那迁都
一三二九——三三二年	久那强用劣币
一三三四年（约）	回人梅尔称王于克什米亚
一三三六年	相传未介兰格帝国成立

续　表

一三三七——一三三八年	久那遣兵入寇中国大败而归
一三三八——一三三九年	孟加拉叛
一三四〇年（约）	特里帝国之分崩
一三五一年	久那病死　法老斯夏称王
一三五三——一三五四年	孟加拉战争
一三七四年	未介兰格王遣使至明
一三九八年	帖木儿侵入印度
一四五〇年	波河娄洛载称王
一四九三——一五一八年	孟加拉王胡散夏
一四九八年	葡人达·敢玛绕道非洲而至印度
一五〇五年	印度斯坦及波斯之大地震
一五〇七，一五〇九年	歌甲来得葡萄牙人相战
一五〇九——一五二九年	未介兰格之名王刻西乃
一五一〇年	葡人占据过那
一五一七年	益白切明嗣位
一五二六年	巴流尔进据印度　巴流尔称帝
一五二七年	巴流尔大败土邦之联军
一五三〇年	巴流尔病死　流麻元嗣位
一五四〇年	细夏大败流麻元于曲女城
一五四五年	细夏伤死
一五五五年	流麻元复国
一五五六年	流麻元死　阿刻巴嗣位　第二盼立败德之役
一五六〇年	泊简汗免职
一五六八年	阿刻巴攻取吉他
一五七二——一五七三年	阿刻巴攻取歌甲来得
一五七三——一五七四年	蒙古儿帝国内政之改革

续　表

一五八〇年	耶稣会之神父应召而进觐阿刻巴王　孟加拉叛
一五八二年	阿刻巴创立新教
一五九五——六〇一年	阿刻巴用兵于德干
一六〇〇年	英国东印度公司成立
一六〇五年	阿刻巴死　王子沙立明嗣位上尊号曰涧汉格
一六〇六年	王子顾苏起兵而败
一六一一年	涧汉格立密伦·立赛为正妃许其专政
一六一五——六一八年	英国大使汤姆斯·如意在印
一六一六——六二四年	大疫
一六二二——六二五年	王子夏介汗叛
一六二七年	涧汉格死
一六二八年	夏介汗嗣位
一六三〇——六三二年	德干歌甲来得大荒
一六三二年	毁印度教之新寺
一六三九——六四〇年	东印度公司得有麻打拉萨之城地
一六四八年	蒙古儿王迁都于特里
一六四九——六五三年	蒙古儿波斯三争堪得哈
一六五八——六六〇年	四王子争位之乱
一六五九年	奥兰介泊加冕
一六六一年	葡王赠孟买于英王
一六六四年	法国东印度公司成立
一六六九年	奥兰介泊摧残印度教
一六七四年	麻剌赛王昔外嘉加冕
一六八一七〇六年	德干战争
一六九〇年	英人经营加尔各答

续 表

一六九八年	英国新印度公司成立
一七〇七年	奥兰介泊死于南方
一七〇七——七〇八年	王子争位相杀
一七〇八年	英国新旧东印度公司合并
一七一〇年	昔刻派教徒叛乱
一七三七年	麻剌赛人突至特里附近
一七三九年	波斯王来得夏入寇
一七五四年	法国招回柳泊雷归国
一七五六年	波斯攻陷特里
一七五七年	英得孟加拉之实权
一七五八年	麻剌赛暂据旁加普
一七六一年	第三盼立败德之役　英取法之属地旁的治里　阿利握米索尔之实权
一七六三——七六四年	孟加拉事变
一七六五——七六七年	孟加拉之总督克雷武
一七六七——七六九年	第一米索尔战争
一七七〇年	孟加拉大荒
一七七二年	孟加拉之总督瓦仁·哈士丁斯就职　加尔各答为英属印度政府之首都
一七七三年	印度管理法令
一七七四年	孟加拉之大总督哈士丁斯就职高级法庭
一七七五——七八二年	第一麻剌赛战争
一七八〇——七八四年	第二米索尔战争
一七八四年	辟德之印度法令　麻害载吉声势之日张
一七八五年	哈士丁斯辞职
一七八六年	考瓦立斯为大总督
一七九〇年——七九二年	第三米索尔战争

续 表

一七九三年	孟加拉等田租之改革 公司特许权之通过
一七九八年	大总督威乃斯来抵印 英国公布锡兰为殖民地
一七九九年	第四米索尔战争
一八〇三——一八〇五年	第二麻剌赛战争
一八〇五年	威乃斯来招回英国
一八〇九——一八一二年	政府攻取法国及其同盟国之属地
一八一三年	公司再得专利权二十年 大总督劳顿·哈士丁斯就职
一八一四——一八一六年	尼泊尔战争
一八一七——一八一九年	第三麻剌赛战争
一八一八年	加尔各答政府为印度最高之统治机关 孟加拉始有印文之报纸
一八二四——一八二六年	缅甸战争
一八二八年	大总督威灵·办铁刻抵印
一八二九年	禁焚寡妇
一八二九——一八三九年	铲除得畿
一八三三年	公司又得特许权二十年
一八三五年	办铁刻辞职 加尔各答医科大学成立
一八三八——一八四二年	第一阿富汗战争
一八四三年	禁止蓄奴
一八四五——一八四六年	第一昔刻战争 过产主义之施行
一八四八年	大总督达娄哈昔就职
一八四八——一八四九年	第二昔刻战争
一八五二年	第二缅甸战争
一八五三年	印度始有铁路 公司之特权
一八五七年	三大学之成立

续表

一八五七——八五九年	印度叛乱
一八五八年	蒙古儿皇帝之放逐 东印度公司之归政 英王直接统治印度
一八五九年	过产主义之取消 军队之混合
一八六五年	孟买银行之失败
一八七七年	英王始称印度皇帝
一八七八——八八〇年	第二阿富汗战争
一八八三——八八四年	益娄泊法令之争执
一八八五年	英俄之冲突 第三缅甸战争 印民大会之成立
一八八六年	英并缅甸
一八九六年	大疫开始
一八九六——八九七年	大荒
一八九九——九〇四年	大总督歌伦
一九〇三——九〇四年	印军侵入西藏
一九〇五年	政府改分孟加拉之省界
一九〇九年	印度会议之法令 暗杀党之极盛时期
一九一一年	英王至印 公布迁都特里及再改孟加拉之省界
一九一三年	中英藏代表之会议
一九一四年	印军加入欧洲大战
一九一七年	印度事务大臣宣布印度自治之程序
一九一九年	蒙太格涧明斯福之法令
一九二〇——九二四年	甘地之不合作运动
一九二〇年	议会选举
一九二一年	印度议会开会
一九二二年	甘地判罪下狱
一九二三年	自治党成立 第二届会议选举

续 表

一九二四年	甘地出狱 全印回教徒大会成立
一九二六年	第三届选举 自治党分裂
一九二七年	南非洲政府待遇印侨协约之公布 英国调查印度宪法委员之成立

【注】

①以下年代，除注明而外，皆在公元之前，其经学者之推定者，皆以约字指明。

②以下年代，皆在公元之后，其无公元后者，省文也。

图书在版编目（CIP）数据

印度通史／陈恭禄著. —北京：中国工人出版社，2017.12
ISBN 978-7-5008-6858-3

Ⅰ.①印… Ⅱ.①陈… Ⅲ.①印度—历史 Ⅳ.①K351.0

中国版本图书馆CIP数据核字（2017）第306984号

印度通史

出 版 人	芮宗金
责任编辑	傅 娉
责任校对	董春娜
责任印制	黄 丽
出版发行	中国工人出版社
地　　址	北京市东城区鼓楼外大街45号　邮编：100120
网　　址	http://www.wp-china.com
电　　话	（010）62005043（总编室）　（010）62005039（出版物流部） （010）62379038（社科文艺分社）
发行热线	（010）62005049　（010）62005042（传真）
经　　销	各地书店
印　　刷	北京美图印务有限公司
开　　本	710毫米×1000毫米　1/16
印　　张	16.25
字　　数	230千字
版　　次	2018年7月第1版　2021年1月第2次印刷
定　　价	42.00元

本书如有破损、缺页、装订错误，请与本社出版物流部联系更换